추기경 김수환

추기경 김수환

2025년 8월 27일 개정 2판 교회 인가
2025년 11월 10일 개정 2판 1쇄 펴냄

구술 · 김수환
엮음 · 재단법인 가톨릭평화방송
감수 · 조한건
펴낸이 · 정순택
펴낸곳 · 가톨릭출판사
편집 겸 인쇄인 · 김대영
편집 · 김지영, 강병권, 박다솜, 박도연, 허유정
디자인 · 정호진, 강해인, 우지수, 이경숙
마케팅 · 임찬양, 안효진, 황희진, 노가영, 이영실

본사 · 서울특별시 중구 중림로 27
등록 · 1958. 1. 16. 제2-314호
전자우편 · edit@catholicbook.kr
전화 · 1544-1886(대표 번호)
지로번호 · 3000997

ISBN 978-89-321-1980-9 03230

값 27,000원

성경 · 전례문 · 교회문헌 ⓒ 한국천주교중앙협의회, 2025.
사진 ⓒ 재단법인 가톨릭평화방송.
그림 ⓒ 동성미술인회, 김수환 作.

이 책은 저작권법에 의해 보호를 받는 저작물이므로 무단 전재와 무단 복제를 금합니다.

가톨릭의 모든 도서와 성물, 디지털 콘텐츠를 '가톨릭북플러스'에서 만날 수 있습니다.
https://www.catholicbookplus.kr | (02)6365-1888(구입 문의)

바티칸에서 거행된 추기경 서임 축하 행사장.
바오로 6세 성인 교황으로부터 성작을 받는 김수환 추기경(1969년).

제11대 서울대교구장 착좌식
(1968년 5월 29일).

착좌식에 함께해 주신 분들과 함께(가톨릭출판사 소장 자료).

마산 성지여고 운동장에서 거행된 주교 서품식 및 초대 마산교구장 착좌식(1966년).

독일 유학 시절
베레모를 즐겨 쓰던 모습.

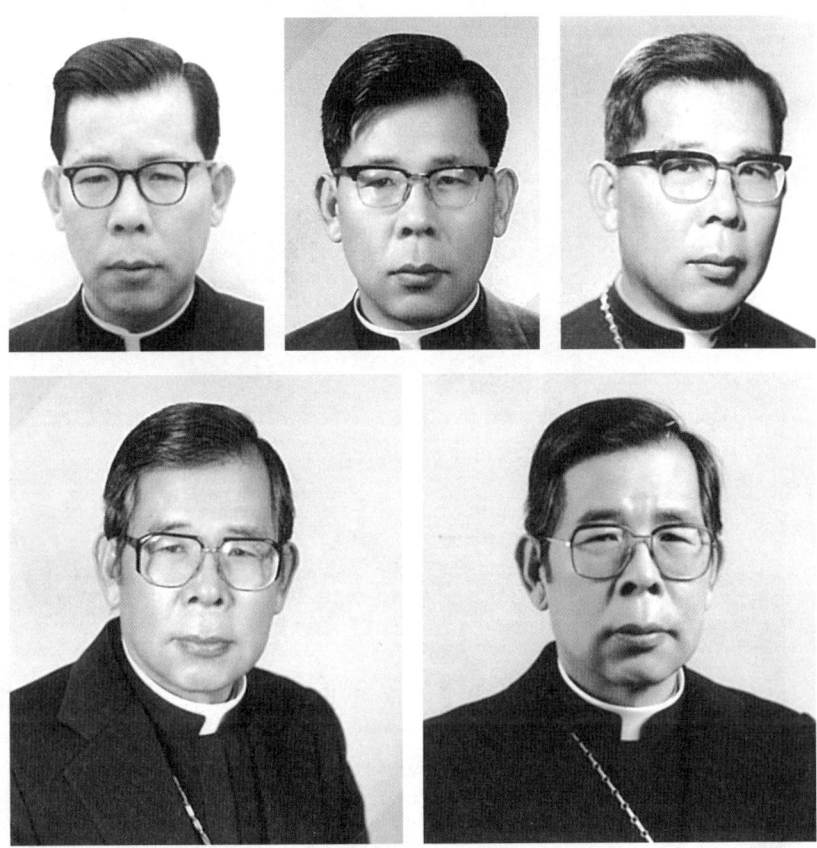

하느님께 봉헌된 삶을 살아온 김수환 추기경.

대구 해성병원에서 원장으로 근무하던 모습(1953년).

안동본당 어린이 신자들과 함께.
"'성직 생활 중 가장 행복했던 순간이 언제냐?'라고 누군가 물으면 저는 서슴없이
'가난한 신자들과 울고 웃었던 본당 신부 시절'이라고 대답합니다."

앞줄 가운데가 대구 성 유스티노 신학교 시절의 소년 김수환(1934년).

신학생 시절 대구대교구청 성모당 앞에서 가족들과 함께.
뒷줄 왼쪽에서 세 번째가 김수환 추기경. 오른쪽이 형 김동한 신부.

너희와 모든 이를 위하여

일러두기

- 이 책은 김수환 추기경님의 말씀과 기록을 엮은 것입니다. 원고가 집필된 시점과 이번 개정판이 출간된 시점 사이에는 상당한 시간의 차이가 있습니다. 이번 개정판은 추기경님의 말씀과 시대의 분위기를 온전히 담고자, 인물의 직함이나 기관명, 그리고 당시 상황 등을 원래 기록된 표현대로 실었습니다.
- 사진 설명에는 간략한 안내와 더불어 김수환 추기경님의 말씀을 수록하였습니다.
- 표지와 본문에 실은 그림 〈옛집〉과 〈바보야〉는 김수환 추기경님이 직접 그린 작품입니다. 또한 제목과 소제목에는 '김수환추기경체' 글꼴을 사용했습니다.
- 이번 개정판에는 2009년 출간 시 추기경님께서 직접 써 주신 서문을 맺음말로 다시 실었습니다.

김수환 추기경 회고록

김수환 구술
재단법인 가톨릭평화방송 엮음
조한건 감수

추기경 김수환

가톨릭출판사

추기경 서임 후 귀국 비행기에서 내려오는 모습.

유신 독재를 정면으로 비판해 구속됐다 풀려난 지학순 주교를 데리고
구치소를 빠져나오는 김수환 추기경(1975년).

영화 〈아름다운 청년 전태일〉을 관람한 후 전태일 모친 이소선 여사와 함께(1995년).

서울 송파구 장지동 화훼마을 비닐하우스촌 화재로 집을 잃은 주민들을 위로하는 모습(1999년).

주거권의 법적 보장을 촉구하기 위해
집 없는 이들을 위한 '청빈선언' 대행진에
참여한 모습(1997년).

한국 천주교 200주년 기념 대회와 103위 시성식을 위해 방한한
요한 바오로 2세 성인 교황을 모시고 부산에 도착한 김수환 추기경(1984년).

제3대 청주교구장 장봉훈 주교 서품식을 마치고 주교단과의 기념 촬영(1999년).

영명축일 축하차 방문한 평신도사도직협의회 한홍순 회장과
박정훈, 이관진, 류덕희, 여규태, 손병두 고문을 비롯한 회장단과 이야기를 나누는 모습(2006년).

서울 용산 베들레헴의 집에서 봉헌한 성탄 밤미사(1990년).
"가난하고 소외된 이들에게 더 가까이 다가가지 못한 것이 후회스럽습니다."

충북 음성 꽃동네에서 최기동 할아버지를 격려하는 김수환 추기경(2000년).

베트남 이주 노동자들과 함께(2004년).

"십자가 불빛이 아무리 환해도 세상은 변화되지 않습니다. 우리 한 사람이 각자 사랑의 등불을 밝힐 때, 그리하여 교회가 세상의 빛이 될 때 세상은 변화됩니다."

서울 강북구 삼양동 달동네 솔샘공소를 오르며(1997년).

새해 아침, 한복을 차려입고
세배객을 맞이하는 김수환 추기경(2004년).

백 게임(주사위를 가지고 하는 윷놀이 비슷한 게임)을 즐기는 김수환 추기경.

교구청 야유회에서 익살스런 표정으로 직원의 폭소를 자아내는 모습 (1987년 춘천 중도).

서울대교구 제6지구 체육대회에서 신자들과 김수환 추기경(1993년).

은퇴 후 전자우편(이메일)을 사용하며 '혜화동 할아버지'라는 별칭을 쓴 김수환 추기경.

어린이들과 함께 놀이를 하며 즐거워하는 모습.

제주 단합대회 중 교구청 신부들과 낚시 중인 김수환 추기경(1992년 11월).

도라산 전망대에서 망원경으로 경의선 철도 연결 현장을 관람하는 모습(2003년).

'우리밀 매장'에서 빵을 한 봉지 사서 주교관으로 향하는 김수환 추기경(1993년).

김수환 추기경 이임 감사미사가 봉헌되는 날,
신자들에게 손을 들어 답례하며 정든 명동성당을 떠나는 모습(1998년).

명동성당 축성 100주년 경축 미사에서 정진석 추기경과 나란히 앉아 미소 짓고 있는
김수환 추기경(1998년 5월 29일).

북방 선교의 꿈을 키워 가는 신학생들에게 옹기장학회 장학증서를 전달하는 모습.

혜화동 주교관 마당에서 청소년들과 이야기꽃을 피우고 있는 김수환 추기경.

베네딕토 16세 교황 즉위식에서 교황을 알현하는 김수환 추기경(2005년).

평화신문(現 가톨릭평화신문) 김원철
기자와 혜화동 주교관 마당을
산책하는 모습.

만추晩秋의 주교관 마당을 거니는 김수환 추기경.

"나이는 하느님의 은혜입니다.
인생이 무엇인지,
무엇이 참된 가치인지
그 의미를 깨닫게 해 줍니다."

차례

꿈, 그리고 희망

가난한 옹기장수의 막내아들	39
어머니 손에 이끌려 신학교로	45
신학교에서 나가겠습니다	49
막내아들의 사모곡	57
적개심에 불타는 유학생	62
학도병으로 전쟁터에	71
전쟁터에서 만난 귀한 인연	80
FBI가 나를 추적한 사연	86
고달픈 귀국길	90
갈등과 유혹	96
다시 신학교로	101
전쟁의 혼란 속으로	106

행복한 시골 신부

사제로 태어나다	113
꿈처럼 아름다웠던 본당 신부 생활	119
짧았던 교구장 비서 시절	124

내 무릎에 기대어 눈을 감으신 어머니	129
'콧님' 신부와 밀가루 신자	134
배움의 열망 안고 독일로	139
밀린 구독료 받으러 다니는 신문사 사장	148
사형수 최월갑과 희망원	153

너희와 모든 이를 위하여

사제 수품 15년 만에 주교로	161
나의 첫사랑 마산교구	166
한국 교회 최초의 시국 담화문 발표	171

양 떼를 사랑한 목자

서울대교구장에 오르다	179
길고 험난했던 서울대교구장 30년	185
내가 만난 박정희 대통령	190
병인박해 순교자 24위 시복식	195

진리의 등불, 사랑의 등불

최연소 추기경으로 임명되다	203
전 세계 긴급 뉴스의 주인공으로	208
내가 정치를 좋아한다고?	213
8·15 시국선언으로 유신정권과 정면충돌	218
지학순 주교의 양심선언과 투옥	223

교회 정치 참여 논쟁과 분열　　　　237
내가 만난 저항 시인 김지하　　　　242
유신 정권을 향해 포문을 열다　　　　247
유신 정권의 교회 탄압　　　　252
동일방직 노조 탄압 사건에 뛰어들다　　　　256
짓밟히는 농민 운동　　　　261
두 번의 교황 선거　　　　267
끝내 얻지 못한 눈물의 은사　　　　272
유신 종말과 서울의 봄　　　　277
신군부 세력과 5·18 광주　　　　286

6장 이 땅에 평화를

내가 만난 마더 데레사　　　　293
조선교구 설정 150주년 기념 신앙대회　　　　298
형님 김동한 신부　　　　303
가난한 이들과 살고 싶었는데　　　　309
교황 방한과 103위 시성식　　　　315
제5공화국과 가톨릭 교회　　　　320
"나를 밟고 지나가시오"　　　　325
그리스도, 우리의 평화　　　　334
가톨릭 미디어 시대를 열라　　　　339
문민 정부가 가져다 준 여유　　　　344
김일성 주석은 나의 '어린양'　　　　350
공권력에 짓밟힌 한 뼘 성역　　　　355

30년 무거운 짐을 내려놓다	361
혜화동 할아버지	366

'혜화동 할아버지' 김수환

황혼 들녘에 서서	373
용기가 없어 가난한 이들과 함께 못해	378
목자 잃은 북녘 양 떼에게 달려가고팠지만	383
인생의 스승들	389
종교간 대화, 젊은이들에게	394
추기경의 눈물	399
에피소드	403
인생을 돌아보며	410

감수자의 글	414
김수환 스테파노 추기경 연보	418
맺음말	422

제1장

꿈, 그리고
희망

가난한 옹기장수의 막내아들

나는 붉게 물든 저녁 하늘을 무척 좋아한다. 산등성이로 석양이 기우는 풍경은 내 고향이고 내 어머니이다.

유년 시절 첫 기억은 서너 살 무렵, 경북 선산에 살 때이다. 어머니는 곡마단이 들어온 읍내 공터 구석에서 국화빵을 구워 파셨다. 나는 그 옆에 쪼그려 앉아 어머니가 장사하는 모습을 우두커니 쳐다보았다. 옹기를 팔러 장에 나간 어머니가 해 질 녘이 되어도 안 돌아오시면 큰길로 나가서 어머니가 나타날 고갯길을 하염없이 바라보곤 했다. 늘 그 시간이면 서쪽 고갯마루에 석양이 뉘엿뉘엿 기울고 있었다.

우리 집안은 조부 때 천주교 신앙을 받아들였다. 나의 조부 김요안 공은 독실한 신자로 병인박해 때인 1869년 순교하셨다.

그 바람에 아버지(김영석 요셉)는 피난길에서 태어나셨다. 아버지는 당시 박해를 피해 다니던 신자들이 그랬듯이 옹기장수로 전전하다 대구 처녀인 어머니(서중하 마르티나)와 결혼해 대구에 정착하게 되었다.

폐허가 된 경북 군위 옛집에서 유년 시절을 회상하는 김수환 추기경(1993년).
"나는 성 유스티노 신학교 입학 직전까지 이 집에서 신앙과 꿈을 키웠다."

나는 5남 3녀¹의 막내인데 가난 때문에 이사를 자주 다녀서인지 고향에 대한 기억이 별로 없다. 대구 남산동에서 태어나기는 했으나 서너 살 때는 경북 선산에서 살았다. 추측컨대 선산에서도 셋방살이를 했을 것이다. 그래도 '우리 집은 왜 이렇게 가난한가', '다른 집 애들은 점심을 먹는데 난 왜 굶어야 하는가'라는 생각을 해 본 적이 없다. 가난을 뼈저리게 느꼈을 텐데도 그런 생각을 하지 않은 것을 보면 신기할 따름이다.

---

1 제적 등본을 기준으로 4남 2녀로 보는 경우가 있으나, 증언자료 및 추기경님 본인 진술에 근거하여 5남 3녀로 확정하였다.

선산에서 어린 나이에 '항일 전쟁'을 치른 적이 있다. 집 가까이에 일본 아이들이 다니는 소학교가 있었는데 바로 위 형과 그 아이들 간에 싸움이 붙었다. 그 싸움판에 끼어 있다가 일본 아이들이 던진 돌에 이마를 맞았다. 그때의 흉터가 지금도 그대로 남아 있다. 요즘도 가끔 사람들에게 흉터를 내보이면서 '항일 독립 운동의 상처'라고 농담을 한다.

다섯 살 무렵에 구미와 가까운 군위로 이사했다. 선산에서 군위로 이사 가느라 큰 고개를 넘은 기억이 선명하다. 군위에서 석양이 지는 고갯마루를 볼 때면 '저 너머에 고향이 있는데……'라는 생각을 했다. 물론 태어난 곳이 대구임은 틀림없지만 고향으로서 대구에 대한 추억은 별로 없다. 특히 유신 반대 운동을 할 때 고향 사람들이 나를 못마땅하게 여겨 서운한 마음이 들었던 적도 있다.

아버지는 전형적인 충청도 사람이다. 아버지가 "순한아~"라며 나를 부르는 억양이 특이했던지 동네 사람들은 내가 나타나면 아버지 억양을 흉내 내곤 했다. 내 이름이 '수환'이란 사실은 나중에 호적을 떼어 보고서야 알았다. 동네 사람들 싸움을 잘 말리고, 바둑과 장기 두는 것을 좋아하셨던 아버지는 초등학교 1학년 때 해수병으로 돌아가셨다.

그때 아버지를 위해 연도를 바치던 어머니 음성이 기억난다. 어머니는 아버지를 '청국으로 보내 달라'고 기도했는데 아무리 생각해도 그 이유를 알 수가 없었다. 읍내에 장사를 하는 청나라 사람이 살기는 했지만 죽은 아버지를 왜 그 사람들 나라로 보내 달라고 하는 건지……. 알고 보니 '천국天國'을 '청국淸國'으로 잘못 알아들었던 것이다.

나와 세 살 차이가 나는 형 동한과 어머니는 내 유년 시절의 전부나 다름없다. 다른 형들과 누이들은 돈 벌러 일찍 객지로 나가거나 내가 철이 들기 전에 출가해서 그런지 정이 많이 들지 않았다.

내 인생에서 가장 깊게 인간적 관계를 맺은 상대를 꼽으라면 단연 동한 형이다. 형이 초등학교 4학년을 마치고 소신학교에 갈 때까지 한번도 헤어진 적이 없다. 형은 참 좋은 사람이었고, 동생을 사랑해 주었다. 형제들은 싸우면서 자란다지만 형과 싸운 기억이 없다. 형이 소신학교에서 공부하다 방학 때 집에 오면 그렇게 기쁠 수가 없었다.

왜정 때 내가 학도병으로 끌려가게 되자 내 손을 잡고 엉엉 울던 형, 나보다 앞서 신부가 된 후에는 '순진한 건지, 어리석은 건지 모르겠다'는 핀잔을 들어가면서 결핵 환자들을 돌보던 형, 동생이 추기경이 되자 행여나 불편을 끼칠까 봐 일부러 나를 피하셨던 형……. 형 김동한 신부는 참으로 사람을 사랑했고, 그 사랑을 실천하며 평생을 헌신했다.

유년 시절, 어머니의 존재는 절대적이었다. 어머니는 당신 이름 석 자와 하늘 천天 따 지地 정도의 글자밖에 아는 것이 없었고, 가난 때문에 거의 평생 옹기와 포목을 머리에 이고 팔러 다니셨다. 그러나 곧은 신앙심과 여장부 같은 기질만은 대단하셨다. 그런 어머니 무릎에서 신앙심을 키우고 인간으로서 기본 교육을 받은 것을 하느님께 감사한다.

성품이 곧으셨던 어머니는 자식 교육에도 매우 엄격하셨다. 특히 아버지가 돌아가신 후에는 "밖에 나가 '아비 없는 자식'이라는 소리를 들어서는 안 된다."라고 하시면서 더 엄격하게 자식들을 키우셨다.

하지만 어머니는 편애偏愛다 싶을 정도로 이 막내아들에게 사랑을 쏟으셨다. 막내아들에게 하나라도 더 먹이려고 애쓰시는 것이 싫어서 어

어머니 손에 이끌려 신학교로

사제품을 1951년에 받았으니까, 성직의 길로 들어선 지 올해로 만 53년째가 된다. 반세기 넘게 걸어온 성직자의 길. 하느님께서 부족한 나를 도구로 쓰시기 위해 넘칠 정도로 많은 영광과 사랑을 베풀어 주신 것을 생각하면 감사할 따름이다. 그러나 그 첫걸음을 되돌아보면 절로 웃음이 나온다. 스님들은 머리 깎고 출가를 한다지만 나는 '가출'을 해서 신부가 된 경우이기 때문이다.

군위에서 5학년을 마칠 무렵이었다. 나는 곧 동한 형의 뒤를 따라 대구 성 유스티노 신학교(예비과)에 진학하기로 돼 있었다. 그 무렵 어머니가 볼일이 있어 며칠 동안 대구에 가 계시는 바람에 달수(큰형) 형님하고 단 둘이 집에 머물렀다. 다른 애들은 밥 먹고 학교에 가는데 달수 형님은 밥을 차려 줄 생각은 안 하고 "밖에서 뭐 사 먹고 학교에 가라." 하며 5전인가를 주었다. 그때 액자 뒤에 감춰 둔 10전이 내 수중에 있었다. 그걸 합쳐서 주머니에 찔러 넣고 대구까지 130리 길을 걸어갔다.

앞줄 왼쪽에서 세 번째, 대구 성 유스티노 신학교 시절의 김수환 추기경(1934년).
"어머니의 말씀을 거역할 수 없어 신학교에 들어갔을 뿐 신부가 될 생각은 없었다."

어차피 조만간 학교를 그만두고 대구로 옮길 테고, 어머니도 보고 싶고 해서 형한테 말 한마디 없이 길을 나선 것이다. 그때는 대구까지 자동차가 아니라 마차를 탔다. 혹시나 해서 마차와 마주칠 때마다 유심히 살펴보았지만 어머니는 보이지 않았다. 도중에 배가 고파서 5전을 내고 떡을 샀는데 그걸 다 먹지 못해 손에 들고 길을 걸었다.

내 뒤에서 자동차가 뽀얀 흙먼지를 날리면서 다가오길래 차를 세웠다. 운전사한테 남은 10전을 내보이면서 "아저씨, 요만큼만 태워 주세요." 하고 부탁했다. 대구에 가는 길인데 거기까지 태워 달라고 하면 될 걸 고지식하게 10전어치만 태워 달라고 했더니 운전사는 정말 10리쯤 가서 나를 내려 주었다. 나나 운전사나 고지식하기는 마찬가지였다.

할 수 없이 또 걸었다. 아무튼 아침에 군위에서 출발해 해가 지기 전에 대구 시내 누나 집에 도착했다. 뜬금없이 철부지 막냇동생이 나타나자 누나는 화들짝 놀라면서 "엄마는 오늘 군위로 돌아가셨는데 어떻게 네가 왔냐."라고 물었다.

어머니는 내가 대구에 간 것을 어떻게 아셨는지 이튿날 부리나케 누나 집으로 찾아오셨다. 그 바람에 군위로 돌아가지 않고 누나 집에서 한동안 머물다 곧장 소신학교에 들어갔다. 결국 어머니를 만나러 홀로 130리 길을 걸은 것이 신학교 가는 길이 되었다.

성 유스티노 신학교 예비과는 초등학교 5, 6학년 과정이었다. 군위에서 5학년을 마치고 들어갔는데도 학교 측에서 입학시험 성적이 형편없었던지 5학년 과정부터 밟으라고 했다. 따지고 보면 낙제를 해서 5학년을 두 번 다닌 셈이다.

예비과 생활이라는 게 아침 일찍 일어나서 기도하고, 엄격한 규율을 지키는 것이었으니 그 어린 나이에 재미를 붙일 리가 없었다. 기숙사는 또 왜 그렇게 덥고, 추운지……. 기숙사는 난방 시설이 안 돼 있어서 겨울이면 잠자리에 드는 게 여간 고역이 아니었다. 솜옷을 껴입고 이불 속으로 들어갔다가 좀 따뜻해지면 일어나서 옷을 벗어 놓고 자곤 했다. 옷을 껴입은 채로 곯아떨어지는 날도 많았는데 그럴 때면 땀을 많이 흘려 이불이 흥건히 젖었다. 그걸 낮에 뒤집어 널면 날씨가 추워서 그대로 얼어 버렸다. 그런 날 밤 얼음 이불 속으로 들어가는 건 더 고역이었다.

하루는 신학교에서 쫓겨나 집으로 돌아가고 싶어 1전짜리 동전을 갖고 꾀를 냈다. 어차피 내 의지로 들어온 신학교가 아닌 데다 난생처음 떨어져 살아서 그런지 어머니가 몹시 그리웠다.

당시 우리는 규칙상 개인적으로 돈을 갖고 있을 수 없었다. 돈은 모두 담당 신부님께 맡겨 놓아야지 만일 돈을 갖고 있다 들키면 집으로 쫓아 보낸다는 엄한 훈시 말씀을 여러 차례 들었다.

어느 날 아침, 새로 갈아입은 윗도리 주머니에서 딱딱한 뭔가가 손에 잡혔다. 뜻밖에도 1전짜리 동전이었다. 나는 '악마'가 시키는 대로 책상 서랍을 열고 가장 눈에 잘 띄는 자리에 그 동전을 놓아두었다.

'내일쯤이면 호랑이 신부님이 당장 보따리 싸라고 호통을 치시겠지.'

생각만 해도 신이 났다. 그런데 어떻게 된 일인지 밥을 먹고 돌아와도, 밖에 나가 운동을 하고 돌아와도, 수업을 마치고 돌아와도 신부님이 부르질 않았다. 결국 그 동전을 학교 담장 밖으로 던져 버렸다. 1전짜리 동전을 갖고 부린 잔꾀는 실패로 돌아갔다.

서울 동성상업학교 시절에는 꾀병을 부려 병원에 입원까지 했다. 신부가 되고 싶은 마음이 간절하지 않아서인지 공부에도 별 흥미가 없었다. 그런데도 하느님께서 발목을 놓아주지 않으신 걸 보면 성직자의 길은 이미 정해진 운명이었던 것 같다.

신학교에서 나가겠습니다

성 유스티노 신학교를 졸업하고 서울로 올라와서 동성상업학교에 진학했다. 동성상업학교(現 동성고등학교)는 갑조甲組와 을조乙組로 편성된 5년제였는데 갑조는 일반 상업학교였고, 을조는 나처럼 신부가 되려는 학생들이 다니는 소신학교였다.

前 원주교구장 지학순 주교(1921~1993년), 前 전주교구장 김재덕 주교(1920~1988년)가 입학 동기다. 지학순 주교는 도중에 결핵에 걸려 중퇴했다가 몇 년 후에 함남 덕원신학교로 편입했다. 그 때문에 동기들 가운데 '꼴찌'로 사제품을 받았다. 하지만 1965년 가장 먼저 주교직에 올랐다. 그때 동기들이 그의 주교 서품식장에서 "하느님 말씀 중에 틀린 말이 하나도 없어. '꼴찌가 첫째 되고 첫째가 꼴찌가 될 것이다.'(마태 20,16)라고 하셨잖아."라면서 한바탕 웃었던 기억이 새롭다.

동성학교에 진학해서도 사제직에 확신을 갖지 못하기는 매한가지였다. 시간이 좀 흐르자 '꼭 신부가 돼야 하나?' 하는 회의가 '나 같은 사람도 신부가 될 수 있을까?'라는 의문으로 바뀌었지만 말이다. 그런 갈등 속에서도 공부는 그럭저럭해 나가고, 주일이면 친구들과 어울려 북한산에 올라가 소리도 지르고 노래도 부르다 내려왔다.

2학년 때였다. 대구 집에서 방학을 보내고 올라왔는데 무슨 까닭인지 다른 때보다 의욕이 더 떨어졌다. 성 유스티노 신학교 시절, 집에 가고 싶어 1전짜리 동전을 갖고 꾀를 부리다 실패한 적이 있었는데 이번에는 꾀병을 앓기로 마음먹었다. 담임 신부님이 아파서 누워 있는 학생에게 빵을 갖다주는 걸 여러 번 본 터라 이왕이면 빵도 얻어먹을 수 있는 꾀병이 좋을 것 같았다.

담임 신부님께 머리가 몹시 아프다는 거짓말을 하고 기숙사 방으로 가서 누웠다. 그런데 신부님은 정 못 참겠으면 집에 가서 휴양을 하고 오라는 말씀은커녕 이틀이 지나도 빵 한 조각 갖다주지 않으셨다. 밖에서 학생들이 왁자지껄 떠드는 소리도 한낮에 꾀병으로 누워 있는 '가짜 환자'의 마음을 괴롭혔다. 이번에도 실패한 것 같았다.

다시 일어나서 공부해야겠다고 마음을 고쳐먹었는데 옆자리의 선배가 내 병세를 캐묻더니 축농증이라는 진단을 내려 주었다. 축농증? 난생처음 듣는 병명이었지만 그럴듯한 병명 하나쯤 대고 싶었던 터라 신부님께 "저는 축농증에 걸렸습니다."라고 말씀드렸다. 신부님이 "축농증이 뭔지 아느냐?"고 묻길래 선배한테 주워들은 증상을 자세히 댔다.

곧바로 신부님이 소개해 준 병원에 가서 진찰을 받았는데 이게 무슨 조화란 말인가. 진짜 축농증이었다. 그 바람에 수술까지 받고 한 학기를 쉬게 됐다. 같은 교정에서 공부하는 상급반 동한 형에게는 혼이 날까 봐 신부 되기 싫어 꾀병을 부렸다는 이야기를 차마 꺼내지 못했다.

3학년에 올라가서는 어느 정도 마음을 잡았다. 꾀병 때문에 뒤진 한 학기 공부를 만회하느라 책을 붙들고 있는 시간이 많다 보니 자연스레 공부에 탄력이 붙었다. 그 전에는 도서관에서 주로 소설책을 뽑아 읽었다. 그런데 소설이라는 게 남녀가 만나서 사랑하다 헤어지고, 때로는 삼각관계에 빠지는 내용이 대부분이라 얼마 안 가 흥미를 잃었다.

반대로 처음엔 시큰둥했던 성인전에서 새로운 재미를 찾았다. 사실 도서관에 더 이상 읽을 소설책이 없어 빼든 것이지만 읽으면 읽을수록 가슴속에서 뭔가 뜨거운 기운이 솟았다. 돈 보스코 성인과 아기 예수의 데레사 성녀 일대기를 그때 읽었다. 특히 아기 예수의 데레사 성녀 일대기는 소설에서 느껴보지 못한 뜨거운 감동을 안겨 주었다. 지금도 아기 예수의 데레사 성녀의 이 말씀을 기억한다.

"하느님께서는 미미한 존재를 통해서도 당신의 사랑을 충분히 드러내는 분입니다. …… 기쁨과 고통 등 모든 것이 사실은 하느님 사랑에서 나옵니다."

내게 심적 변화가 일어난 것은 사실이다. 신실한 성인 이야기 일색이라고 쳐다보지도 않던 성인전에서 영적 뜨거움을 느끼고, 모든 게 하느님 사랑으로 귀착되는 섭리에 조금씩 눈이 떠졌다. 한마디로 말해 하느님께 기울고 있었다.

신앙적 순수함 때문인지 3학년 때는 소위 '세심병細心病'이란 걸 앓았다. 죄 같지도 않은 죄까지 꼬치꼬치 고해 신부님께 고백해야 마음이 편한 결벽증 같은 증세 말이다. 심지어 고해성사를 보고 나오는데 미처 말씀드리지 못한 죄가 생각나서 다시 돌아가 "아까 죄를 빠뜨렸습니다." 라고 고백할 정도였다. 그 같은 우스꽝스런 행동을 몇 번 되풀이하자 고해 신부님이셨던 프랑스 출신의 공 신부님은 "너, 자꾸 그러면 신부가 될 수 없다." 하고 타이르셨다.

세심병이 깊어지자 나같이 부족한 사람은 다른 이들의 영혼을 구제하는 신부가 될 수 없다는 자격지심이 들었다. 사제직에 대한 열망없이 어머니에게 등 떠밀려 신학교에 온 사람이 무슨 신부가 되겠단 말인가.

어느 날 심호흡을 크게 하고 공 신부님 방문을 두드렸다. 그리고 "이만 신학교에서 나가겠습니다."라고 정중히 말씀드렸다. 지도 신부님이

동성상업학교 김수환 추기경과 동기생들. 맨 뒷줄 오른쪽이 김수환 추기경이다. 동기생 중에는 병으로 학업을 중단하거나 사제직의 꿈을 접고 중퇴한 이들이 많았다.

었던 공 신부님께 신학교를 그만두겠다고 말씀드린 이유는 '도둑'이 되기 싫어서였다. 사건의 발단은 공 신부님 강론이었다. 공 신부님은 주일 전날 저녁 강론 겸 훈시를 하시던 중에 '착한 목자'(요한 10,7-21 참조)의 비유를 들어 이렇게 말씀하셨다.

"성경에 나와 있듯이, 양 우리에 들어갈 때 문으로 들어가지 않고 딴 데로 넘어가는 사람은 도둑이며 강도다. 도둑은 양을 훔치다가 죽이려고 울타리를 넘는다. 하지만 양치는 목자는 문으로 버젓이 들어간다. 너희들 중에도 이런 도둑놈 같은 심보를 갖고 신학교에 온 사람이 있을 것이다. 그런 녀석은 지금이라도 보따리를 싸는 게 낫다."

공 신부님이 나를 지목해서 말씀하신 게 틀림없었다. 신부님은 고해성사 때 "자꾸 그러면 신부가 될 수 없다."고 몇 차례나 주의를 주었다. 또 내가 어머니한테 등 떠밀려서 신학교에 들어오고, 집에 가고 싶어 꾀병을 부린 것을 알고 계셨기 때문에 직접 말씀은 못하시고 강론 시간에 에둘러서 '너 같은 녀석은 일찌감치 다른 길을 찾는 게 좋다.'고 충고하시는 줄 알았다. 신부님 말씀을 듣고 나니 양을 훔치려고 우리를 넘는 도둑이나 신부가 될 생각도 없이 신학교 교문을 들어선 나나 별반 다를 게 없다는 생각이 들었다.

아무튼 신부님께 이런저런 이유로 신학교에서 나가겠다고 말씀드렸다. 신부님은 아무 말씀 없이 한참 동안 나를 쳐다보셨다. 정적 속에 긴장감이 감돌았다. 나는 시선을 어디에 둬야 할지 몰라 곤혹스러웠다.

"에……, 신부란 되고 싶다고 되고, 되기 싫다고 안 되는 게 아니다."
"그래도 저는 자격이 없는 것 같습니다."

"당장 나가!"

"…… 어디로 나가란 말씀인지?"

"어디긴 어디야. 내 방에서 당장 나가."

일반 상업학교 과정을 밟는 갑조 학생들과는 교련 수업을 같이 하는 정도였지 별 교류가 없었다. 지금 은퇴해서 분당에 살고 있는 나상조(아우구스티노) 신부는 그 당시 갑조 학생이었는데 학교 대대장을 맡을 정도로 소문난 수재였다. 신자가 아니었던 그는 서울대 예과에 진학한 후 하느님의 부르심을 받아 뒤늦게 신학교에 들어와 사제가 되었다.

갑조 선생님들은 신학생반인 을조 수업에 들어오면 3·1 운동, 일제 식민 통치 만행 등 민족혼을 일깨워 주는 말씀을 자주 해 주셨다. 그 이야기를 들을 때면 피가 거꾸로 치솟는 듯 울분이 치밀고 혼란스러웠다. 그럴 때는 신학생이 아닌 나라를 빼앗겨 신음하는 백성이었다.

선생님들이 조국애를 부추긴 건지, 정의감이 부쩍 자란 것인지는 모르겠으나 일제에 대한 울분이 치솟을 때마다 그 심정을 일기장에 토해 놓곤 했다. 서랍에 넣어 둔 그 일기장을 들켜 교장 신부님께 불려가서 호되게 꾸지람을 들은 적도 있다. 신부님은 그 일기장 때문에 나나 학교에 후환이 미칠까 염려되어서 그러셨을 게다.

그 무렵 동기생들과 북한산에 자주 올라갔는데 언제부턴가 '조국의 운명' 같은 이야기가 화제로 등장하기 시작했다. 북한산에서 내려다보는 식민지 서울 풍경은 답답하기만 했다. 내 마음 안에서는 독립 전쟁이 치열하게 벌어지고 있었다. 그리고 마침내 시험 시간에 그 전쟁이 밖으로까지 비화飛火되고 말았다.

5학년 졸업반 수신修身 과목 시험 시간이었다. 수업 시간에 배운 내용이 소크라테스를 비롯해서 현대 철학 사조에 관한 것이라 당연히 그에 관련된 문제가 출제될 줄 알았다. 어처구니없게도 "조선 반도의 청소년 학도에게 보내는 일본 천황의 칙유勅諭(친히 내리는 말씀)를 받은 황국 신민으로서 그 소감을 쓰라."는 문제가 나왔다. 아마도 조선 총독부가 황국 신민화 정책 강화를 위해 모든 학교에서 그런 시험을 실시하라고 지침을 내렸던 모양이다.

동성상업학교 재학 시절의 김수환 추기경(오른쪽 두 번째). "이때만 해도 사제가 되겠다는 열망은커녕, 어떻게 하면 신학교에서 나갈 수 있을까 온통 그 궁리만 했다."

순간 민족적 자존심과 반항심이 불끈 치솟았다. 한 시간 동안 꼼짝 않고 앉아 있다가 종료 종이 울리기 직전 답지에 이름을 적고 빈 칸에 "① 나는 황국 신민이 아님 ② 따라서 소감이 없음."이라고 썼다. 지금 생각해도 어린 나이에 뭘 믿고 그런 배짱을 부렸는지 모르겠다.

예상대로 이튿날 교장실에서 호출 명령이 떨어졌다. 교장은 평신도와 신부 두 명이었는데 신학생을 담당하는 신부님이 아니라 평신도 교장 선생님의 호출이었다.

"이거 네가 쓴 것 맞아?"

"네."

"어쩌려고 이런 답안을 쓰냐. 이게 밖에 알려지면 학교는 그날로 문 닫이야 하고, 너는 감옥에 기고, 교회는 또 박해를 받는다는 걸 모르나? 엄청난 일이 일어나는 거야."

"그럼 그 답지를 밖으로 내보이지 않으면 되잖습니까."

"이 녀석이, 어른 말 안 듣고 어디서 말대꾸야!"

그 자리에서 교장 선생님한테 따귀를 한 대 맞았다. 교장 선생님은 잔뜩 화가 나 "너는 위험해서 신부가 되면 안 되겠다."라고 하셨다. 교장 선생님 입에서 그런 말씀이 나왔으니 정말 끝났다고 생각했다.

며칠 후 여름 방학이 되어 대구로 내려갔다. 퇴학 통지서가 날아오리라고 예상했는데 아무 소식이 없었다. 방학이 끝나 학교에 돌아왔다. 그럭저럭 지내다 졸업을 두어 달쯤 남겨 두었을 때 우리 교구 주교님(대구 대목구 무세 주교)이 신학교를 방문하셨다. 마당에서 서성이는데 교장 선생님이 주교님 계신 방으로 바삐 들어가는 모습이 보였다.

속으로 '교장 선생님이 나에 대한 이야기를 하실 테고, 그러면 정말 쫓겨나게 되는구나.'라고 생각했다. 아니나 다를까, 얼마 후 주교님이 나를 부르셨다. 각오를 단단히 하고 주교님 방으로 들어갔다. 그런데 이건 또 무슨 얼토당토않은 명령이신가.

"스테파노, 여기 졸업하면 일본으로 가라. 거기서 공부를 더 하고 오너라."

막내아들의 사모곡

일본 유학을 다녀오라는 대목구장님 명령은 정말 뜻밖이었다. 아마도 교장 선생님이 우리 주교님께 나에 대해 좋게 말씀해 주셔서 그렇게 된 것 같다. 교장 선생님은 버릇없이 말대꾸한다고 내 뺨을 때리셨지만 한편으로는 '괜찮은 녀석'이라고 생각하신 모양이다. 그분이 누구냐면 제2공화국 국무총리를 지낸 운석雲石 장면(요한, 1899~1966년) 박사다.

잠시 어머니(서중하 마르티나)에 대한 이야기를 하고 넘어가고 싶다. 하느님께 자신을 봉헌한 성직자가 혈육의 정에 연연하는 것은 바람직하지 않다. 그러나 모든 사람에게 자기 어머니가 그러하듯이 나에게도 내 어머니는 가장 크고 특별한 존재다. 오늘의 나를 있게 하고, 이 막내아들을 위해서라면 열 번, 백 번이라도 목숨을 내놓으셨을 분이다.

나는 비교적 무뚝뚝한 아들이었다. 길을 걸을 때도 나대로 앞서 가고 어머니는 뒤에서 따라오곤 하셨다. 목석같은 아들이 못마땅하셨던지 언젠가 "네 형(김동한 신부)하고 같이 가면 심심찮게 말도 붙이고, 재미난 이야기도 들려주건만 너는 어찌 그리 돌부처 같냐." 하고 불평하셨다.

효도라고 해 봐야 어머니 뜻대로 신부가 되고, 오래 전 약속한 대로 삼參을 한 번 사 드린 게 고작이다. 부모에게 삼을 달여 드리는 게 효도라고 생각한 나는 어릴 때 "돈을 많이 벌면 서른쯤 돼서 삼을 사 드릴게요."라고 몇 번 약속을 했다.

그때는 나름대로 계획이 있었다. 스물다섯 살에 결혼해 자리 잡고 착실히 돈을 벌면 그때쯤 보약을 지어 드릴 형편이 될 것 같았다. 그런데 어머니가 그 약속을 용케 기억하시다가 내가 서른이 되자 이야기를 꺼내셨다. 그래서 쥐꼬리만 한 신부 월급을 털어 삼을 사 드린 적이 있다.

달성 서徐씨인 어머니는 가난한 옹기장수 아버지(김영석 요셉)와 결혼해 평생 힘겹게 사셨지만 자식들 앞에서 한번도 나약한 모습을 보이지 않으셨다. 그 시절 대구 천주교 신자들 사이에 인품과 신심이 돈독하기로 소문난 서동정이란 외삼촌이 계셨는데 그분이 십수 년 연하인 누이동생(어머니)을 늘 존경에 가까운 경애심으로 대하는 것을 보았다.

코흘리개 시절의 일이다. 일본에 있던 큰형(김달수)한테서 편지가 왔다. 다리에 화상을 입어 다 죽게 됐다는 기별이었던 모양이다. 어머니는 일본말을 한마디도 못하시는데 주소만 들고 즉시 현해탄을 건너가 꼼짝도 못하고 누워 있는 형을 들것에 실어 데려오셨다. 그리고 온갖 약을 써서 큰아들의 썩어 들어가는 다리를 3년 만에 고쳐 놓으셨다. 어린 생각에 어머니는 자식이 아프면 어떤 약을 써야 좋은지 본능적으로 아시는 분 같았다. 어머니의 용기와 의술이 놀랍고 신기할 따름이었다.

나와 나이 차가 큰 달수 형님은 아무래도 방랑벽이 있는 것 같았다.

다리가 낫자 이번에는 만주로 떠났다. 한동안 편지가 오는 듯하더니 소식이 끊겼다. 어머니는 그 바람에 세 번이나 간도 연길과 하얼빈까지 가서 큰아들을 찾아 헤매셨다. 집안 형편이라도 넉넉하면 좋았으련만 어머니는 돈이 없어 포목을 머리에 이고 행상을 하면서 그 멀리까지 기나긴 여행을 하셨다.

마지막으로 다녀오셔서는 "하얼빈 역에서 네 형이 보여 뒤에서 큰소리로 불렀더니 한번 돌아보고는 인파 속으로 사라져 놓쳐 버렸다."라며 슬퍼하셨다. 그로 인해 마음에 큰 상처를 입으셨다. 어머니가 그 말씀을 꺼내실 때마다 우리는 "사람을 잘못 보셨겠죠. 형님이 그 멀리까지 찾아온 엄마를 못 본 척하고 피했겠습니까?"라고 위로했다. 그러면 어머니는 "아니다. 어미 눈은 못 속인다." 하시며 미련을 떨치지 못하셨다.

내 마음에 새겨진 어머니의 이미지는 온갖 풍상으로 주름진 늙은 어머니, 만날 길 없는 큰아들을 찾느라 낯선 거리를 헤매는 애타는 모정母情을 품은 어머니다. 어머니의 눈과 마음은 마지막 날까지 큰아들을 찾느라 구만 리를 헤맸을 것이다.

1980년대 전국을 울음바다로 만든 KBS 남북 이산가족 찾기 생방송 때 나 역시 형님이나 그 자손들이 우리를 찾지 않을까 하는 마음에 남몰래 TV를 지켜보곤 했다. 마음 같아서는 방송국에 나가 "누가 이 사람을 모르시나요?" 하고 외치고 싶었다. 혈육의 정이란 게 그런가 보다.

우리 집은 참 가난했다. 대신학교 시절, 집에 내려갔다가 어머니와 형수가 내일 아침에 먹을 쌀이 떨어졌다고 걱정하시는 소리를 엿들은 적이 있을 정도다. 그래도 어머니 덕분에 가난에 찌들어 살지는 않았다.

"어머니는 나를 위해서 모든 것을 다 내어 주시고, 어떤 처지에서든지 다 받아 주시고, 어떤 허물과 용서도 다 덮어 주셨다."

어머니는 가난 속에서도 신세를 한탄하거나 궁색한 티를 내지 않으셨다. 가난한 선비마냥 끼니를 잇지 못할지언정 강인하고 꼿꼿한 정신만은 잃지 않으셨다. 우리 형제는 어머니의 그런 모습을 보고 자랐다. 그 때문인지 훗날 "부잣집 아들인 줄 알았다."라고 하는 이를 여럿 만났다.

어머니의 깊은 신앙심과 기도는 이루 형언할 수가 없다. 내가 일본군 학도병으로 끌려갔다가 살아 돌아오자 사람들이 이구동성으로 "네 어머니 기도 덕에 살아온 거다."라고 말해 주었다. 내가 신학교에서 공부를 하거나 전쟁터에 나가 있을 그 시간에 어머니는 대구 남산동 성모당 앞에서 기도를 하고 계셨다. 어머니의 기나긴 기도가 없었다면 나는 전쟁터에서 살아 돌아오지 못하고, 사제가 되지도 못했을 것이다.

어머니는 1955년 3월 "어머니! 어머니!" 하고 다급하게 불러대는 이 막내아들에게 기대신 채 조용히 눈을 감으셨다. 어머니는 "다리에서 바람이 난다."라는 말씀을 가끔 하셨다. 그 뜻을 전혀 이해하지 못하다가 내 몸에서 그런 증세를 느끼고서야 알게 되었다. 늙으신 어머니가 하늘나라에서 단 5분만이라도 나를 찾아와 주신다면 무릎을 꿇고 어머니의 야윈 다리를 주물러 드리고 싶은 게 이 막내아들의 사모곡思母曲이다.

적개심에 불타는 유학생

참으로 신기한 일이다. 내 연배 신부들 중에 세상을 떠난 이들이 많은데 일본 유학 동기 5명은 얼마 전까지만 해도 건재했다. 김정진 신부가 2004년에 하느님 품으로 돌아간 것을 제외하면 4명은 여전히 나이에 비해 건강한 편이다.

최석우(한국교회사연구소 명예 소장) 몬시뇰, 최익철(은퇴) 신부, 신종호(은퇴) 신부, 그리고 고인이 된 김정진 신부가 1941년 나와 함께 일본 유학길에 오른 신부들이다. 최석우 몬시뇰은 지금도 식을 줄 모르는 열정으로 교회사 연구에 전념하고 있고, 최익철 신부는 평생 모은 우표로 하느님 사업에 여력餘力을 보태고 있다. 나 역시 밀려드는 강연 요청 탓에 바쁘게 살고 있으니 우리에겐 뭔가 특별한 건강 비결이 있는 것 같다.

유학 신학생들은 본래 로마에 건너가 공부했다. 그러나 일제 치하에서 로마 유학길이 막혔던지 주교님들은 우리를 일본으로 보내셨다. 일제 식민 통치가 하루아침에 끝날 것 같지 않자 아무래도 일본을 아는 신부가 있어야 한다고 생각하신 분도 있는 것 같았다.

　유학을 떠난다면 마음이 설레야 정상일 텐데 일본에 대한 반감 때문인지 내게는 유학길 자체가 고행길이었다. 일본 형사들이 부산행 기차 안에서 학생들을 의심의 눈초리로 훑어보고, 부산항에서 연락선에 오를 때 몇 번씩 신원 조회를 하는 것도 못마땅했다. 배 안에는 징용에 나가거나 막노동 일거리를 찾아 보따리 하나 옆에 끼고 고향을 등지는 이들이 많았다. 다들 옷차림은 남루하고 얼굴은 초췌했다.

　그런데 통제에 따르지 않는다는 이유로 일본 선원들이 그들에게 발길질을 하면서 욕을 퍼붓는 것을 목격하고는 속이 얼마나 부글부글 끓어올랐는지 모른다. 한창 혈기왕성한 나이라서 더 그랬던 것 같다. 그러나 혼자서 끌탕만 했을 뿐이지 그 자리에서 어쩔 도리가 없었다. 일본에 내려 학교에 찾아갈 때까지 불심검문이 대여섯 번도 더 있었던 것 같다.

　그런데 이상하게도 일본 경찰들은 검문할 때마다 나를 건너뛰었다. 일본인이라고 생각하는 모양이었다. 심지어 일본 사람들과 한참 동안 이야기를 하다가도 고향 이야기가 나와 "나는 조선 사람입니다."라고 말하면 한결같이 표정부터 바뀌었다. 내가 일본인처럼 생겼나? 나는 일본인 취급을 받는 게 무척 싫었다. 일본인들과 구별되게 얼굴에 무슨 표시를 하고 다니는 방법은 없을까 하는 궁리를 했을 정도다.

　도쿄에 있는 상지대학Sophia University은 예수회가 1913년에 설립한 대학이다. 철학을 전공하기 전에 2년 동안 예과에서 주로 독일어를 공부했다. 신학생 신분이라 여학생과 데이트를 하거나 캠퍼스의 낭만을 즐길 기회는 없었다. 공부하는 시간 외에는 동포 친구들과 어울려 우국

지사마냥 조국의 운명을 걱정하고, 서점에서 전공 서적을 고르는 게 고작이었다.

어느 날 교정에서 일본인 교수와 대화할 기회가 있었다. 그분은 나를 믿고 허심탄회하게 대화를 제의하곤 했는데 이런 이야기를 걸어 왔다.

"내가 겪어 보니까 한국 학생들은 좀 교활한 면이 있어."

"교활하다니요? 교수님, 지금 한국은 일본의 식민 통치 아래서 신음하고 있습니다. 질 나쁜 일본인들이 한국인들을 이간질하면서 조종하고 있잖습니까?"

"조종이라니?"

"일본 식민 정책을 아시잖아요. 한국인은 일본의 강압에 못 이겨 성과 이름까지 바꾸고 있어요. 일본인 교사가 한국말을 하면서 뛰어노는 소학교 어린애를 불러다 매질을 했다는 이야기도 들리더군요. 인간인 이상 약자가 강자 앞에서 비굴해지는 것은 당연한 것 아닌가요. 저 같은 젊은이들은 대학을 졸업해도 민족을 위해 할 수 있는 일이 없습니다. 희망이 없다는 말입니다."

"꼭 민족을 위해서만 일을 해야 하나?"

"그럼 한 자라도 더 배운 우리가 고통받는 민족, 무지몽매한 민족을 내팽개쳐 두고 무슨 일을 해야 옳은가요?"

나는 목이 메어 더 이상 말을 이을 수가 없었다. 아마 그 대화를 고등계 형사가 엿들었다면 그 즉시 철창신세를 져야 했을 것이다. 그런데 대화를 엿들은 사람이 있기는 있었다. 며칠 후 독일 출신의 게페르트 Theodor Geppert 신부님이 나를 조용히 부르셨다.

"우연히 자네 이야기를 엿들었네. 가슴속에 뜨거운 불덩이가 있더구만. 잘못하면 화상을 입겠어. 그런 마음으로는 신부가 될 수 없다네."

"신부님, 민족이 저를 부르거나, 제가 민족을 위해 헌신할 기회가 온다면 주저 없이 달려갈 겁니다."

"아니야, 아니야. 내 눈에 자네는 꼭 신부가 돼야 할 사람이네."

게페르트 신부님. 그분은 잊지 못할 나의 '영적 스승'이다. 과묵하고 중후한 인상이었지만 대화를 하다 보면 모성애에 가까운 자애심이 느껴지곤 했다. 언젠가는 내가 고독해 보였던지 따로 부르셔서 "신부가 되면 더 고독하다. 그 고독을 이겨 내는 좋은 방법은 너만의 도서관을 꾸미는 것이다."라고 하시면서 도스토예프스키 등 유명 작가의 고전을 읽으라고 권해 주셨다.

게페르트 신부님은 당신도 기회가 되면 한국에 건너가 일하고 싶다고 말씀하셨다. 식민 통치 시절이라 선교사들조차 관심이 덜했던 한국을 극진히 생각해 주는 마음이 그렇게 고마울 수가 없었다.

그리고 그 말씀을 실제 행동으로 옮기셨다. 6·25 전쟁 직후 한국에 들어와 1960년 서강대를 설립하고 초대 이사장을 맡으신 것이다. 신부님은 2002년 여름 일본에서 98세를 일기로 돌아가셨다.

신부님은 정말 나에 대한 사랑이 깊으셨다. 내 머리에 손을 얹고 소리 내 울기까지 한 일이 있다. 사제가 되겠다고 현해탄을 건너온 식민지 국가의 제자가 주검으로 변해 돌아올지 모를 전장戰場으로 나가게 되었을 때다.

건강도 사람도 소중한 것은 잃어버린 후에야 그 가치를 안다. 유학 시절에 무슨 의식儀式을 할 때마다 군가 비슷한 노래를 불러야 했다. 전쟁 중이어서 더 그랬던지 일본 학생들은 그 노래를 우렁차게 부르면서 뜨거운 조국애를 느끼는 것 같았다.

하지만 나 같은 유학생들은 입만 놀리며 부르는 시늉을 했다. 그러면서 '언제쯤 내 조국을 자랑스럽게 여기고, 나라와 민족을 위해 목숨을 바치겠다는 다짐을 할 수 있을까?'라는 생각을 하곤 했다.

그러다 학도병 징집 소식을 들었다. 생각해 보면 기가 막힐 일이다. 일본에 적개심을 품고 있는 한국 신학생이 사제가 되겠다고 유학을 와서 일본 전장에 끌려가게 되었으니 말이다. 훈련소에 입소해 "쏴!", "찔러!" 구령에 맞춰 총검술 훈련을 받을 생각을 하니 난감했다. 도대체 누굴 향해 쏘고, 찔러야 한단 말인가.

일본은 1941년 진주만 기습을 감행하면서 태평양 전쟁을 일으켰다. 전쟁이 날로 치열해지자 학생들까지 전쟁터로 내몰려는 책동을 전방위적으로 펼쳤다. 심지어 대구 집까지 찾아가서 가족을 괴롭히고, 대구 주교님(일본인 하야사까 주교)에게도 "신학생들의 학도병 지원율이 저조하다."면서 압력을 가했다.

이광수, 최남선 같은 저명한 지식인들도 일본에 건너와 유학생들에게 학도병 지원을 독려했다. 그분들의 독려에는 이런 식으로라도 일제에 협조해야 조국의 명운을 건질 수 있다는 속뜻도 담겨 있었을 것이라고 짐작한다.

나뿐만 아니라 모든 한국 유학생들의 적은 일본이었다. 학도병 지원 압력이 점점 거세지자 우리들은 기가 막힌 '작전'을 짰다.

일본 상지대학 유학 시절의 김수환 추기경(뒷줄 가운데). 앞줄 왼쪽 안경을 쓴 인물은 김정진, 그 옆은 최석우, 뒷줄 왼쪽은 최익철 신학생이다. 맨 오른쪽은 한공렬(제2대 전주교구장)이다.

"피할 수 없는 일이라면 지원해서 일본이 주는 밥을 먹으면서 전술을 열심히 익히자. 그리고 중국으로 파병되면 그 쪽에 있는 우리 독립군에 합류해서 일본군과 목숨을 걸고 싸우자."

그렇다 하더라도 한국으로 돌아가는 게 더 나을 것 같아 한 친구와 '일본 탈출 대작전'을 세웠다. 친구와 함께 보름 동안 동경역에 나가 기차표를 알아보았다. 그런데 어찌 된 영문인지 우리 차례만 되면 발매가 끝나 버렸다. 짐작컨대 한국인이어서 표를 안 준 것 같았다.

그래서 함경북도 청진으로 방향을 바꾸고 배표를 구했다. 청진을 거쳐 덕원신학교로 갈 생각이었다. 하지만 형사들이 청진 부두에 상주하면서 눈에 띄는 학생들을 강제 입대시킨다는 소문이 돌았다. 배표를 구하기는 했는데 마침 공교롭게 독감에 걸려서 배를 탈 수가 없었다. 할 수 없이 먼저 배에 오르는 친구와 약속을 했다. 만일 청진에 내려 강제 지원하게 되면 나에게 '지원했다'고 전보를 쳐 주기로 말이다. 얼마 후 그 친구에게서 전보가 도착했다. "지원했다, 덕원으로 간다."고 적혀 있었다. 강제 징집을 당했다는 말인지, 아니면 덕원신학교로 간다는 말인지 알 수가 없었다. 나중에 알고 보니 그 친구는 청진에서 강제로 학도병 지원서를 쓰고 난 후 여관방에서 다른 친구들과 독립군으로 넘어가자고 의기투합을 하다가 형사에게 발각돼 감옥으로 끌려간 것이었다.

학도병 이야기를 하다 보니 팔자(?)를 고칠 뻔한 해프닝이 기억난다. 한 친구가 자기만 전쟁터에 가는 줄 알았던지 하숙집에 찾아간 나에게 심각한 표정으로 말을 꺼냈다.

"나는 수환이 자네가 맘에 드네. 오래 전부터 부탁하고 싶었네."

"무슨 부탁?"

"……."

서울 돈암동 출신인 그 친구는 호주머니에서 누이동생 사진을 꺼내더니, 한국에 가거든 자기 누이동생과 결혼해서 행복하게 살았으면 좋겠다는 것이었다. 그 친구가 착각을 한 모양이었다. 나는 신학생이고, 나중에 신부가 될 사람이라고 설명했더니 그제서야 미안하다고 했다.

훗날 그 누이동생과 한국에서 만난 적이 있는데 예쁘기는 참 예뻤다. 누이동생은 광산光山 김씨 성을 가진 남자와 결혼해서 아들을 낳았는데 아기 세례명을 '스테파노'라고 지었다고 내게 말했다. 왜 하필 나랑 똑같은 광산 김씨에 스테파노란 말인가? 나는 속으로 '오빠한테 뭐 들은 이야기가 있기는 있는가 보다.'라고 생각했다. 마산교구장 재직 시절에도 누이동생은 나를 몇 번 찾아왔다. 어느 날 둘의 관계(?)를 눈치챈 누이동생 친구가 내게 "저 사람하고 연애했죠?"라고 물어본 적 있다. 그래서 "연애는 못해 보고 할 뻔했다."라고 대답해 주었다.

아무튼 나에게도 학도병 입영 통지서가 날아왔다. 작별 인사를 위해 영적 스승인 게페르트 신부님을 찾아뵈었다. 신부님은 차를 끓여 내오셨다.

"스테파노, 하느님을 원망하는가?"

"신부님, 찻잔이 넘칩니다."

"예수님께서도 마지막 순간에 왜 나를 버리시느냐고 하느님께 절규했네. 하느님께서는 결코 자네를 버리지 않으실 거야."

신부님은 의자에서 일어나 내 머리에 두 손을 얹고 축복을 해 주셨다. 얼마나 지났을까. 신부님 손이 심하게 떨리더니 우시는 소리가 들렸다. 분명 사나이의 울음소리였다. 그분이 식민지 나라의 신학생인 나를 진정으로 아꼈다는 사실을 그때 새삼 깨달았다. 사랑하는 제자를 사지死地, 그것도 남의 나라 전쟁터에 보내는 스승의 심정이 오죽했겠는가. 나는 그 사랑을 감당할 수가 없어서 자리를 박차고 뛰쳐나왔다.

서강대 설립자이기도 한 게페르트 신부님은 2002년 여름 일본에서 돌아가셨다. 서강대에서 봉헌된 영결 미사를 내가 집전했다. 돌아가시기 몇 달 전 마지막으로 찾아뵈었을 때도 내게 "한국과 한국 교회, 그리고 한국의 제자들을 위해 늘 기도한다."라고 말씀하셨다. 신부님의 유해는 서강대 도서관 옆 로욜라 동상 밑에 봉안돼 있다.

문득 옛 스승이 사무치게 그리워진다.

학도병으로 전쟁터에

1944년 결국 학도병으로 입대해 일본 중부 나가노 부근 마츠모토라는 곳에서 훈련을 받았다. 고된 훈련이 날마다 계속됐다. 얼마나 잠이 부족하고 배가 고팠던지 그때 소원은 딱 두 가지였다. 배부르게 실컷 먹고 허리가 뻐근할 때까지 실컷 자는 것. 요즘은 밤마다 잠이 안 와서 고생을 하는데 그때는 왜 그렇게 잠이 쏟아지던지…….

훈련소에 있을 때도 하고 싶은 말은 해야하는 성격이 드러나곤 했다. 어느 날 나이 많은 고참이 나와 친구를 부르더니 허심탄회한 대화를 제의했다. 그는 우리가 흉금을 털어놓고 이야기할 수 있도록 분위기를 부드럽게 이끌었다. 그 자리에서 고지식하게도 한국인에 대한 차별의 부당성 같은 이야기를 해 버렸다.

아니나 다를까, 그때까지만 해도 훈련병들 가운데 훈련 점수가 2위였는데 그날 이후 꼴찌에서 두 번째로 급락했다. 그 바람에 사관후보생 자격시험을 치를 기회도 빼앗겼다.

훈련을 마치고 기차에 몸을 실었다. 차창 커튼을 모두 내렸기 때문에 남으로 가는 건지, 아니면 북으로 가는 건지 알 수가 없었다. 전선戰線으로 간다는 것만 알고 있었을 뿐이다.

기차가 멈췄다. 유학 생활을 하던 동경과 그리 멀지 않은 요코하마였다. 그곳에서 일주일가량 대기하는 동안 온갖 흉흉한 이야기가 다 들려왔다. 요코하마 대기 병력은 배를 타고 남쪽으로 가는데 십중팔구는 도중에 미군 잠수함 공격을 받아 물고기 밥이 된다는 소문이 돌았다.

요코하마 대기소는 사찰이었는데 그곳에서 성탄절을 맞이했다. 전선으로 떠날 날을 기다리면서 성탄 밤을 지내는 신학생 신세가 갑자기 서글퍼졌다. 그때 감리교에서 목사 안수까지 받고 입대한 친구가 "거룩한 성탄 밤인데 이러고 있을 게 아니라 조용한 곳으로 가서 함께 기도하자."라고 제의했다. 기쁜 마음으로 따라나서 조용한 곳을 찾아보았더니 불상 뒤가 제격이었다. 그 자리에 사람들이 버린 잡동사니가 있었는데 일본 가요집이 눈에 띄었다. 가요집에 성탄 캐럴 '고요한 밤'도 있었다. 우린 이래저래 잘됐다 싶어 기도하고 나서 가요집을 펴 들고 '고요한 밤'을 정말 거룩하게 불렀다.

요즘 '일치 주간'이 돌아오면 천주교, 개신교 등 그리스도교인들이 한데 모여 일치 기도회를 여는데 우린 벌써 그때 일치 기도회(?)를 연 셈이다. 그것도 옆에 부처님까지 모셔 놓고 말이다.

이튿날 2,000톤급 화물선에 올라 태평양으로 나갔다. 그날이 마침내 스테파노 영명 축일이라 괜스레 마음이 울적했다. 배는 남쪽 어디론가로 향했다. 나중에 도착해서 알았는데 우리 목적지는 동경 남쪽 작은 섬

지치지마父島(부도)라는 곳이었다. 직선거리로 3일이면 갈 것을 미군 잠수함을 피해 지그재그로 가야 했기에 꼬박 6일이 걸렸다. 배 멀미가 심해서 먹지도 마시지도 못했다. 배에는 연료 드럼통과 탄약이 잔뜩 실려 있었다. 폭발물을 자전거와 가마니로 덮어 놓았는데 그 가마니 위에 축 늘어져서 고통스러운 시간을 보냈다. 몸을 왼쪽으로 뒤척이면 바퀴에 걸리고, 반대로 돌리면 핸들에 걸리는 게 여간 죽을 맛이 아니었다.

항해가 거의 끝나 갈 무렵이었다. 친구가 헐레벌떡 뛰어 내려오더니 비상 구명대를 챙겨 빨리 갑판으로 올라가라고 소리쳤다. 미군 잠수함이 출몰出沒한 것이었다. 병사들은 갑판 위에서 사색이 되어 검푸른 바다를 응시하고 있었다. 연료와 폭발물을 산더미처럼 실은 배가 어뢰 공격을 받으면 배는 물론이고 사람도 산산조각이 날 판이었다. 겁에 질려서 어느 누구도 감히 입을 떼지 못했다. 폭풍 전야의 고요가 느껴졌다. 물결이 찰랑찰랑 흔들리는 수면 저 아래에서는 이미 어뢰가 배를 향해 돌진하고 있는지도 몰랐다.

태평양 망망대해에서 맞닥뜨린 절체절명의 위기. 그 순간 어머니 모습이 수평선 위로 또렷하게 떠올랐다. 불현듯 어머니가 보고 싶었다. 그리고 어머니 무릎에서 죽고 싶다는 생각이 물밀듯이 밀려왔다.

참 이상한 체험이었다. 철학을 공부하면서 죽음에 대해 생각할 때마다 만일 내가 죽게 되더라도 어머니가 보는 앞에서는 절대 죽지 않겠다는 다짐을 하곤 했다. 자식이 죽어 가는 모습을 보는 어미의 심정은 얼마나 고통스러울까, 그리고 그런 어머니 모습이 마지막 순간에 눈에 밟힌다면 자식의 고통 또한 얼마나 클까 하는 생각 때문이었다. 하지만 막상 죽음이 닥치자 정반대로 어머니 품이 그리워졌다.

바로 그 순간, 짙은 안개가 배는 물론이고 사방을 뒤덮었다. 배가 안개 지역에 들어선 것이겠지만 마치 안개가 밀려와서 배를 감싸는 것만 같았다. 그로 인해 잠수함은 우리 배를 공격하지 못했다. 천만다행으로 죽음을 모면한 것이 기쁘기만 했다. 그러나 지금 돌이켜 생각하면 놀라울 정도로 큰 하느님의 사랑에 고개가 숙여질 뿐이다.

또 그 경험이 없었더라면 어머니에 대한 정이 이토록 애틋하게 마음에 남아 있지 않았을 것이다. 한때는 어머니의 사랑이 부담스러워 일부러 거리를 둔 적도 있었는데 본심은 그게 아니라는 사실을 알게 된 것은 내 인생에서 큰 소득이다.

그때 스스로 만들어 낸 생각과 본심에 차이가 있다는 것도 깨달았다. 그 이후로 내 생각이 앞설 때면 나의 본심, 즉 내면 깊숙이 자리 잡고 있는 참 마음이 무엇인가 성찰해 본다.

우리는 동경에서 남쪽으로 약 1000km 떨어진 부도라는 섬에 상륙했다. 영어권에서 보닌 아일랜드Bonin Islands라고 불리는 오가사와라 제도에 속한 작은 섬인데 다행히 그곳에서는 전투가 벌어지지 않았다. 주둔지에서 좀 떨어진 유황도를 미군이 점령하고 난 후에는 매일 오전 일정한 시각에 미군 전투기 폭격이 있었다. 또 B-29 폭격기가 일본 본토를 폭격하고 돌아오다 남은 포탄을 없애느라 떨어뜨리는 폭격이 매일 이어졌다. 하지만 그리 위협적이지 않았다. 폭격이나 기총 소사에 사람이 죽는 것도 보지 못했다.

그렇다 하더라도 전쟁이 끝나기를 마냥 기다리고 있을 수만은 없었다. 마침내 나와 동료 학도병 몇 명은 유황도로 탈출할 결심을 하고 은밀히 계획을 세웠다.

카누처럼 생긴 조그만 배 한 척을 어렵사리 구했다. 그리고 수류탄, 비상식량 건빵, 흰 천을 감춰 두었다. 흰 천은 바다 한가운데서 미군 비행기나 군함을 만나면 항복의 표시로 흔들려고 준비했다. 탈출 직전까지 우리

학도병 시절 전석재 신부와 함께.

를 망설이게 한 것은 유황도까지 거리가 얼마나 되는지 모른다는 것이었다. D-day, 마침내 운명의 날, 탈출의 날이 밝았다. 아침에 유황도에서 날아온 미군 전투기가 한바탕 기관총을 쏘아대고 돌아가면 곧바로 배를 타고 바다로 나갈 작정이었다. 우리 일행은 몸을 숨기고 매일 아침 일정한 시각에 나타나는 전투기를 기다렸다.

그런데 그날따라 해가 중천에 걸릴 때까지 전투기가 나타나지 않았다. 전투기가 돌아간 후에 출발해야지 만일 바다 한가운데서 맞닥뜨리면 모든 게 끝장이었다. 기다리면 기다릴수록 불길한 예감이 가슴을 짓눌렀다. 그냥 부대로 돌아가느냐, 아니면 태평양 한가운데서 죽을 각오

를 하고 출발하느냐의 선택만 남았다. 우린 출발하기로 결정하고 배를 띄웠다. 그런데 이게 무슨 운명의 장난인가. 전투기가 그제서야 나타났다. 더구나 파도가 심해 한 사람은 멀미를 하느라 정신을 못 차렸다. 도저히 안 되겠다 싶어 배를 돌려 부랴부랴 섬으로 되돌아갔다.

지금 생각해 보면 무모하기 짝이 없는 도주 계획이었다. 나중에 알아보니 우리의 목적지 유황도는 200마일(약 320킬로미터)이나 떨어져 있었다. 카누처럼 생긴 배를 타고 도주하기에는 너무나 먼 거리였다. 그리고 그날 부대에 조금만 더 늦게 복귀했더라면 총살을 당했을지도 모른다. 일본을 비난하는 편지를 내 사물함에 꽂아 두고 출발했으니 말이다. 한창 혈기왕성한 나이라서 겁 없이 도주를 감행했지 나이가 조금 더 들었더라면 그런 무모한 계획을 행동에 옮기지 않았을 것이다.

그럭저럭 부대 생활을 했다. 남의 나라 전쟁터에 끌려 나온 학도병 신분이었기에 별다른 의미를 둘 수 없었다. 1945년 8월 15일, 마침내 히로히토 일본 천황이 연합군에 무릎을 꿇었다. 일본의 항복은 우리 민족의 해방이었다.

'아, 고국에선 36년 압제의 사슬에서 풀려난 백성들이 거리로 뛰쳐나와 태극기를 흔들면서 만세를 외치고 있겠지…….'

일본 군복을 입고 있는 조선 학도병의 기쁨과 감격은 더 컸다.

미군은 몇 달 동안 우리를 완전 무장 해제시킨 후 섬에 상륙했다. 일본군 측에서는 부대원들이 미군과 접촉하는 것을 엄하게 금지시켰다. 어느 정도 시간이 흐르자 미군은 일본 군인들을 본토로 송환하기 시작했다. 상식적으로 생각하면 억울하게 끌려온 한국인들을 먼저 풀어 줘야 하는데 미군은 무슨 영문인지 별다른 조치를 취하지 않았다.

기다리다 못해 "여기에 강제로 끌려온 한국인들이 있으니 빨리 돌려보내 달라."는 내용의 영문 편지를 쓰고 맨 밑에 '스티븐 김'이라고 사인을 했다. 내 세례명을 영어식으로 표현한 것이다. 그 편지는 내가 갖고 있던 콘사이스 영어 사전과 동료의 중학교 1학년용 영어 교과서, 그리고 우연히 손에 쥔 〈LIFE〉라는 영문 화보 잡지를 총동원해서 작성한 것이다. 문제는 미군과의 접촉이 완전히 차단된 상태에서 어떻게 편지를 전달하느냐 하는 것이었다.

어느 날 미군 주둔 지역 정지整地 작업에 불려 나가 일하던 중 트랙터를 몰고 있는 미군 병사에게 살짝 다가가 말을 걸었다. 난생처음 영어로 말을 하는 데다 절박하게 부탁하는 입장이라 내 딴에는 깍듯이 예의를 갖췄다.

"Would you please be kind enough to speak with me?"

"What?"

"……."

"What?"

미군 병사가 그 말을 알아들을 리가 없었다. 접촉을 포기하고 땅에 주저앉아 묘안을 짜냈지만 신통한 방법이 떠오르지 않았다. 잠시 후 그 병사가 다가오더니 "아까 무슨 말을 하려고 했느냐."는 식으로 말을 걸어 왔다. 너무나 반가웠다. 나는 땅바닥에 한반도와 일본 지도를 그려 가면서 "여기는 일본, 저기는 한국. 나는 한국 사람이다."라고 설명했다. 손짓발짓을 다 동원했다. 그는 또 "히로히또(미국식 일본 천황 이름)를 어떻게 생각하느냐." 하고 물었다. 그에게 좀더 확실한 인상을 심어 주기 위해 "나는 그를 증오hate한다."고 대답했다. 그리고 "이 편지를 너희 사령관에게 전해 달라." 하면서 병사 손에 몰래 쥐어 주었다.

며칠 후 미군 측에서 편지의 주인공을 요란스럽게 찾아다녔다. 한국인 학도병이 열 명 정도 있었으니까 나를 찾아내는 건 그리 어려운 일이 아니었다. 나는 친구 두 명과 함께 사령관에게 불려 갔다. 사령관은 일본 연락 장교에게서 무슨 보고를 받았는지 "내가 사령관이다. 질서 문란 행위는 용납하지 않는다."면서 엄포만 놓았다.

실망하고 나오는데 사령관 부관인 중위가 나를 따로 불렀다. 의사소통이 안 돼 몸짓과 필담筆談으로 1시간 가까이 이야기를 나눴다. 그런데 왜 나를 따로 불렀는지 알 수가 없었다.

이윽고 중위는 "그동안 이 섬에 미군 조종사 열댓 명이 공격을 받고 추락했다. 그들의 행방을 아느냐?"라고 물었다. 미군이 한국인을 풀어 주지 않는 이유를 그제서야 알았다. 일본군들이 모두 모른다고 발뺌을 하자 한국인들에게 정보를 캐낼 요량으로 붙잡아 둔 것이었다.

그 이야기라면 나도 아는 것이 있었다. 체포된 미군 조종사들이 묶여 있는 것을 두 눈으로 직접 본 데다 그 이후 일본 군인들이 미군 인육人肉을 먹었다는 소문을 들은 적이 있었다. 하지만 나는 "우리는 지금 일본군과 함께 있기 때문에 알아도 말할 수 없다."라며 한국인에 대한 신변 안전 보장을 요구했다. 그가 내 요구를 받아들여 그 섬의 한국인들을 모두 미군 지역American Zone으로 불러들였다. 육군에는 학도병이 전부였으나 해군 쪽에서는 100명이 넘는 한국인 노무자들이 넘어왔다.

그때 일본 해군 사령관이 노무자들에게 무슨 거짓말을 했는지 그들은 "학도병 몇 명 때문에 이제 미군 종살이를 하게 됐다."라며 우리에게 거칠게 항의했다. 나는 "미군의 손을 거쳐야 우리가 자유를 얻을 수 있다."라고 그들을 설득했다. 다행히 노무자들 중에서 목격자 3명이 나타났다.

그 무렵 괌에서는 전범戰犯 재판이 열리고 있었다. 미군 측의 동행 요청을 받고 재판 증인으로 나설 노무자 3명과 함께 괌으로 건너갔다.

전쟁터에서 만난
귀한 인연

　미군이 점령한 부도父島에서 이런 재미난 사건도 있었다. 하루는 폭격으로 파인 땅을 고르는 노역을 마치고 막사로 돌아가는데 목사 친구가 옆구리를 쿡쿡 찌르더니 "저 미군한테 말을 걸어 보자."라고 했다. 개울 옆 언덕바지에 몸을 반쯤 기대고 누워서 작업하는 우리를 감시하던 헌병이었다. 미군하고 손짓발짓 섞어가며 몇 번 이야기를 나눈 적은 있지만 영 자신이 없었다.

　목사 친구는 "신학교에서 미국 선교사들을 자주 만났기 때문에 웬만큼 통할 것이다."라며 그 헌병에게 넉살좋게 말을 걸었다.

　"What's your religion?(네 종교가 뭐야?)"

　"I'm catholic.(가톨릭이다.)"

　'가톨릭'이란 말에 귀가 번쩍 뜨였다. 나는 앞으로 뛰어나가 "Me too, Me too.(나도 가톨릭이다.)" 하며 반가워했다.

　그는 내 얼굴을 빤히 쳐다보더니 "You Jap.(너는 일본 사람이잖아.)"이라고 말했다. 당시 미군들은 일본인Japanese을 'Jap'이라고 낮춰 불렀다. 우리가 흔히 그들을 '왜놈'이라고 부르는 것과 어감이 비슷하다. 그의 말은 너는 일본 사람인데 어떻게 가톨릭을 알고 있느냐는 뜻이었다.

그때부터 또 땅바닥에 일본과 한국 지도를 그려 놓고 "나는 이쪽에서 살던 한국 사람인데 학도병으로 끌려왔다. 일본 사람이 절대 아니다. 나는 한국 가톨릭 신학생이다."라고 설명했다.

"Can you serve mass?(너 미사 복사를 설 줄 알아?)"

형편없는 영어 실력으로 그 질문을 용케 알아들었으니 참으로 신통방통한 일이다.

"물론 할 수 있다."고 대답했더니 그는 천주교 신자라는 증거를 대라는 듯이 "어떻게 하는 건지 한 번 해보라."고 주문했다.

"인 노미네 빠뜨리스 엣 필리이 엣 스피리뚜스 상띠. 아멘.(In nomine Patris et Filii et Spiritus Sancti. Amen, 성부와 성자와 성령의 이름으로. 아멘.)"

그에게 라틴말로 십자성호부터 그어 보였다. 그때는 제2차 바티칸 공의회 전례 개혁 이전이라 전 세계 모든 교회가 라틴어 미사경문을 사용하던 시절이다.

이어 층하경層下經을 바쳤다. 층하경은 미사 시작에 앞서 주례사제와 복사가 제단 아래서 주고받으며 바치는 기도였는데 복사를 하려면 제법 긴 층하경을 모두 외우고 있어야 했다.

"인뜨로이보 앗 알따레 데이.(Introibo ad altare Dei, 나 이제 천주의 제단 앞으로 나아가리로다.)"

"앗 데움 귀 레띠피깟 유벤뚜뎀 메암.(Ad Deum qui laetificat juventutem

meam, 나의 청춘을 즐겁게 하여 주시는 천주께 나아가리로다.)"

그 헌병의 눈이 휘둥그레졌다. 나는 내친 김에 고개를 숙이고 가슴을 치며 고죄경(고백기도)을 바치기 시작했다.

"메아 꿀빠…….(Mea culpa, 제 탓이요.)"

그 순간 헌병은 자리에서 벌떡 일어서더니 나랑 똑같이 가슴을 치며 "메아 꿀빠, 메아 꿀빠, 메아 막시마 꿀빠.(Mea culpa, mea culpa, mea maxima culpa, 제 탓이요, 제 탓이요, 저의 큰 탓이옵니다.)"라고 기도했다. 그러더니 나를 와락 껴안고는 "너는 틀림없는 가톨릭이다."라며 기뻐했다. 우리 주위로 빙 둘러서서 그 광경을 지켜보던 일본군들은 '두 사람이 지금 무슨 짓을 하는가?' 하는 표정으로 고개를 갸웃거렸다.

헌병이 반가운 마음에 속사포처럼 쏟아 내는 말을 다 알아듣지는 못했지만 "나도 복사를 했다. 한때 신부가 되려고 했다. 내 누이는 수녀다."라는 말은 대충 이해했다.

가톨릭 신자들은 기차나 버스 안에서 옆 사람이 묵주반지를 끼고 있는 것만 봐도 특별한 동질감을 느낀다. "아, 교우시군요." 인사 한마디면 낯선 사람에 대한 경계심이 봄볕에 눈 녹듯 사라지는 게 신자들 정서다.

그런 정서에는 여러 가지 요인이 있겠지만 가장 큰 요인은 예수 그리스도께서 친히 선발하신 사도들로부터 내려오는 전통과 법통을 고이 간직하고 있는 종교를 믿는다는 동질감이 아닐까 싶다.

이 세상에 수많은 종교와 종파가 있지만 가톨릭은 하나다. 세상 어디를 가도 전례와 교리, 교회 구조가 똑같다. 미국 뉴욕 번화가에 있든 아프리카 밀림에 있든 지구상의 모든 가톨릭 교회는 하나의 믿음으로 베드로 사도 후계자인 교황과 연결돼 있다. 즉, 모든 신자가 한 가족 한 형제다. 그러니 패전국의 학도병, 그것도 일본군 군복을 입고 있는 한국 신학생이 그 섬에서 미국 형제를 만났으니 얼마나 반가웠겠는가.

가톨릭 신학생이란 신분이 알려진 덕에 그해 성탄대축일 미사에 참례하는 행운까지 얻었다. 성탄절 직전, 군종목사는 수천 명 되는 일본군 중에 유일한 가톨릭 신자인 나를 불러 "유황도에 있는 군종신부가 여기 와서 성탄전야 미사를 할 예정인데 원하면 참례해도 좋다."라고 말했다. 부도에 군종목사는 있었지만 군종신부는 없었다. 미사참례라는 말에 얼마나 가슴이 뛰었는지 모른다.

그런데 막상 성탄 전날 밤 미사가 봉헌되는 막사로 갔더니 미사가 한창 진행 중이었다. 아무래도 미사 시간을 잘못 알아들은 것 같았다. 벽면 십자가를 향해 서서(제2차 바티칸 공의회 이전 방식) 두 팔을 벌리고 전례를 거행하는 군종신부님 뒷모습을 보는 순간 가슴이 울컥했다. 체격이 건장한 미군들 틈에 끼어서 알아듣지도 못하는 영어로 봉헌하는 미사였지만 내 마음은 내내 감동의 물결로 출렁거렸다. 1년 넘게 미사에 참례하지 못했으니 그럴 만도 했다.

하지만 영성체 시간이 되자 당혹스러웠다. 1년 넘게 고해성사를 보지 못해 성체를 받아 모시러 나가면 안 되는데 시선은 자꾸 신부님 손에 들린 성체를 향했다.

당시 성탄미사는 3대 연속 봉헌됐다. 사제들은 자정미사를 신자들과 성대하게 봉헌한 뒤 나머지 미사 2대는 신자들이 남아있든 집에 돌아가든 상관하지 않고 연속해서 드렸다. 미사가 끝나면 잠깐이라도 고해성사를 본 뒤 다음 미사에서 성체를 모시면 되겠지만 늦게 도착해서 몇 번째 미사인지 알 길이 없었다. 만일 마지막 미사라면 1년 만에 성체를 모실 수 있는 천금 같은 기회를 잃는다.

한참 망설이다 용기를 냈다. '하느님께서는 자비로운 분이시니까 통회하는 마음으로 모시면 이해해 주실 것'이라고 자위하며 성체를 받아 모셨다.

전쟁터에서 살아 돌아온 뒤 서울 혜화동 신학교로 돌아가 사제 수업을 받았다. 신학교 교정에서.

그런데 그게 마지막 미사가 아니었다. 미사가 끝나자 복사를 섰던 군인은 돌아가고 신부님 홀로 미사를 이어 드렸다. 나는 그 모습을 보고 앞으로 뚜벅뚜벅 걸어 나가 신부님 옆에 섰다. 미사 순서와 복사 역할을 훤히 꿰뚫고 있는 터라 아무런 실수 없이 미사 집전을 도왔다.

미사가 끝나자 신부님은 제의도 벗지 않은 채 나를 껴안더니 "자네는 누구인가?" 하고 물었다. "한국에서 온 신학생."이라고 대답하자 "이렇게 감동적인 미사는 처음이다. 가톨릭은 역시 인종, 민족, 언어, 이념을 초월하는 종교다." 하며 감격스러워했다.

그 신부님은 얼마 뒤 괌으로 사목지를 옮기셨다. 미군 전투기 조종사 실종사건 재판의 증인으로 나선 노무자들과 괌에 체류하고 있던 나는 그곳에서 신부님과 반가운 상봉을 했다. 미사에 참례하면 신부님은 항상 내게 복사를 맡기셨다. 그곳에서 6개월 정도 머물다 일본을 거쳐 꿈에도 그리던 고국 땅을 밟았다.

FBI가 나를 추적한 사연

불가佛家에서 옷깃만 스쳐도 인연이라 하는데 그 말이 맞는 것 같다.

1977년 5월, 한인본당 사목방문과 노틀담대학교 명예 법학박사 학위 수여식 참석을 겸해 미국에 갔을 때다. 학위 수여식 후 한인 공동체를 방문하려고 시카고 공항에 내렸는데, 마중 나온 성 골롬반 외방 선교회 신부님이 "혹시 켈리Kelly 신부라는 분을 아세요?" 하고 물었다.

퍼뜩 떠오르지가 않아 이리저리 기억을 더듬고 있는데 신부님이 "해군 군종신부 출신"이라는 힌트를 줬다.

"해군 군종신부? …… 아, 그 신부님! 부도랑 꼽에서 미사할 때 내가 복사를 섰던 그 신부님. 맞아, 그분 성함이 켈리야. 그때 소속이 시카고 교구라고 하셨어. 그런데 그 신부님을 아세요?"

"물론 알지요. 우리 이웃 본당에서 사목하고 계시는데, 김 추기경님이 시카고에 오신다는 소식을 듣고 내일 점심 식사에 초대하셨어요."

다음 날 설레는 마음으로 켈리 신부님을 만나러 가는데 골롬반회 신부님이 장난기 가득한 얼굴로 거기 가면 무척 놀랄 일, Big Surprise가 또 있을 것이라고 말했다. 그게 뭐냐고 물어도 "가 보면 안다."라면서 좀체 알려주지를 않았다.

켈리 신부님과 32년 만에 재회를 했다. 얼마나 반갑던지 사제관으로 들어갈 생각은 안하고 문 앞에 서서 악수와 포옹을 번갈아가며 한동안 인사만 나눴다. 그때 노틀담대학교에서 지미 카터 미국 대통령에게도 명예 박사학위를 수여한 터라 학위 수여식 사진이 전국 주요 일간지에 실렸다. 켈리 신부님이 신문에 난 내 얼굴을 보고 30여년 전 지치지마(부도)에서 만난 한국 신학생이란 걸 용케 알아챈 것이다.

안으로 들어가 신부님과 몇 마디 주고받는데 전화벨이 울렸다. 신부님은 우리에게 방해가 될까봐 나가서 복도에 있는 전화를 받았다. 그때 골롬반회 신부님이 "저 전화 받으세요. 저게 바로 오늘의 '빅 서프라이즈'입니다."라며 방에 있는 수화기를 눈짓으로 가리켰다.

"김 추기경입니다."

"반가워요. 딕이라는 사람인데 저를 기억하겠어요?"

"딕? 글쎄요. 죄송하지만, 잘 기억이 나질 않네요."

"부도에서 만난 해병대원, 딕을 모르겠어요?"

부도에서 해병대 대원들과 자주 마주치기는 했다. 친해진 대원들과는 손짓발짓 섞어 잡담을 나누며 무료한 시간을 달래기도 했다. 하지만 아무리 기억을 더듬어도 그 사람 얼굴이 떠오르질 않았다. 하는 수 없이 "만나면 금방 알아볼 것 같은데……." 하고 둘러댔다. 그는 "샌프란시스코 FBI에서 일하고 있어요. 보고 싶으니 당장 만납시다."라고 말했다.

FBI(미 연방수사국)라는 말에 깜짝 놀랐다. 당시 내게는 공안 당국의 감시 눈길이 늘 따라붙었다. 1971년 전국으로 생중계되는 서울대교구 주교좌 명동대성당(이하 '명동성당') 성탄 자정미사 강론에서 박 정권의 장기 집권 술수를 비판한 후 요주의 인물이 됐기 때문이다. 일거수일투족을 어찌나 훤히 꿰뚫고 있던지 외국 공항에 가도 현지에 상주하는 정보 요원들이 어김없이 나와 있었다.

그런데 나보다 더 놀란 사람이 골롬반회 신부님이었다. 며칠 전 한 남자가 신부님 숙소로 전화를 걸어 "여긴 FBI인데, 한국에서 온 김수환 추기경 행방을 아는가?" 하고 물었다는 것이다. 잠결에 전화를 받은 신부님은 FBI에서 나를 찾는다기에 무슨 큰일이 난 줄 알고 기겁을 했다고 한다. 신부님은 딕이라는 사람이 나를 찾는 이유를 알고는 "그럼 당신도 켈리 신부를 아는가? 마침 김 추기경이 켈리 신부를 만날 예정인데, 그때 3자 전화상봉을 하는 게 어떻겠느냐?"라고 했다는 것이다. 샌프란시스코 금문교가 한눈에 내려다보이는 언덕에서 딕Dick(리차드의 애칭)을 잠깐 만났다. 그는 언행이 거친 해병대 대원들 중에서 군계일학群鷄一鶴처럼 점잖은 친구였다. 나는 양반 중의 양반인 그와 이런저런 이야기를 나누는 동안 꽤 정이 들었는데 그동안 까맣게 잊고 있었다.

그는 "당신은 쉽게 잊을 수 없는 친구"라며 사진 한 장을 내밀었다. 유학길에 오르기 전에 외삼촌과 찍은 내 사진이었다. 맙소사! 지치지마(부도)에서 헤어질 때 건네준 정표情表를 32년째 간직하고 있다니…….

"나를 어떻게 찾았느냐?"라고 물었더니 그는 파안대소하며 말했다.

"신문에 실린 사진을 보니까 영락없이 그때 만난 신학생이더라고요.

미국 노틀담대학교에서 제39대 미국 대통령 지미 카터(왼쪽 두 번째)와 명예박사 학위를 받은 김수환 추기경(1977년). 이를 계기로 잊고 있었던 학도병 시절의 해병대원을 만날 수 있었다.

노틀담대학교 측에 알아보니까 '시카고에서 골롬반회 신부를 만날 예정'이라는 단서가 나왔어요. 그때부터 말하자면 FBI 범인추적 시스템을 가동한 거지요."

세계 최고 수사기관이라는 FBI에서 무슨 시스템까지 동원해 내 행방을 추적했으니 '빅 서프라이즈'가 맞긴 맞는 것 같다.

고슨픈 귀국길

해방된 내 조국으로 돌아오는 길이 왜 그리 멀고 고달팠던가.

1946년 9월, 괌에서 일본으로 돌아왔다. 원래 미국에서 공부할 생각이었지만, 대구대목구장님의 승낙서가 좀처럼 오지 않았고, 여러 가지 일이 어긋나면서 석 달이나 더 일본에 머물게 됐다.

귀국을 결심하게 된 데에는 재일 교포들 사이의 분열과 갈등이 큰 이유였다. 36년이나 남의 나라에서 온갖 설움을 겪으며 살아왔으니, 이제는 조국이 해방된 만큼 모두가 한마음으로 미래를 생각하며 살아야 할 텐데, 정작 현실은 그렇지 못했다.

재일 교포들은 툭하면 좌우로 갈라져 싸웠다. 당시 일본 주둔 연합군은 한국인 같은 제3국인을 일본인보다 우대했다. 가령, 일본인은 맥주를 살 수 없어도 한국인은 자유롭게 맥주를 사 마실 수 있었다. 그런데 교포들은 맥주를 마시며 회의를 하다가 의견이 맞지 않으면 맥주병을 깨서 혈투까지 벌였다. 실망스럽고 마음이 아팠다.

귀국하는 한국인을 위해 편성된 동경발 임시 열차에 몸을 실었다. 일본 열도에서 제일 서쪽에 있는 규슈九州 지방 하카타博多에 가서 귀국선을 타야 했다. 평소 19시간이면 닿을 거리인데, 그 임시 열차는 36시간이나 걸렸다. 그 길고 지루한 시간을 도시락 하나로 버텼다. 하카타에 내리자 안내원들이 우리를 큰 창고에 밀어 넣었다. 가마니가 깔린 바닥에서 모포 한 장과 건빵으로 사흘을 견뎠다.

사흘이 지나 드디어 귀국선을 탔다. 다음 날 아침, 눈을 뜨자마자 나는 곧장 갑판으로 나갔다. 짙은 해무 너머로 부산항이 조금씩 모습을 드러내기 시작했다. 나뿐만 아니라 배에 탄 모두가 감격스러워했다. 사람들의 눈빛에는 벅찬 감회가 어려 있었다. 모두 단 1초라도 빨리, 일본인이 떠난 조국의 땅을 밟고 싶은 간절한 마음뿐이었다.

그런데 배가 항구에 닿기도 전에 뜻밖의 일이 벌어졌다. 미군 제복처럼 생긴 옷을 입은 청년들이 성급히 배에 올라왔다. 기껏해야 스무 살 남짓 되어 보이는 어린 청년들이었다. 그들은 어깨에 힘을 잔뜩 준 채 우리를 한곳에 모아 놓고 장황하게 훈시를 늘어놓기 시작했다. 한마음으로 감격에 젖어 있던 순간, 갑자기 들이닥친 불청객들의 고압적인 태도에 모두가 당혹스러워했다. 도무지 귀에 들어오지도 않는 이야기였지만, 겉으로는 희망찬 조국 건설을 위해 우리가 나서 달라는 식의 내용 같았다. 주님의 은총으로 조국 땅을 밟는 설렘이 가득했던 순간, 이 어처구니없는 상황에 화가 치밀어 오르기도 하고, 한편으로는 깊은 실망감이 밀려왔다.

'타지에서 산전수전 다 겪고 귀국하는 사람들 앞에서 무슨 입바른 소

리인가. 여기 있는 사람들 얼굴을 보면 모르나. 며칠 동안 먹은 거라곤 건빵밖에 없어 쓰러질 판인데.'

내 옆에는 한국인과 결혼한 일본 여인이 있었다. 한국에 있는 남편을 찾아가는 길이라고 했다.

"남편이 어디에 사는지 알아요?"

"전에 남편하고 한 번 가 본 일이 있어요. 그런데 그 집에 가니까 본처가 있더라고요. 남편이 본처랑 이혼하고 부를 테니 먼저 일본에 가 있으라고 해서 기다렸는데 소식이 없어서요."

"그럼 이혼했다는 연락은 받았어요?"

"아뇨. 이혼했으리라 믿고 가는 길이에요."

국적을 떠나서 한 여자를 내팽개친 한국 남자의 무책임한 행동에 또 실망했다.

동포들은 하선 허락이 떨어지지 않아 하루 종일 쫄쫄 굶으면서 대기했다. 사무치게 그리웠던 조국 땅을 지척에 두고 바다에 떠서 굶는 기분이 좋을 리 없었다.

날이 어둑어둑해질 무렵 하선 허락이 떨어져 배에서 내렸다. 그런데 갑자기 주위가 소란스러워졌다. 깡패들이 몰려와서 승객들의 짐, 특히 부녀자들의 핸드백을 낚아채 가는 것이었다. 하루 종일 배에 가둬 놓고 있다가 어두워진 후에 하선시킨 이유를 알 것 같았다. 일본에서 온갖 설움을 겪은 동포들이 조국 땅을 밟자마자 당한 것이 약탈이라니……. 또 한 번 실망했다.

저녁밥이라고 나온 게 밀가루 몇 조각 띄운 멀건 국물이었다. 그것도 한 사람씩 퍼 준 게 아니라 한 번 마시고 옆 사람에게 그릇을 넘겨 줘야 하는 엉터리 배식이었다. 개인 화물 하역 작업은 새벽 2시부터 시작된다고 했다. 그래서 떠밀려 들어간 곳이 큰 창고였는데 구석에 시체 세 구가 있었다. 귀국 동포들의 감정이 결국 폭발했다.

동포들은 "우리가 너희한테 밥을 달라고 했냐, 돈을 달라고 했냐. 왜 붙잡아 놓고 이 고생을 시키냐."면서 "차라리 일본으로 돌아가겠다."라고 아우성을 쳤다. 그렇다. 해방 직후의 조국은 법과 원칙도 없이 혼란스러웠다.

아무튼 저녁 늦게 그 실망스러운 곳에서 빠져나왔다. 그 시간에 밥 한술이라도 얻어먹을 수 있는 곳은 부산 범일성당과 성당 근처 김태관 신부님(1919~1990년) 집이었다. 이미 고인이 되신 김 신부님(예수회)은 일본 상지대학 선배로서, 방학 때 잠시 집에 들른 적이 있었다.

그 집에 도착했더니 저녁 식사를 하던 가족들이 나를 보고 깜짝 놀라는 눈치였다. 내 이야기를 듣고는 밥을 먹고 가라고 옷소매를 끌었지만 괜히 예고 없이 찾아가서 밥을 축내는 것 같아 범일성당 위치를 물었다. 범일성당에 형님(김동한 신부) 서품 동기인 신 신부님이 보좌 신부로 계신다는 이야기를 일본에서 들은 적이 있었다.

그런데 가족들은 "보좌 신부의 성은 신씨가 아니라 김씨"라면서 "그렇지 않아도 아까 문을 열고 들어오는데 그 김 신부님이 오신 줄 알고 깜짝 놀랐다."라는 것이었다. 참 이상했다.

'형님 동기 신부들이야 내가 뻔히 다 아는데. 그럼 혹시 형님이……'
성당을 찾아 올라가는데 얼마나 마음이 앞서던지 헛걸음질을 하는

며칠 동안 굶은 채 부산항에 도착하여 형 김동한 신부(오른쪽)를 만난 김수환 추기경(1951년). 이 사진은 김동한 신부가 해군 군종신부로 입대하기 직전에 촬영했다.

것처럼 느껴졌다. 사제관 문을 두드렸더니 교리 공부를 하고 있던 한 아주머니와 아이들이 우르르 몰려나왔다.

아이들은 내 얼굴을 보자마자 "와~ 신부님 동생이다."라고 소리쳤다. 형님 책상에 놓여 있는 액자 속의 사진을 아이들이 본 모양이었다. 아이들은 조금 떨어진 식당 쪽을 향해 "신부님, 신부님, 동생 오셨어요!"라고 외쳤다. 가슴이 콩닥콩닥 뛰었다. 형님이 맨발로 달려 나왔다. 그 반가운 마음을 어떻게 말로 표현하겠는가.

학도병에 나가는 나를 부산항에서 배웅할 때 눈물을 보이신 형님이었다. 며칠 동안 굶은 채로 부산항에 내리자마자 그 형님을 만나 밥을 얻어먹게 될 줄은 상상도 못했다.

갈등과 유혹

나 같은 사람은 누구와 언성 높여 싸워 본 일이 한 번도 없을 것이라고 생각하는 이들이 있을지 모르겠다. 그러나 그렇지 않다. 전쟁터에서 돌아와 어머님을 찾아뵙기 위해 도착한 대구에서 경찰관과 대판 언쟁을 벌인 적이 있다.

부산항에서부터 조국의 혼란스런 현실에 실망해 마음이 언짢았던 것이 사실이다. 형님 자전거를 타고 부산항으로 짐을 찾으러 갈 때도 경찰관의 고압적 검문 태도에 마음이 상했다.

대구행 열차는 유리창이 모두 떨어져 나간 데다 좌석도 성한 것이 없었다. 해방 후 어수선한 분위기를 틈타 사람들이 떼어간 것이다. 전등도 없는 열차가 컴컴한 터널에 들어가면 선반 위에 올려 둔 짐이 없어지는 일이 다반사라 나 역시 터널에서는 가방을 꼭 껴안고 있어야 했다.

'이 나라가 제 꼴을 갖추려면 얼마나 오랜 시간이 걸릴까……'

내내 마음이 답답하고 서글펐다.

경찰관과 언쟁이 붙은 이유는 통행금지 위반 때문이었다. 밤늦게 역에 도착하는 승객에게는 손에 도장을 찍어 주는 모양이었는데 일본에서 돌아온 내가 그걸 알 리가 없었다. 어머니가 사시는 남산동을 향해 뚜벅뚜벅 걸어가는데 경찰관이 나를 불러 세웠다.

"여보 여보, 어딜 가요?"

"어딜 가다니요. 집에 가는데요."

"이 사람이, 통행금지 있는 거 몰라?"

"……통행금지요? 처음 듣는데요."

"(거칠게) 모르다니? 어디서 왔어?"

"며칠 전 일본에서 왔습니다. 일본서 공부하다 귀국하는 길입니다."

"공부만 하면 제일이야."

"몇 년 만에 고국에 돌아왔으면 모르는 게 당연하지 않습니까. 그럼 경찰관이 친절하게 가르쳐 줘야지, 다짜고짜 죄인 다루듯 다그치는 게 잘하는 겁니까."

나는 물러서지 않고 언성을 높여 꼬박꼬박 말을 되받아쳤다. 일제 압제에서 풀려났으면 국민들이 서로 감싸 주면서 한마음이 되어야 할 텐데 경찰관의 태도에서 보듯 현실은 그렇지가 않았다. 나는 그 경찰관이 미운 게 아니라 조국의 현실이 서글펐던 것이다.

우여곡절 끝에 집에 도착했다. 그동안 내가 어머니 품에 안겼지만 그때는 내가 어머니를 가슴에 꼬옥 안았다. 어머니가 그렇게 우시는 모습은 처음 보았다.

다음 날부터 만나는 사람들마다 "자네는 어머니 덕에 살아왔네."라

대구대교구청 내 성모당에는 기도하는 이들의 발길이 끊이지 않는다. 김수환 추기경의 어머니는 눈이 오나 비가 오나 이 성모당 앞에서 무릎을 꿇고 막내아들의 무사 귀환을 빌었다.

는 인사말을 했다. 그렇다. 나는 어머니 기도 덕에 목숨을 건졌다. 어머니는 비가 오나 눈이 오나 하루도 거르지 않고 대구대교구청 내 성모당에 나가 이 아들을 위해 기도하셨다. 바다 한가운데서 미군 잠수함 공격에 목숨을 잃을 뻔한 그 순간에도 어머니는 성모님께 아들의 무사 귀환을 빌고 계셨다. 어머니의 그런 사랑을 느낄 때마다 '하느님의 사랑은 얼마나 더 크겠는가.' 하고 생각하곤 했다.

　신학교에 복학하기 전까지 대구에서 9개월쯤 머물렀다. 대구대목구 임시 교구장인 주재용 신부님 일을 거들고, 형님이 계신 부산을 오가면서 보낸 그 기간에 갈등과 유혹이 끊이지 않았다.

누님은 집안 형편이 쪼들리자 "네 형이 신부 됐는데 너까지 또 신부가 돼야겠느냐."라면서 신학교 복학을 탐탁해하지 않으셨다. 그러나 그보다 마음을 더 심란하게 만든 사건은 한 여인의 청혼이었다.

그 여인은 형님이 계시는 범일성당에 드나들면서 자연스럽게 알게 되었다. 형님이 관여하는 고아원에서 일하면서 가끔 사제관 청소를 해 주었는데 잘은 몰라도 심적 고통이 큰 사람처럼 보였다. 마음의 병 때문인지 그녀가 병으로 눕자 형님은 "다른 사람은 그 여자를 좀 어려워하니 네가 따라가서 하룻밤 병간호를 해 주면 어떻겠냐."라고 말했다. 그래서 아무 생각 없이 그러겠다고 대답하고 병간호를 하는데 그녀가 어떤 이야기를 하다 말고 자신이 살아온 과정을 장황하게 들려주었다.

그때 그녀에게 가장 필요한 것은 고해성사라는 생각이 들었다. 본당 신부님은 그녀가 어려워할 것 같아 영도에 계시는 프랑스 신부님을 찾아가 자초지종을 말씀드리고 모셔 왔다. 그녀의 고해성사는 한 시간도 넘게 걸렸다. 그런 관심과 배려가 그녀의 마음을 사로잡았는지 모르겠다. 지금 생각해 보니 마음이 극도로 지친 상태에서 자신에게 잘해 주는 누군가가 옆에 있으면 그쪽으로 마음이 쏠리는 것은 당연할 것도 같다.

어느 날 그녀가 내게 이런 말을 했다.

"나를 받아줄 수 있겠어요?"

깜짝 놀랐다. 하늘이 노래지는 것 같았다.

소신학교 시절에 방학이 되어 고향에 내려갈 때면 교장 신부님이 "여자는 아예 쳐다보지도 마라." 하고 신신당부를 하셔서 안면이 있는 여자에게도 고개를 돌렸는데 청혼까지 받게 될 줄이야……

물론 어릴 때부터 '나만을 사랑해 주는 여인이 있으면 얼마나 좋을까?'라는 생각을 품고 있었던 건 사실이다. 그러나 막상 그런 여인이 나타나자 나에게 모든 걸 거는 한 사람을 평생 행복하게 해 줄 자신이 없었다. 그 대신 신부가 되어 부족하나마 사랑의 봉사를 하면 많은 사람에게 도움이 될 것 같은 생각이 들었다. 이런 생각이 그녀의 청혼을 단호히 거절하게 만들었다. 어쩌면 그 해프닝이 '나는 사제의 길을 가야 할 사람'이라는 확신을 더 갖게 했는지 모르겠다. 내가 청혼을 거절했음에도 불구하고 그녀가 단념하지 않고 있다는 소식을 훗날 전해 들었을 때는 고통스럽기까지 했다.

갈림길에서 우왕좌왕하는 나를 더 확실하게 붙잡아 준 은인은 장병화 주교님(1912~1990년)이다. 당시 우리 본당에 계시던 장 신부님께 내 결점만 쏙쏙 골라서 과장되게 말씀드린 적이 있다. 신부가 되어도 집안 걱정에서 자유롭지 못할 것 같고, 여자에게도 마음을 쉽게 빼앗길 것 같다는 식으로 말이다. 사제가 되면 안 될 사람이라고 판단하시도록 유도한 것이다.

장 신부님은 한 달만 생각할 시간을 달라고 하시더니 한 달 내내 아무 말씀이 없으셨다. 정확히 한 달째 되는 날 아침 미사에 참례한 나를 부르셨다.

"신부는 모름지기 자신의 약점이 뭔지 알아야 해. 그래야 그걸 이겨 내고 성덕을 쌓을 수 있어. 그렇기 때문에 자네는 꼭 신부가 돼야 하네."

장 신부님은 내가 한 말을 모두 거꾸로 해석하시고 신학교 복학을 독려하셨다.

다시 신학교로

1947년 9월 서울 혜화동 신학교 교정으로 다시 돌아왔다.

일본 유학 기간에 공백이 있어 후배들과 함께 공부해야 했다. 내가 소신학교 5학년 때 1학년에 갓 입학한 후배들이었지만 나보다 나이가 많거나 비슷한 또래도 더러 섞여 있었다.

내 소신학교 입학 동기들은 그 해에 벌써 사제품을 받았다. 동기라 하더라도 신부와 신학생 신분은 천양지차天壤之差라 착잡한 마음이 없었던 건 아니다.

남들 눈에 띌 정도는 아니었지만 나름대로 열심히 생활했다. 유학과 학도병 시절에 있었던 재미난 이야기보따리를 풀어 놓으면 어느새 친구들이 모여들어 귀를 쫑긋 세우고 들었다. 그때는 지금보다 남들에게 이야기를 쉽게 꺼내는 편이었던 것 같다. 10개비가 든 담배 한 갑을 다 피워 가면서 친구들과 이야기를 나눈 적도 있다.

담배 이야기가 나와서 하는 말인데 나는 우리 민족이 해방되는 바로 그날부터 담배를 피우기 시작했다. 그 전에도 담배를 배워 보려고 했지만 몇 모금 빨고 나면 머리가 아파 그만두곤 했다.

그런데 전쟁터에 나가 있는 학도병에게 들려온 해방 소식이 얼마나 감격스러웠던지 그날 입에 문 담배가 그야말로 꿀맛이었다. 민주화 운동으로 인해 명동성당이 조용한 날이 없던 1970년대는 하루에 두 갑까지 피웠는데 1984년 교황님이 한국에 다녀가신 그 해 가을에 완전히 끊었다. 요즘 금연 열풍이 불어 담배를 끊으려는 사람들이 많은 모양인데 나중에 기회가 되면 100퍼센트 확실한 '금연 비법'을 공개하겠다.

신학교 시절의 추억은 늘 새록새록 떠오른다. 소신학교 시절, 김정진 신부는 나보다 생일이 조금 빨라 항상 내 옆에 앉았는데 그는 성체 조배를 할 때면 분심을 물리치겠다고 오른쪽 팔을 들어 무엇인가를 밀쳐내는 시늉을 하곤 했다.

그 동작이 우스꽝스러운 데다 그의 팔이 내 몸에 툭툭 닿아 내가 제대로 성체 조배를 못할 정도였다. 심지어 손을 물어뜯으면서 분심을 쫓는 친구도 있었다. 평양 출신의 서운석 신부는 성체 조배하는 모습이 얼마나 경건했던지 마음속으로 '기도를 가장 잘하는 신학생'이라고 인정해 주었다. 서 신부와 충남 공세리 출신의 강만수 신부 등 몇 명은 한국전쟁 당시 공산군에 의해 목숨을 잃었다.

당시 신학생들이 성경 다음으로 애독한 것이 《준주성범》遵主聖範, *Imitation of Christ*이라는 영신 지도서였다. 제목 그대로 주님을 따르는 데 필요한 거룩한 모범을 제시한 그 책을 옆에 끼고 살면서 그 가르침대로 살려고 애를 썼다.

신학교 생활 중 삭발례(削髮禮)의 감동은 잊을 수가 없다. 세속을 끊고 자신을 하느님께 바친다는 의미로 머리를 깎고 수단을 착용하는 예식인데 성직 입문의 첫 과정이라고 할 수 있다. 지금은 사라진 예식이다.

스님이 되기 위해 머리를 깎듯이 성직자가 되기 위해 첫 관문을 통과한 것뿐인데 그날의 기쁨은 사제 수품 때보다 오히려 더 컸던 것 같다. 하느님께서 그동안 내게 주신 영적 기쁨 가운데 가장 큰 기쁨이 아니었던가 하는 생각이 든다.

특히 그날 예식의 말씀이 가슴 깊이 와닿았다. 말씀 줄거리는 "야훼 하느님은 나의 유산이다."라는 것이었다. 내가 부모로부터 물려받을 재물이 있는 것도 아니고, 설사 있다 해도 하느님께서 계시는 한 별 의미가 없을 것 같았다. 하느님만이 내가 차지할 수 있는 몫처럼 느껴졌다.

교정에는 예수 그리스도를 닮으려는 신학생들의 순수한 열정이 가득했다. 그러나 신학교 울타리 밖은 무척 혼란스러웠다. 정치인과 국민들이 좌우로 갈려 극한 이념 대결을 벌이고, 곳곳에서 폭력 투쟁을 일삼았다. 많은 지식인들이 좌익 계열 단체에 가입해 활동했다. 일본 상지대학 선배들 중에도 적지 않은 수가 좌익 단체에서 비중 있는 책임을 맡고 있었다. 함경도 출신의 유학 동기를 서울역 앞에서 만난 일이 있는데 그 친구도 좌익에 가담한 듯했다. 그 혼란스런 이념 대결을 지켜보는 동안 내가 가톨릭 신자와 신학생이 아니었더라면 좌익 쪽으로 기울었을지 모른다는 생각을 해 본 적이 있다.

당시 가톨릭 교회는 우익 성향을 보이기는 했으나 기본적 입장은 중립이었고, 우리 신학생들 역시 그러했다. 일반 대학 교수로 있던 한 선

대신학교 교정에 모인 소신학교 동창들. 앞줄 왼쪽부터 신종호, 김정진, 최석우 신부. 뒷줄 왼쪽이 김수환 추기경, 한 사람 건너 김재덕, 최석호, 김영일, 최익철, 지학순 신부(1950년 4월).

배가 내게 이런 말을 했던 기억이 난다.

"요즘 학생들이 '교수님 입장은 뭐고, 가톨릭 입장은 뭡니까?' 하고 자주 물어 봐. 그런 질문을 받을 때마다 '좌익과 우익 중간에 하느님당黨이 있는데 나는 그 당원이다. 하느님당은 오른쪽이나 왼쪽으로 기우는 게 아니라 하늘로 곧장 올라간다'고 대답하네."

나도 그렇게 생각하고 있었기 때문에 명답이라고 맞장구를 쳐 주었다. 내가 만일 하느님당 당원이 아니었더라면 이념 투쟁의 한복판에서 방황했을지도 모른다.

1950년 6월 25일은 신학교 교수인 공 베르(파리 외방 전교회) 신부님의 사제 수품 50주년 금경축을 축하하는 날이었다. 내가 총급장(총학생회장)인 데다 공 신부님은 소신학생 시절부터 인연을 맺어온 터라 학생들을 동원해서 금경축 행사를 정성껏 준비했다.

금경축 행사를 다 치를 때까지도 전쟁이 일어난 줄 몰랐다. 갈수록 상황이 급박하게 돌아가는 것 같았다. 의정부 방면에서 피란민들이 내려오기 시작했다. 인민군이 청량리까지 파죽지세로 밀고 내려왔다느니, 미아리 고개까지 들이닥쳤다느니 하는 유언비어가 떠돌았다.

조국 광복 5년 만에 동족상잔의 비극이 일어나다니, 우리 국군이 그토록 힘없이 밀리다니……. 믿어지지가 않았다. 국군들이 신학교 뒤편 언덕배기 성터에 포를 설치하는 것을 보고는 상황이 생각보다 심각하다는 것을 직감했다.

그런데도 신학생들은 27일 저녁까지도 학교에 남아 있었다. 식당에 저녁밥을 준비해 놓았지만 주위가 뒤숭숭해서 누구도 밥 먹을 생각을 하지 않았다. 교수 신부님 같은 웃어른으로부터 어떻게 행동하라는 지시가 내려오지도 않았다. 사태 추이를 종잡을 수 없는 건 신부님이나 신학생이나 마찬가지였다.

그날 저녁부터 학생들이 동요하기 시작했다. 일단 명동성당으로 가자는 의견이 우세했다. 총급장인 내가 학생들을 통솔해야 했으나 나 역시 어떻게 대처해야 할지 몰랐다.

전쟁의 혼란 속으로

27일 밤 인민군이 미아리고개까지 밀고 내려왔다. 신학생을 대표하는 총급장으로서 더 이상 머뭇거릴 여유가 없었다. 일단 신학생들과 명동성당으로 뛰었다.

명동성당도 대책 없이 우왕좌왕하기는 매한가지였다. 하는 수 없이 뿔뿔이 흩어져야 했다. 나는 몇 명과 구천우 신부님이 계시는 삼각지성당으로 가서 잠자리를 얻었다.

얼마쯤 눈을 붙였을까. 요란한 폭발음을 듣고 잠에서 깼다. 누군가 문을 두드리면서 "인민군이 시내까지 들어왔다." 하고 소리쳤다. 부랴부랴 밖에 나가 보니 비가 억수같이 퍼붓는 이른 새벽 거리에 피란민들과 차량들이 넘쳐 났다. 한강 다리는 이미 새벽 2시경에 끊어졌다.

공포에 휩싸인 피란민들은 거대한 물결이 출렁이듯 왼쪽으로 밀렸다, 오른쪽으로 밀렸다 하면서 갈팡질팡했다. 강 위로 올라간 피란민들은 인민군이 위쪽 강나루에 도착했다는 말을 듣고는 방향을 틀어 다시 내려왔다. 날이 밝자 끊어지지 않은 철교가 하나 남아 있는 게 보였다. 그 다리를 건너 수원으로 갔다.

급히 서울을 빠져나온 신학생들은 수원성당에 모여 하룻밤 신세를 졌다. 그 다음날 신학생들을 삼삼오오 짝을 지어 남쪽으로 내려보냈다. 본당 신부님께 고맙다는 인사를 드린 후 나도 막 출발하려고 하는데 혼자 남아 훌쩍이고 있는 소신학생이 보였다. 나는 그때 대신학교 고학년이라 어린 소신학생들과는 차이가 많이 났다.

깜짝 놀라서 "넌 왜 안 갔니? 고향이 어딘데?"라고 물으니 문산이라고 대답했다. 경남 진주에 문산이라는 곳이 있어서 그쪽 방향인 줄 알았더니 이미 인민군 수중에 들어간 경기도 문산이라는 게 아닌가. 전날 저녁에 소신학생 한 명을 데리고 다니다가 인파 속에서 잃어버린 경험이 있는 터라 그 꼬마 손을 꼭 잡고 수원역으로 나갔다. 그 꼬마가 누구인가 하면 바로 前광주대교구장 최창무 대주교다.

수원역에 도착했더니 뒤쳐진 소신학생 네댓 명이 모여 있었다. 우리 일행은 저녁이 다 되어서야 남쪽으로 내려가는 화물 열차 지붕에 올라탈 수 있었다.

"너희들 졸면 큰일 난다. 여기서 졸다 떨어지면 죽는단 말야. 조는 사람이 있으면 옆 사람이 꼬집어서 깨워야 한다. 알았지?"

"예."

지붕에까지 피란민들을 잔뜩 태운 화물열차가 오산역에 들어섰을 때였다. 역에 운집한 피란민들 속에서 아침에 출발한 신학생들이 보였다. 신학생들은 바다에 빠져 구조선을 기다리던 난파 선원들처럼 손을 흔들며 환호성을 질렀다. 분명히 아침에 수원역을 출발한 저들이 왜 여기에 남아 있단 말인가? 열차가 고장나는 바람에 내려서 하염없이 다음 열차를 기다리는 중이었다.

참으로 신기한 것은 그 많은 피란민들이 모두 열차에 올라탄 것이다. 이미 수원역에서 발 디딜 틈도 없이 태우고 출발한 열차인데 말이다. 요즘 아침 출근시간에 가까스로 문을 닫고 출발한 지하철이 다음 역에서 승객을 빨아들이듯 또 태우는 것을 보면 그때 생각이 난다.

소신학생들을 데리고 오른 피란길이라 걱정은 됐지만 다행히 큰 어려움 없이 대전까지 내려갔다. 그곳에서 주머니를 톡톡 털어 밥 한 끼씩 사 먹은 후 다시 조를 짜서 내려가기 시작했다. 나는 소신학생 최창무와 함께 대구까지 내려갔다.

전쟁은 반드시 피해야 할 비극이다. 6·25 전쟁의 포화 속에서 수많은 인명이 무참히 쓰러지고, 교회도 큰 피해를 당했다. 내 은사인 이재현 신부님을 포함해 서울에 남아 있던 상당수 성직자들이 인민군에 체포돼 목숨을 잃었는가 하면 외방 선교회 소속 서양 신부님들은 이른바 '죽음의 행진'에 끌려갔다.

나 역시 소신학교 동기생 4명을 전쟁 통에 잃었다. 전남 출신의 신학생 2명은 고향으로 피란을 내려가다 신학생 신분이 발각돼 인민재판에서 돌에 맞아 죽었다는 이야기가 들려왔다. 동족끼리 총을 쏘고 피를 흘리는 비극이었기에 더 슬프고 참담했다.

시시각각 전해지는 전황을 듣고 있노라면 '이러다 나라가 공산화되는 건 아닌가?' 하는 걱정부터 앞섰다. 이 나라가 공산당 손에 넘어가면 가톨릭 교회는 박해를 받다 무너지는 것이 불을 보듯 뻔한 일이었다. 이미 북한 교회가 초토화되고, 많은 성직자들이 목숨을 잃지 않았는가.

그때 내 생각은 '이 전쟁에서 공산당이 이기면 그들 손에 죽으니 차라리 산에 들어가서 게릴라전을 벌이겠다'는 데까지 미쳤다. 자유 민주주의 국가 체제보다 민족 동일성을 우선시하는 요즘 젊은이들은 그때 내가 품었던 생각을 쉽사리 이해하지 못할 것이다.

당시 공산당은 신부 한 명 죽이는 것을 1개 사단을 섬멸하는 것처럼 여긴다는 말이 있었다. 공산 혁명 과정에서 가톨릭, 특히 인민들(신자들)의 영적 세계를 관장하는 신부를 위험천만한 반동 세력이라고 간주한 것이다. 가톨릭을 막강한 군사 조직으로 생각했던지 스탈린은 1945년 알타 회담 때 미국 루스벨트 대통령에게 "로마 교황은 도대체 몇 개 사단을 갖고 있느냐."라고 물었다는 이야기도 있다.

부산 피란 시절의 고단한 추억이 주마등처럼 스쳐 간다. 신학교 소속 신부와 신학생들을 위한 임시 거처가 영도에 마련되었다. 신부와 수녀들은 혼란 속에서 미국이 보내 준 밀가루와 의류품을 갖고 구호 사업을 벌이느라 여념이 없었다. 몇몇 신부들은 포로수용소에 출입도 했다.

나도 어느 신부님 일을 잠깐 거드는 동안 범일동에서 부산역 방면으로 나갈 일이 자주 있었는데 차편을 구하기가 여간 어렵지 않았다. 그럴 때면 수녀님들의 도움을 받았다.

수도복을 입은 수녀들이 부산 시내를 활주하는 미군 차량에 태워달라고 손짓을 하면 백발백중이었다. 로만 칼라를 한 신부들이 태워달라고 하면 거들떠보지도 않는 미군들이 수녀들에게만큼은 최대한 친절을 베풀었다. 그래서 급할 때는 수녀들을 앞세워 차를 세워놓고 우리가 슬쩍 뛰어오르곤 했다.

사실 나는 로마 유학을 가기 위해 6·25 전쟁 발발 3일 전부터 여권 수속을 밟고 있었다. 결국 유학 계획은 물거품이 됐다. 대신 5년 후배지만 대신학교에서 같이 공부한 정하권(마산교구 몬시뇰, 現 원로사목자)과 최덕홍 대구교구장님 밑에서 부족한 신학 공부를 했다. 아무리 후방이라지만 전쟁 통에 공부가 제대로 될 리 없었다.

그렇게 주교님 지도를 받으면서 공부하던 어느 날, 주교님께서 나와 정하권을 불렀다.

"자네들도 이제 사제품을 받을 준비를 하게. 언제 사제품을 받으면 좋을지 자네들이 상의해서 날짜를 잡아 보게나."

제2장

행복한
시골 신부

사제로 태어나다

1951년 9월 15일. 함께 공부하던 정하권과 사제 수품일을 '고통의 성모 마리아 기념일'인 이 날로 잡았다.

그 이유는 예수님을 잉태해 낳으시고 수난과 부활을 지켜본 성모 마리아야말로 예수님께서 가신 길을 가장 가까이서 함께 걸은 분이라고 생각했기 때문이다. 성모님처럼 고통 속에서 예수님께서 가신 길을 묵묵히 따르는 것이 사제의 길 아니겠는가.

그리고 그 전날인 14일은 성 십자가 현양 축일이고, 수품 다음 날인 16일은 한국의 첫 사제 성 김대건 안드레아 신부 순교일이다. 사흘 연속 사제에게 큰 의미가 있다고 생각해서 그렇게 정했다.

사제 생활의 모토로 삼고 싶은 성구聖句를 골라 쪽상본에 새겨 넣어야 했는데 나는 고심 끝에 시편 139편에 있는 "당신 생각을 벗어나 어디로 가리이까?"[2]란 구절을 선택하고 싶었다. 하늘 저 높이 올라가도,

---

2 대한성서공회《공동번역 성서》.

땅 밑에 내려가도 거기에 계시는 하느님. 바다 끝 서쪽으로 가서 자리를 잡아도 당신 오른손으로 나를 붙들어 주시는 분. 내가 그런 하느님을 떠나 어디로 도망칠 것이며, 설사 도망친다 한들 한순간이라도 편히 숨을 쉴 수 있겠는가. 시인이신 최민순 신부님(1912~1975년)이 마침 대구에 내려오셨길래 내 생각을 말씀드렸더니 "한 편의 아름다운 시 같다."라며 좋아하셨다.

그러나 홀로 생각에 잠겨 있으려니 마음이 바뀌기 시작했다. 과연 한 평생을 착한 목자로 살 수 있을까? 장점보다 단점이 많은 내가 오히려 하느님 앞에 죄인으로 남을 가능성이 더 높지 않은가. 그렇다면 내 생명이 다하는 순간까지 성찰하고 고백해야 할 것은 "하느님, 저는 죄인이오니 이 죄인을 불쌍히 여기소서."라는 말 외에 무엇이 더 필요하겠는가. 결국 시편 51편에서 찾아낸 "하느님, 저를 불쌍히 여기소서"[3]라는 구절을 상본에 써넣었다.

52년 전 일이다. 그러나 지금도 그 같은 마음가짐에는 변함이 없다. 요즘 선후배 사제들의 임종을 지켜보거나 부고訃告를 접할 때마다 '나도 이제 머지않아 하느님 앞에 서겠지.'라고 되뇐다. 지금 다시 생각해도 내가 하느님께 가면서 바칠 수 있는 기도는 "주님, 이 죄인을 불쌍히 여기소서. 지극하신 사랑으로 이 죄인을 불쌍히 여기소서."라는 것 외에 떠오르는 게 없다.

사제 서품식이 열린 날은 마침 음력 8월 대보름이었다. 대구 계산성당(現 대구대교구 주교좌계산대성당) 마당에서 올려다본 가을 하늘은 유달리

3　대한성서공회《공동번역 성서》.

사제품을 받고 69세 어머니와 기념 촬영을 하는 김수환 추기경. 주름이 깊게 팬 어머니는 계산성당 맨 앞자리 마룻바닥에 꿇어앉아 막내아들이 사제로 다시 태어나는 것을 지켜보았다.

맑고 높았다. 쪽빛 창공처럼 맑고 깨끗한 마음으로 사제품을 받는 것 같아 기분이 좋았다. 대구대교구(당시 대구대목구) 신부님들과 교우들이 서품식장을 가득 메웠다. 서품식이 시작되고 성인 호칭 기도가 울려 퍼졌다. 제단 앞 바닥에 엎드려서 하느님께 이렇게 속삭였다.

"주님, 사실 저는 다른 길을 가려고 했습니다. 그렇지만 주님께서는 다른 길은 보여주지 않으시고 오로지 이 길만을 보여주셨습니다. 주님 뜻에 따르겠습니다."

13살에 어머니한테 등 떠밀려 소신학교에 들어가 30살에 사제가 되었다. 18년 동안 하느님의 부르심에 여러 번 회의를 느꼈고, 신학교를 떠나고 싶은 마음에 꾀병을 내어 한 학기 건너뛰기도 했다. 때로는 갈등과 유혹에 심하게 흔들리기도 했다. 그러나 하느님께서는 조금도 변함없이 나를 한 길로 이끄셨다. 그 큰 섭리와 은혜에 엎드려 감사드렸다.

특히 어머니의 기도를 기억하지 않을 수 없다. 그날 막내아들이 신부가 된 것을 보고 기뻐하시는 어머니의 주름진 얼굴에서 기도와 눈물로 얼룩진 인고忍苦의 세월을 읽을 수 있었다.

그때는 사제 수가 워낙 적었기 때문에 곧바로 안동본당(現 목성동주교좌본당) 주임 신부로 발령받았다. 그런데 막상 성당에 도착해 보니 밥 끓여 먹을 솥 하나 걸려 있지 않았다. 한 달 전 신자들 속에서 마음의 상처를 입고 떠난 전임 신부님이 빗자루 하나 남겨 놓지 않고 비품을 모두 가져가신 것이었다.

임시방편으로 며칠 동안 신자들이 사다 주는 여관밥을 얻어먹었다. 그리고 나서 성당 구내에서 피란살이하던 고아원에 부탁해 두 달가량 밥을 대 먹었지만 그쪽에서도 힘이 드는지 하루빨리 딴살림을 차리라는 눈치를 줬다. 하는 수 없이 성당 회장님께 이야기했더니 그분이 이집 저집 돌아다니면서 숟가락, 젓가락, 밥그릇 등을 구해다 주었다. 돈을 주고 장만한 살림살이는 냄비 한 개가 고작이었다.

그런데 어머니가 철칙처럼 내려 주신 '제1계명'을 첫 임지에서부터 거스르는 일이 발생했다. 신학생 시절부터 귀에 못이 박히도록 들은 첫째 계명은 "젊은 여자를 식모(요즘의 식복사)로 둬서는 절대 안 된다."는 것이었는데 회장님이 데려온 식모가 하필이면 젊은 여성이었다. 남편은 군에 가서 홀몸으로 피란 내려왔다고 한다. 내가 어머니 핑계를 대 가면서 자초지종을 말씀드렸더니 회장님은 "그럼 이 사람밖에 없는 걸 어떡하죠? 어머니 뜻이 그러하시더라도 저를 믿고 쓰십시오."라고 말하고 돌아갔다.

돌이켜보면 대수롭지 않은 일인데 그때는 왜 그토록 곤혹스럽던지……. 어머니께는 이 '중대한 위반 사실'을 끝내 고백하지 못했다.

첫 임지에서는 주민들 가난에 관심이 쏠렸다. 갓 태어난 신부이다 보니 하느님과 교회, 그리고 신자들을 위해 봉사해야 한다는 열정이 더 뜨거웠는지 모르겠다. 당시 안동은 전쟁 피해로 성한 집보다 불타 버린 집이 더 많았고, 설상가상으로 두 해 연속 흉년이 들어 주민들은 그야말로 초근목피草根木皮로 연명하고 있었다. 읍내를 조금만 벗어나면 나무껍질을 벗겨서 가루를 내어 죽을 끓여 먹고 사는 집이 대부분이었다.

그렇다고 교구에서 사제 생활비를 보내 줘 수중에 돈이 있는 것도 아니었다. 유일한 수입원이라고 해 봐야 미사 예물인데 그것도 한국 신자들이 바치는 것이 아니고 서양 교회 신자들이 미사 예물 지향으로 미사 한 대당 1달러씩 보내 주는 돈을 받는 것이었다. 초근목피로 목숨을 부지하는 주민들을 그 돈으로 돕는다는 것은 어불성설이었다.

'예수님이라면 이 상황에서 어떻게 하실까?'

신자들을 위해 무슨 일이든 해야겠다는 생각이 들었다. 며칠을 궁리한 끝에 부족한 영어 실력으로 주민들의 딱한 사정을 적어 내려간 영문 편지를 들고 부산에 계신 안 제오르지오 몬시뇰(메리놀 외방 전교회)을 찾아갔다. 미국 주교회의 구호 사업 한국 지부장으로 와 계신 그분께 도움을 청하면 하다못해 밀가루라도 얻을 수 있을 것 같았다. 그런데 요즘 유행하는 말로 '대박'이 그곳에서 터질 줄 누가 알았겠는가.

꿈처럼 아름다웠던 본당 신부 생활

주민들의 딱한 사정을 적은 영문 편지를 들고 안 제오르지오 몬시뇰을 찾아뵈었다. 하지만 안 몬시뇰께서는 일본 출장 중이어서 사무실에 계시지 않았다. 대신 일본에 머물면서 한국 교황 사절을 겸하고 계신 필스텐벨그 대주교님이 그곳에 와 계셨다.

필스텐벨그 대주교님께 찾아온 목적을 말씀드렸더니 내 편지를 갖고 위층으로 올라가셨다. 한참 후에 내려오신 대주교님은 뜬금없이 "내일 안 몬시뇰이 일본에서 돌아오니까 그분을 꼭 만나고 가게."라고 말씀하셨다. 나를 위해 어떤 조치를 취해 놓은 듯한 느낌을 받았다.

그분 말씀대로 다음 날 안 몬시뇰을 찾아뵈었다. 안 몬시뇰께서는 나를 보고 반가워하시면서 수표를 한 장 끊어 주었는데 그걸 보는 순간 뒤로 넘어질 뻔했다. 눈을 비비고 수표에 적힌 '0'자를 세어 보았다. 하나 둘 셋……. '2'자 뒤에 '0'이 무려 7개나 달려 있었다. 2,000만 원. 난생처음 구경하는 거액이었다. 안 몬시뇰께서는 대구에 계신 최덕홍 주교님께 전해 주라면서 편지도 한 통 건넸다.

혼자서는 도저히 감당할 수 없는 그 수표를 안주머니에 넣고 대구행 기차를 탔다. 누가 그 수표를 훔쳐 갈까 봐 무서워 기차가 터널에 진입하면 양손으로 안주머니를 꼬옥 감쌌다.

대구대목구장이신 최 주교님께 수표와 편지를 모두 드렸다. 마음속으로 '내게 300만 원만 떼어 주면 얼마나 좋을까?'라고 생각했다.

"김 신부, 얼마쯤 받아 가고 싶은가?"

"제가 그걸 어떻게 말씀드리겠습니까. 주교님이 주시는 대로 받아 가겠습니다."

"절반이면 되겠지."

"(절반이면 1,000만 원? 그렇게 많이……) 아이고, 감사합니다. 주교님, 감사합니다."

그 돈을 갖고 본당으로 돌아와 성당 보수 작업을 시작했다. 주민들에게 돈을 무작정 나눠 주는 것은 옳은 방법이 아닌 것 같아 일을 시키고 품삯을 후하게 쳐 주었다.

그리고 궁핍하기 이를 데 없는 공소 신자들에게는 아주 은밀한(?) 방법으로 돈을 나눠 주었다. 신자들 중에 가장家長이 고해성사를 보러 고해실에 들어오면 교적을 대조해 가면서 집안 형편, 생업 수단, 농사 평수 등을 꼬치꼬치 캐물은 후 형편에 따라 현금을 건네 주었다. 그러면서 "여긴 비밀이 지켜져야 하는 고해방입니다. 여기서 돈 받은 이야기를 밖에 나가서 하면 절대 안 됩니다."라고 엄하게 못을 박았다. 누구는 더 받고, 누구는 덜 받은 게 알려지면 뒷말이 나올 것 같아서 그랬는데 다행히 잡음이 일체 없었다. 아마 그때 고해실에서 돈을 받은 신자들은 적잖이 놀랐을 것이다.

중세 시대 루터는 교회가 면죄부라는 걸 이용해서 돈을 받아 챙겼다고 주장했는데 나는 거꾸로 고해실에서 돈을 나눠 주었다.

첫 부임지라서 더 그랬는지 몰라도 안동본당 사목 생활은 꿈처럼 달콤하고 아름다웠다. 처음에는 아무

김수환 추기경의 첫 부임지인 안동본당의 교우들과 함께. "성직 생활 52년 중 가장 행복했던 순간은 순박한 교우들과 희로애락을 나눈 본당 신부 시절이다."

것도 없는 상태라서 무척 힘들었는데 날이 갈수록 틀이 잡혀 가고 사람들과도 정이 들었다.

나는 매일 저녁 교리반을 열었다. 예비 신자와 교리 지식이 부족하다고 느끼는 신자들이 많이 참석했다. 시골은 해가 지고 나면 마땅히 할 게 없는 터라 교리반은 사랑방 역할도 했다. 교리 수업이 끝나면 남성 교우들과 둘러앉아 안동 소주를 몇 순배 돌리면서 이야기꽃을 피웠다.

고해성사와 병자성사만큼은 언제 찾아와서 요청을 해도 흔쾌히 응했다. 그렇게 해야 '착한 목자'가 될 수 있다고 생각했다.

신자들이 워낙 순박하고 정겹다 보니 금방 정이 들었다. 볼 일이 있어 대구에 가도 신자들이 나를 기다리고 있을 것 같아 한시라도 빨리 안동으로 돌아가고 싶은 마음뿐이었다. 실제로 내가 대구에서 사나흘 볼일을 보고 돌아가면 신자들이 성당 종탑 아래서 나를 기다리고 있었다. 버스를 타고 안동 시가지가 내려다보이는 마지막 고개를 넘으면 나를 기다리는 신자들 모습이 눈에 들어왔다. 신자들도 뽀얀 흙먼지를 날리면서 달려오는 버스가 보이면 정류장까지 마중을 나왔다.

그 무렵 신자들이 이런 말을 했던 기억이 난다.

"신부님, 대구 가지 마세요. 신부님이 하루라도 안 계시면 성당이 텅 빈 것 같아 우리가 너무 적적해요."

그 말을 듣는 순간 눈물이 핑 돌았다. 신자들과 한 가족이 됐다는 확신이 들었기 때문이다. 그렇다고 신자들에게 특별히 잘한 것은 없다. 평소 신념대로 열과 성을 다했을 뿐이다.

안동 근처 예천본당에 신학교에서 같이 공부했던 신부가 사목을 했는데 그분은 나보다 전교를 잘해 신자 수가 눈에 띄게 증가했다. 특히 우체국장, 경찰서장, 군수 같은 지역 유지들을 척척 입교시켰다. 나도 그분 못지않게 열심히 전교했는데, 그리고 그분은 나보다 학교 성적과 언변이 떨어지는데도 결과는 다르게 나왔다. 복음 전교는 언변이나 지식보다 카리스마가 필요하고, 하느님께서 함께해 주셔야 성과를 거둘 수 있다는 것도 그때 깨달았다.

사랑도 풋풋한 첫사랑이 가장 오랫동안 기억에 남는다고 한다. 사람들이 "성직 생활 52년 중 가장 행복했던 순간이 언제냐?"라고 누군가 물으면 서슴없이 "가난한 신자들과 울고 웃었던 본당 신부 시절."이라고 대답한다. 일선 본당 신부 생활이라고 해 봐야 안동본당과 김천본당(現 김천황금본당)을 합해 2년 반밖에 안 되지만 그때 추억이 가장 많이 남아 있다. 요즘도 그 시절에 사귄 신자들을 만나면 그렇게 반갑고 마음이 편할 수가 없다.

고백하건대, 나는 주교로 살면서도 본당 신부 생활을 무척 그리워했다. 혼자서 '이런 것(주교 직무와 복장) 다 내려놓고 본당 신부로 가는 방법은 없을까?'라는 궁리도 해 보았다. 사제 인사 철이 되면 시골 본당으로 발령 난 신부들 중에는 가기가 싫어서 억지로 끌려가는 듯한 신부를 간혹 보게 되는데 그럴 때면 "자네가 가기 싫다면 내가 가서 본당 신부 생활하고 싶다."고 혼잣말로 중얼거리곤 했다.

안동본당 시절의 추억을 더듬다 보니 "젊은 여자를 식모(식복사)로 두지 말라."는 어머니의 '제1계명'을 어긴 것이 들통났던 게 생각난다. 어머니의 신신당부에도 불구하고 젊은 여자를 식모로 뒀는데 어머니께서 성탄절 즈음에 불쑥 성당에 나타나신 게 아닌가.

짧았던 교구장

비서 시절

'어떻게 하지……. 젊은 여자를 절대 식복사로 들이지 말라고 하셨는데. 어머니 상심이 무척 크시겠군. 아냐, 그래도 어머니가 와 계시면 남들 보기에도 좋을 것 같다.'

어머니는 어찌 된 영문인지 한 달 동안 식복사에 대해 일체 말씀이 없으셨다. 그냥 무사히 넘어가는 것 같아 내심 마음을 놓았다. 그런데 어느 날 낯선 부인이 사제관 식간에서 밥을 짓고 있는 게 아닌가.

어떻게 된 일이냐고 여쭸더니 어머니는 "새댁이 아프단다." 하고 태연스레 말씀하셨다. 낯선 부인은 새댁이 몸을 추스르는 동안 잠시 와 있는 줄로 알았다.

며칠 후 내 방 창문을 통해 그 새댁이 시내를 걸어가는 모습이 보였다. "아프다는 사람이 멀쩡하네."라고 중얼거리다가 이상한 생각이 들어 어머니께 다시 여쭸더니 그 새댁을 내보냈다고 말씀하셨다.

"어머니, 혈혈단신 피란 온 아낙네를 무작정 내보내면 당장 뭘 먹고 살아요? 제가 본당 신부입니까, 어머니가 본당 신부입니까?"

할 수 없이 다음 날 그 새댁을 불러 얼마 안 되는 돈이지만 수중에 있는 것을 몽땅 털어 주었다. 결국 '젊은 식복사 소동'은 그렇게 끝났다. 그 후 남편에게 소박맞은 일본 여자를 식복사로 들인 적이 있었는데 그때도 아기 둘을 데리고 고생하는 게 안쓰러워 "일본으로 돌아가는 게 더 좋을 것 같다."고 타이르고 수중에 있는 돈을 톡톡 털어 준 일이 있다.

본당 사목에 한창 재미를 붙이는가 했더니 대목구장 비서로 발령(1953년 4월)이 났다. 나는 안동본당에서 신자들과 동고동락하는 1년 반 동안 '소박한 꿈'을 꾸고, 그 꿈을 키웠다. 나 자신을 온전히 바쳐 신자들의 영혼 구원은 물론 가난까지 구제하겠다는 꿈이었다. 어디 가서 돈을 끌어다 일자리를 만들어 주면 삶이 신앙이고, 신앙이 삶인 가족 공동체를 만들 수 있을 것 같았다. 그러나 아쉽게도 정이 들 대로 든 순박한 교우들의 눈물과 그 꿈을 뒤로 하고 대구로 왔다.

대구대목구장 최덕홍 주교님(1902~1954년)은 내게 아버지 같은 분이시다. 나를 어릴 때부터 알고 계시던 분이라 당신이 입던 옷을 곧잘 물려주시고, 내가 실수를 하면 스스럼없이 "바보 같은 녀석!"이라고 혼을 내셨다. 워낙 아버지 같은 분이셨기 때문에 그런 식으로 야단을 쳐도 전혀 귀에 거슬리지 않았다.

한번은 최 주교님이 주신 돈과 양복을 도둑맞은 적이 있다. 분명히 방문을 잠그고 주교님과 식사를 하러 나갔는데 돌아와 보니 도둑이 홀랑 털어가 버렸다. 그 바람에 주교님께 "바보 같은 녀석."이라는 소리를 또 들었다.

비서 일은 그다지 많지 않았다. 주교님이 대구 지역에 주둔한 미군 부대를 방문하시면 짧은 영어 실력으로 통역을 하고, 외출 때면 가끔씩 수행하는 정도였다. 특히 최 주교님은 혼자 다니시는 경우가 많아 내 시간이 많았다. 그래서 고등학생 단체 지도 신부를 자임했는데 전 대구대교구장 이문희 대주교가 그때 경북고등학교 학생이었다.

하루는 견진성사에 다녀오시는 최 주교님 안색이 황달黃疸 환자처럼 누렇게 뜨고 몹시 피곤해 보였다. 나는 깜짝 놀라서 해성병원이라는 작은 병원으로 모시고 갔는데 시간이 조금 흐르자 심상치 않은 분위기가 감돌기 시작했다.

공군 군의관으로 대구에 내려와 계신 박병래 박사(성모병원 초대 원장)를 비롯해 내로라하는 의사들이 병실을 급히 들락거렸다. 병실에서 나오는 의사들 표정이 한결같이 어두웠다.

의사들이 암癌인 것 같다고 내게 살짝 귀띔해 주었다. 난 암이라는 병명을 그때 처음 들었다. 주교님은 밤이 되면 무척 고통스러워하셨다.

박병래 박사는 "좀더 확실하게 알려면 개복開腹을 하는 수밖에 없는데 수술 도중에 돌아가실 수도 있다."고 말했다. 수술을 하려면 주교님께도 그 사실을 알려야 했는데 차마 주교님 면전에서 그 말씀을 드릴 용기가 나지 않았다. 교구 원로 신부님들도 고개를 저으셨다.

결국 내가 병실에 들어갔다.

"주교님……. 주교님, 저…… 암 진단이 나왔습니다. 의사들 말이 수술을 받으면 괜찮다고 합니다. 만의 하나 모르니까 유언을 남기시는 것도 좋을 듯합니다."

최 주교님은 아무 말씀도 없이 눈물을 주르르 흘리셨다. 그리고 현실을 받아들이는 듯한 표정을 지으셨다. 나는 50대의 건장한 주교님께 유언을 하라고 말씀드리는 것이 무척 괴로웠다. 처절한 느낌까지 들었다. 나를 절대적으로 신임했던 주교님은 다른 신부들을 제쳐 두고 내게 교구 재산 내역을 알려 주면서 그걸 책임지라는 유언을 남기셨다.

대구대목구장 비서 시절의 김수환 추기경(뒷줄 왼쪽에서 두 번째). 앞줄 가운데는 최덕홍 주교. 최 주교의 왼쪽은 메리놀 외방 전교회 캐롤 안 몬시뇰, 오른쪽은 외방 전교회 출판부장이다.

병이 워낙 깊었던 탓에 주교님은 수술 후에 며칠을 못 버티시고 1954년 12월 14일 영면하셨다. 그분의 비서인데다 내게는 아버지 같은 분이셨기 때문에 상주喪主 같은 심정으로 장례를 치렀다.

긴 겨울이 지나고 봄이 찾아왔다. 그런데 이번에는 어머니 병세가 심상치 않았다. 어머니는 내가 주교관 담벼락 뒤에 있는 번지도 없는 낡은 집을 수리해서 모시고 살았는데 중풍에 걸려 몇 달간 고생을 하셨다.

어머니는 평소 "나는 사순절 둘째 영복 날 죽으련다."라는 말씀을 자주 하셨다. 당시 신자들은 묵주 기도 묵상 주제인 환희·고통·영광을 갖고 월요일을 '첫 환희', 화요일을 '첫 통고(고통)', 수요일을 '첫 영복(영광)', 목요일을 '둘째 환희'라고 불렀는데 둘째 영복 날은 토요일이 되는 셈이다. 일부 신자들 사이에서 '사순절 둘째 영복 날 죽으면 천당에 간다'는 속설이 있었는데 어머니는 그걸 믿으시고 말씀하신 것이다.

바로 그 사순절 둘째 영복 날, 어머니는 평소와 다른 행동을 하셨다. 그 불편한 몸으로 벽에 걸려 있는 십자가를 내리더니 그걸 갖고 성당으로 걸어가셨다.

내 무릎에 기대어 눈을 감으신 어머니

나는 아무래도 불효자식인 모양이다. 어머니 사랑을 독차지한 막내 아들인데도 막상 어머니가 돌아가셨을 때는 눈물을 흘리지 않았다. TV 드라마를 보다가 이따금 나도 모르게 눈물을 흘리는 것을 보면 눈물이 없는 사람은 아닌데…….

어머니가 하루가 다르게 쇠약해지는 걸 보고 내 딴에는 임종을 조용히 준비했다. 주교관 담벼락 뒤에 있는 낡은 집을 구입한 이유도 남의 셋방에서 큰일을 치를 수가 없을 것 같아서였다. 언제 큰일이 닥칠지 몰라 식량과 땔감도 충분히 장만해 두었다.

어머니는 사순절 둘째 영복 날 낮에 당신 방에 걸려 있는 십자가를 떼어 지척에 있는 남산성당으로 가셨다. 중풍이 든 불편한 몸이었기 때문에 10분 남짓 힘겹게 걸으셨을 것이다.

어머니는 십자가를 손에 꼭 쥐고 예수님께서 걸으신 수난의 길을 따라 성로선공(聖路善功, 십자가의 길)을 바치셨다. 불편한 다리로 한걸음 한

걸음 뒤따른 예수님의 수난길……. 그것이 평생 기도로 사신 어머니의 마지막 기도였다.

어머니는 때마침 성체 조배 중이던 프랑스 유 신부님께 총고해(평생 지은 모든 죄를 뉘우치며 고백하는 것)를 하고 집에 돌아오셔서 저녁 식사까지 잘 드셨다. 그리고 위급하다는 연락을 받고 교구청에서 뛰어온 이 막내 아들의 무릎에 머리를 기대시고 조용히 눈을 감으셨다.

어머니는 참으로 죽음을 잘 준비하셨다. 하느님께서 부르시는 소리를 들으셨던지 그날 그 불편한 몸을 이끌고 성당에 가서 성로선공과 총고해까지 하시고 눈을 감으셨으니 말이다. 내가 그토록 사랑한 어머니의 죽음을 담담하게 받아들일 수 있었던 이유도 그 때문이다.

어머니는 살아생전에 "말띠 여자는 팔자가 드세다."라고 말씀하셨는데 일흔두 해를 정말 고단하고 험하게 사셨다. 옹기장수에게 시집와서 가난을 뼈저리게 겪으시고, 방랑벽이 있는 큰아들을 찾느라 세 번씩이나 만주 일대를 헤매신 어머니, 말이 아니라 기도로써 이 아들이 성덕을 갖춘 사제가 되기를 비셨던 어머니…….

밤늦게 시신을 모신 방에 홀로 남아 신산辛酸했던 어머니의 한평생을 더듬다 보니 나도 모르게 눈시울이 뜨거워졌다. 그리고 '이제 고아가 됐구나.'라는 생각을 했다. 내 나이가 33살이었는데도 마치 어린애가 부모를 잃었을 때 느낄 법한 두려움과 외로움이 엄습했다.

모든 어머니의 자식 사랑이 다 그렇겠지만 세상에서 어머니만큼 나를 사랑해 준 사람은 없다. 나는 코린토 신자들에게 보낸 첫째 서간 13장 '사랑의 송가'를 무척 좋아하는데 이 세상에서 그 완전한 사랑에 가

"어머니는 한평생 고단하게 사시다가 내 무릎에 기대어 눈을 감으셨다. 장지에서 하관 예절을 거행하면서 어머니의 천상영복을 빌었다"(김수환 추기경 왼쪽은 김동한 신부).

장 가까운 것이 어머니의 사랑, 특히 내 어머니의 사랑이라고 생각한다. 어머니는 나를 위해서 모든 것을 다 내어 주시고, 어떤 처지에서든지 다 받아 주시고, 어떤 허물과 용서도 다 덮어 주셨다.

내가 지금까지 살아오면서 가장 많이 입에 올린 말이 '사랑'이다. 그러나 고백컨대, 어머니가 보여준 사랑처럼 '모든 것을 덮어 주고, 믿고 바라고 견디어 내는' 사랑을 온전히 실천하지 못했다.

효도라고 말할 수는 없지만 안동과 대구에서 몇 년 동안 어머니를 모시고, 마지막 날 임종을 지킨 것이 그나마 위안이 된다. 어머니에 대한 정으로 말하자면 형님(김동한) 신부가 더 깊었을 텐데 형님은 그때 군종 신부로 나가 있어서 임종조차 지킬 형편이 안 됐다.

어떻게 보면 하늘 같고 바다 같은 어머니 사랑에 조금이라도 보답하라고 하느님께서 내게 특별히 기회를 허락하신 것은 아닌가 하는 생각이 든다.

어머니 장례를 치르고 일상으로 돌아왔다. 대구대목구장 비서로 일하면서 해성병원 원장직을 맡은 적이 있지만 서류상 책임자였을 뿐 실무에는 관여하지 않았다. 이어 1955년 6월 김천본당(現 김천황금본당)으로 발령받았다. 김천본당은 역사가 깊은 데다 유치원과 성의중고등학교를 운영하고 있어서 무척 바빴다.

그리고 보면 신부 된 지 4년밖에 안 되고, 본당 사목이라고 해 봐야 안동본당과 김천본당을 합해 3년이 채 안 되는데도 그 사이에 온갖 감투를 다 써 보았다. 주임 신부, 대목구장 비서, 병원장, 재경부장, 유치원장, 중고등학교장······. 교구 참사로도 잠시 일했으니까 그 나이에 안 해 본 것 없이 다 해 본 셈이다.

김천본당에 부임해 자연스럽게 성의중고등학교 교장직을 맡게 되었는데 학생들과 즐겁게 학교생활을 한 기억이 새롭다. 성의중고교는 전임 최재선 신부님(부산교구장 역임, 2008년 선종)이 옛날부터 내려오던 교육시설을 중고등학교로 인가받아 기초를 닦은 학교다. 그래서 나는 좋은 전통을 만들어 후배들에게 물려주고, 미래를 스스로 개척하는 젊은이가 되라고 학생들에게 신신당부했다.

특히 여학교 교사(校舍)가 성당 마당에 있고 사제관을 교장실로 겸용하는 통에 눈을 뜨고 나면 참새처럼 재잘거리는 여학생들이 사방 천지였다. 나는 여학생들에게 장난도 곧잘 쳤는데 학생들은 자상한 아빠를 대하듯 나를 따랐다. 어느 날인가 마당에서 여학생들과 장난을 치며 놀고 있는데 수녀님이 "학생들과 장난치면서 노는 교장이 세상에 어디 있냐?"라며 슬쩍 눈을 흘긴 기억이 난다.

그때 학생들, 특히 여학생들이 나를 무척 따르고 서로 정이 깊게 들었다. 여학교 제1회 졸업식 날, 졸업생 40여 명이 집에 돌아갈 생각은 안하고 내내 울기만 하다 결국 사제관에서 잤다. 자기네들끼리 헤어지는 것이 섭섭해서 그랬겠지만 말이다.

요즘도 초로初老의 나이에 접어든 1회 졸업생들과 일 년에 한 번 정도 만나서 옛 추억에 잠기곤 한다. 나를 생각해 주고 위해 주는 그들을 보면 친딸처럼 느껴질 때가 많다. 하느님께서는 이런 식으로도 홀몸으로 사는 성직자에게 혈육의 정까지 선물해 주시는 것 같다.

제자들 가운데 김윤선이란 학생이 있었다. 인물이 무척 빼어난 데다 여학교 대대장을 맡아 남학생들 사이에서 시쳇말로 '인기 짱'이었는데 뭇 남성들의 기대를 저버리고 수녀회에 입회한 사연이 재미있다.

'콧닙' 신부와 믿가득 신자

내게서 세례를 받은 윤선이는 미모가 빼어난 데다 여학교 대대장을 맡았을 만큼 똘똘했다. 들리는 이야기로는 남학생들의 연애편지가 툭하면 집에 날아와 곤욕을 치르고, 동네 부잣집에서도 며느리 삼고 싶어 안달했다고 한다.

어느 날 윤선이 친구가 내게 "교장 신부님, 윤선이 같은 애가 수녀 되면 참 좋겠어요."라고 말했다. "수녀가 되면 좋지."라고 맞장구를 쳤지만 나뿐 아니라 어느 누구도 윤선이가 수녀원에 가리라고는 예상하지 못했다. 독일 유학을 앞두고 성당 유치원 보조 교사로 일하는 윤선이를 잠깐 만난 적이 있는데 그때 뜬금없이 "제가 수녀원에 가면 잘 살 수 있을까요?"라고 물어 왔다. 나는 "물론 잘 살 수 있지. 그런데 네 부모님이 허락하시겠냐?"라며 대수롭지 않게 받아들였다.

독일 유학에서 돌아온 후 교구장님 대신 예수성심시녀회 종신 서원 수녀들을 면담하러 간 적이 있다. 그곳에서 수도복을 입고 있는 윤선이를 만났다. 제자 수녀는 당시로서는 드물게 부활 신앙에 대한 믿음이 무척 강했던 것으로 기억된다.

윤선이 동기 중에 박희순이란 학생이 있었는데 희순이는 훨씬 앞서 그 수녀회에 입회했다. 박희순(마리요왕) 수녀는 1970년대에, 김윤선(마리요셉) 수녀는 1980년대 중반에 수녀회 총원장까지 지냈다. 내게는 지금도 꿈 많고 웃음 많은 여고생들처럼 보이는데 수녀원에서는 벌써 원로 축에 드니 세월이 빠르긴 참 빠르다.

일 년 남짓 교장을 맡는 동안 학생들과 격의 없이 가깝게 지냈다. 권위를 앞세우지 않고 아버지처럼 자상하게 대하고, 때로는 친구처럼 장난을 걸어서 그랬던지 학생들이 내게 '인자하신 콧님'이라는 별명을 붙여 주었다. 내가 웃을 때면 코가 벌렁거린다나…….

30대 중반의 젊은 교장이었지만 선생님들과도 별 어려움 없이 학교를 꾸려 나갔다. 하지만 가난한 농촌이라 수업료를 제때 못 내는 학생들이 많아 난감했다. 학교 운영 책임자로서 선생님들을 통해 수업료 납부를 독촉한 적도 있지만 속마음은 아니었다. '오죽하면 자식 학비를 대지 못할까'라는 생각에서 가난한 학생들에게 나름대로 관심을 기울였다.

더 힘들었던 것은 이따금 인근 학교 교장 선생님들과 모임을 갖는 자리였다. 학교와 지역 사회에서 존경받는 교장 선생님들이 둘러앉아 음담패설을 주고받는 광경을 보고 있노라면 '이분들이 정말 교육자인가' 하는 의문이 들 정도로 실망스러웠다.

한국 교회에 소위 '밀가루 신자'라는 말이 생긴 것은 이 무렵이다. 전후 미국 주교회의 원조 기구인 가톨릭구제회NCWC는 엄청난 구호물자를 배에 실어 한국에 보내 주었다. 우리가 전후 폐허 속에서 굶주림의 고통을 그나마 덜 수 있었던 데는 가톨릭구제회 한국 사무소 책임자로 와 계시는 안 제오르지오 몬시뇰(메리놀 외방 전교회) 역할이 컸던 것으로 알고 있다. 밀가루, 분유, 의류품 같은 구호물자는 교구를 거쳐 각 본당에 배급됐는데 내가 사목했던 안동본당과 김천본당에도 가끔 구호품이 한 트럭씩 배달됐다.

그런 구호품을 신자, 비신자 가려 나눠 준다는 게 우스운 이야기지만 아무래도 성당에 나오는 신자들에게 먼저 돌아간 것은 사실이다. 그러다 보니 구호품을 더 탈 요량으로 믿음도 없이 입교해서 신자가 되는 사람들이 많았다. 그런 사람들이 신앙생활을 제대로 할 리 없었다. '밀가루 신자'라는 말은 그래서 생겨났다.

또 이 무렵에 한국 교회는 어떤 의미로 소외를 당했다. 기세 높은 일본인들이 제2차 세계 대전 패망 후 정신적 공허와 가난에 시달리자 교황청은 이때를 일본 복음화의 호기로 삼고 인적, 물적 선교 자원을 집중 투자했다. 일본 복음화가 아시아 복음화의 단초라고 판단했던 모양이다. 비오 12세 교황님은 세계적 선교회와 수도회에 서한을 띄워 일본에 진출할 것을 권고했을 정도이다.

그 바람에 선교회와 수도회들이 일본에 엄청난 수의 선교사를 파견하느라 한국은 관심 밖으로 밀려났다. 실제로 내가 교구장님을 대신해 어느 수도회에 한국 진출을 요청한 일이 있었는데 "아르헨티나에 새 선교지를 정해 놓아 한국 진출은 곤란하다."는 답변을 들었다. 섭섭한 마음과 함께 '한국 교회는 스스로 일어서야 하는구나'라는 생각이 들었다.

김천 성의여자상업고등학교 제1회 졸업생들. 김수환 추기경은 당시 젊은 교장이었으나 자상한 아버지, 때로는 장난을 거는 친구처럼 학생들을 대했다.

지금 생각해 보면 그때의 소외는 오히려 한국 교회에 축복이 됐다. 예나 지금이나 일본 교세는 정체돼 있고, 자국 신부보다 외국 수도회 신부가 더 많다. 반대로 한국 교회는 한국 신부가 비교할 수 없을 정도로 많으며, 역동적 성장력을 계속 유지하고 있다. 이 또한 하느님께서 한국 교회에 내려 주신 축복이라고 생각한다.

개인적으로는 그때까지도 단란한 가정에 대한 향수가 애련히 남아 있었다. 자동차나 기차를 타고 가다 굴뚝에서 저녁밥 짓는 연기가 피어

오르는 초가가 눈에 띄면 가슴이 설레고, 더러는 부럽기까지 했다.

'오두막 같은 저 집에서 일가족이 화목하게 살고 있겠지. 가족을 위해 하루 종일 땀 흘리고 돌아온 아버지는 우물가에서 세수를 하고, 부인은 부엌에서 달그락 달그락거리면서 저녁상을 차리고, 아이들은 마당에서 깔깔대며 뛰어 놀고……. 저 집 가장은 얼마나 행복할까.'

사제직을 저버리고 환속還俗할 생각을 한 것은 아니다. 석양에 물들어 가는 초가, 그곳에서 오순도순 살아가는 가족의 모습은 어린 시절부터 동경憧憬한 풍경이다. 내 어릴 적 꿈은 읍내에 가게를 차려서 돈을 번 후 스물다섯 살쯤 장가를 가서 단란한 가정을 꾸리는 것이었다. 그 꿈도 그런 동경에서 비롯된 것인지 모르겠다.

김천본당을 떠나 1956년 독일 유학길에 올랐다. 한국 교회가 성장하려면 신부들이 그리스도교 전통이 깊은 나라에 가서 하나라도 더 배워 와야 한다는 생각에서 주교님께 청했더니 흔쾌히 허락해 주셨다. 본당은 물론 학교도 성 베네딕도 왜관 수도회에서 맡아 주기로 한 덕분에 자유롭게 떠날 수 있었다.

배움에 대한 열정과 여비만 갖고 도착한 독일. 그곳엔 또 다른 세계가 기다리고 있었다.

배움의 열망 안고 독일로

1956년 10월, 배움의 열망을 가슴에 안고 독일에 도착했다.

뮌스터대학 요셉 회프너 교수 신부님 밑에서 '그리스도교 사회학'을 배운 것은 정말 행운이었다. 내가 그리스도 사상에 기초한 인간관과 국가관 등을 정립하는 데 적지 않은 영향을 준 사람이 그분이다.

그런 이론적 토대가 허술했더라면 1970~1980년대의 그 험난한 시기를 제대로 헤쳐 나왔을까 하는 의문이 든다. 얼마 전에 독일 의원들이 그분의 학문 업적을 기리는 모임을 열었다는 소식을 신문에서 접한 적이 있다. 참으로 훌륭하고 저명한 학자 신부님이셨다.

회프너 교수님은 일본 상지대학 은사인 게페르트 신부님 소개로 만났다. 게페르트 신부님은 언젠가 "더 공부하고 싶으면 독일로 가거라."라고 말한 적이 있다. 게페르트 신부님은 당시 서강대학교 설립 준비를 위해 한국에 와 계셨다. 유학 문제를 상의할 겸 신부님을 찾아뵈었다.

"요셉 회프너 교수를 찾아가서 배워라. 나는 그를 만난 적도 없고, 그가 교수인지 신부인지조차 모른다. 하지만 그의 저서를 읽어 보니까 사회학 이론이 매우 깊고 건전하다."

게페르트 신부님은 손수 추천서까지 써 주셨다. 벨기에로 계획했던 유학길이 독일로 바뀐 것은 그 때문이다.

지금은 유럽 대륙에 유학생이 많이 나가 있어 덜하겠지만 그때만 해도 동양인 유학생의 고충은 한두 가지가 아니었다. 뮌스터에 가기 전에 쾰른에서 두 달간 머물렀는데 밖에 나가면 사람들이 힐끔힐끔 쳐다보는 바람에 무척 곤혹스러웠다. 한국인은 고사하고 얼굴색이 노란 동양인을 처음 보는 주민들이 대부분이었으니 그럴 만도 했다. 버스에 오르면 어떤 사람은 화들짝 놀라기까지 했다. 그때 쾰른 시 전체에 한국인은 두세 명밖에 없었던 것으로 알고 있다.

음식은 그나마 입에 맞았다. '품빠니까'라는 검은 보리빵과 돼지고기를 구워 말려서 얇게 썬 '쉰켄'이 특히 먹을 만했다. 그러나 '한국 토종'인데 김치와 된장국이 왜 그립지 않겠는가. 본당에서 방 한 칸을 얻어 살고 있을 때, 비가 내려 날씨가 음산한 날이면 김이 모락모락 나는 밥과 된장국 생각이 간절했지만 독일 저녁 식사는 대부분 찬 음식이었다.

그런 날 학교에서 세미나까지 마치고 늦게 돌아오면 식탁에 차려 놓은 저녁을 먹는 둥 마는 둥 하다 내 방에 가서 캠핑용 버너에 불을 붙여 밥을 짓곤 했다. 반찬이라고는 조선간장 비슷한 '마기'라는 게 있어서 거기에 양파를 썰어 넣어 만든 양념간장이 고작이었다. 하얀 김이 피어오르는 쌀밥에 마기를 붓고, 그 위에 날계란을 풀어 쓱쓱 비벼먹는 하숙방 저녁 식사……

그동안 여러 자리에 초대받아 온갖 음식을 맛보았지만 그 시절 책장을 넘겨 가면서 떠먹은 밥보다 더 맛있는 밥은 먹어 본 기억이 없다. 내 평생 내 손으로 밥을 지은 기억은 어린 시절에 어머니가 출타하고 안 계셔서 형과 함께 밥을 해먹은 것과 학도병 시절에 중대 취사병으로 근무할 때, 그리고 독일 하숙생 시절이 전부이다.

유학 초기에는 독일어가 서툴러서 어느 수녀님한테 야단(?)을 맞은 적도 있다. 수녀원 아침 미사를 집전하기로 하고 오전 7시 30분에 자명종 시계를 맞춰 놓고 잠들었는데 이른 아침에 누군가가 방문을 두드렸다. 누군가 싶어 나가 봤더니 수녀님이 화가 나서 "왜 여섯시 반 미사에 나타나질 않느냐." 하고 따졌다. 6시 반? 독일어는 6시 반을 '반 7시'(할프 지벤 halb sieben)라고 표현하는데 그걸 잘못 알아들은 것이다. 그 바람에 미사 시각도 못 지키는 게으른 신부가 돼 버렸다.

그런 어려움을 겪다 보니 '외국 생활이란 게 이렇게 힘든 것이구나.'라고 새삼 깨달았다. 그제서야 한국에서 활동하는 외국 선교사 신부님들의 고충을 조금이나마 헤아릴 것 같았다.

그러나 가장 힘들었던 점은 전공 공부를 따라가는 것이었다. '그리스도교 사회학'은 신학부에 속해 있어서 교의 신학·윤리 신학·교회법·성경 등 신학과 성경 전반을 다시 새롭게 공부해야 했다. 특히 한국에서 성경을 제대로 공부하지 않았기에 그리스어와 히브리어를 배워 가면서 신구약성경을 익히는 게 여간 고역이 아니었다.

엎친 데 덮친 격으로 지도 교수님은 내게 '한국 가족 제도'를 연구하고, 그 주제로 논문을 쓰라고 권유했다. 문제는 그에 관한 기초 자료를 구하는 것이었다. 한국어 자료가 거의 없었다. 우리 가족 제도는 유교 전통이 깊기 때문에 학문적으로 접근하려면 어려운 한문투성이인 유교 경전을 독해할 줄 알아야 했다. 내 한문 실력 갖고는 어림없는 일이었다. 영어와 불어 자료는 조금 있지만 독어 자료 역시 거의 눈에 띄지 않았다. 아쉬운 대로 불어 자료라도 참고하려면 새로 불어를 배워야 했다. 이 때문에 머리에서 쥐가 날 지경이었다.

결국 지도 교수님께 찾아가서 "이 주제로는 도저히 논문을 못 쓸 것 같으니 바꿔 달라" 하며 백기白旗를 들었지만 교수님은 요지부동이었다. 지도 교수님은 원래 어느 학생에게든지 출신국 가족 제도를 연구하라고 주문하는 분이었다.

그래도 새로운 사실을 하나하나 깨쳐 가는 재미만큼은 쏠쏠했다. 초기에는 강의를 제대로 알아듣지 못해 답답하기 짝이 없었다. 그러나 시간이 흘러 강의 내용이 서서히 귀에 들어오자 마치 새로운 세계가 열리는 것만 같았다. 신학교 시절에 배운 것보다 훨씬 앞선 내용을 접할 때는 '한국은 멀어도 한참 멀었구나'라는 생각을 하곤 했다. 인간에게 기쁨을 주는 것은 수없이 많지만 배움의 기쁨도 어느 것에 뒤지지 않는다.

한창 공부의 재미에 빠져 있던 그즈음에 예기치 않은 돌발 사태가 발생했다. 유학 생활 3년째로 접어들었을 때이다. 대구대목구 서정길 주교님이 독일 교회 초청을 받아 오시는데 비행기에서 덜컥 감기에 걸려 경유지 파리에서 심한 고열에 시달리셨다. 독일에 도착했을 때는 이미 폐렴으로 악화된 상태였다.

그 바람에 서 주교님은 독일 베를린 시립결핵요양원에서 넉 달 동안

한국에서 온 광부, 간호사, 수녀들이 김수환 추기경을 찾는 바람에 학업이 더욱 지연되었다. 독일 탄광촌에서. 뒷줄 가운데가 김수환 추기경이다.

입원해 계셨는데 그때 본의 아니게 비서 역할을 해야 했다. 한국 교회에 물심양면으로 많은 도움을 주는 오지리(오스트리아) 부인회도 서 주교님을 기다리고 있던 터라 서 주교님을 다시 빈에 있는 병원으로 모시고 가서 여러 달 동안 병 수발을 들었다. 다행히 주교님은 2년 후 쾌차해 귀국하셨다. 중간에 다른 신부가 와서 교대를 해 주기도 했지만 꼬박 2년 동안 공부를 뒷전으로 미뤄놓고 주교님을 모신 셈이다.

주교님이 떠나신 후 다시 뮌스터대학 교정으로 돌아왔다. 새롭게 출발하는 마음으로 학업에 정진하려고 마음을 굳게 다잡았다. 그러나 차분하게 앉아서 '공부할 팔자'는 아니었나 보다. 여기저기서 나를 찾는 전화와 편지가 오기 시작했다.

다시 뮌스터대학으로 돌아와 공부하고 있을 무렵에 한국인들이 독일로 물밀듯 밀려왔다.

한국 정부가 서독으로부터 상업 차관을 얻기 위해 간호사와 광부를 송출하기 시작한 것이 이때부터다. 제2차 세계 대전의 폐허에서 '라인 강의 기적'을 이룬 서독은 노동력이 부족해 광산, 병원처럼 고된 사업장에는 외국 노동력을 수입해야 하는 실정이었다.

한국에 진출한 독일 계통의 베네딕도회에서도 어학과 간호학을 공부시키느라 수녀와 수사들을 독일에 파견하기 시작했다. 한 독일인 신부님은 한국 간호사와 간호사 지망생들을 병원과 수녀원으로 많이 데려왔다. 그야말로 입양아까지 데려와 이집 저집에 놓는 상황이었다.

길에서 우연히 그 신부님을 만났길래 "대책도 없이 아이들을 데려오면 어떡하느냐. 여기저기서 울고불고 난리다."라며 싫은 소리를 했다.

문제는 한국인 신부가 거의 없다 보니 이들이 툭하면 나를 찾는 것이었다. 고해성사와 미사는 물론이고 갑자기 어려운 일에 부닥치면 도움을 청할 곳이 없었기 때문이다. 아무리 공부를 한다고 해도 "도와 달라.", "꼭 와 달라."는 동포의 간청을 어떻게 거절하겠는가. 한인들에게 '김수환 신부'가 입소문이 났던지 나를 부르는 전화와 편지가 끊이지 않았다. 이 때문에 학업에 지장이 많았지만 어려운 사람을 보고 가만 있지 못하는 성격이라 웬만하면 요청에 응하려고 했다.

한국 여성이 세계 어느 나라 여성보다 강인하다는 사실은 그때 새삼 깨달았다. 한국 간호사들의 헌신적이고 억척스런 일솜씨는 현지인들에게 좋은 평판을 얻었다. 간호사들은 생활비를 거의 안 쓰다시피 하면서 월급을 고스란히 가족에게 송금했다. 그 중에는 대학에 진학해 의사나 문학 박사가 된 사람도 있었다.

유학 시절에 보고 겪은 여러 가지 일들 중에서 가장 인상 깊었던 것은 제2차 바티칸 공의회(1962~1965년)였다. 제2차 바티칸 공의회는 가톨릭 교회가 문을 활짝 열어 새바람을 맞아들이고, 쇄신을 통해 시대 변화에 적응하려는 희망의 대역사大役事였다.

요한 23세 성인 교황은 공의회를 소집하면서 시대 적응이란 뜻의 '아죠르나멘토aggiornamento'라는 단어로 그 의미를 설명하셨는데 이는 순식간에 전 세계 교회의 유행어가 됐다.

가톨릭 교회에 변화와 쇄신의 바람이 불어오는 것을 감지했다. 비록 신문과 방송을 통해 공의회 진행 소식을 접했지만 예전에 느껴 보지 못한 강한 바람이었다. 그리고 독일 신부들과 공의회에 대해 토론하면서 많은 이야기를 주고받았다. 그러한 체험은 내가 신부로서뿐만 아니라 훗날 주교와 추기경으로서 소임을 수행하는 데 큰 도움이 됐다.

그 무렵 요한 23세 성인 교황이 나를 울린 일은 잊을 수가 없다. 어느 날 극장에 영화를 보러 갔는데 영화가 슬퍼서 운 것이 아니라 영화가 시작되기 전에 나오는 뉴스를 보면서 눈물을 흘렸다. 교황님이 추기경과 주교들을 이끌고 공의회장에 입장하는 장면이었다. 기도에 열중하고 계신 교황님 얼굴이 화면에 비친 순간 나도 모르게 눈물이 주르륵 흘렀다. 감동의 눈물이었다. 성령께서 새로운 도전에 나서는 교황님과 함께하고 계시다는 것을 강하게 느꼈다. 극장에서 영화가 아니라 뉴스를 보고 눈물을 흘렸다고 하면 사람들이 어떻게 생각할지 모르겠다.

1958년 요한 23세(원명 안젤로 주세페 론칼리)성인 교황이 77세 고령에 교황직에 오르자 교계와 언론에서는 '과도기적 교황'이라고 표현하는 데 주저하지 않았다. 워낙 고령이다 보니 큰 기대를 거는 것 같지 않았다. 전임 교황 비오 12세가 수려한 귀족적 분위기였다면 이분은 털털한 시골 할아버지 같은 인상이었다. 돌아가시기 전에 후임 교황 물망에 오를 만한 젊고 유능한 추기경들을 많이 임명해 주는 것 외에는 기대할 게 없다는 여론이 지배적이었다.

그러나 요한 23세 성인 교황은 세상을 향해 문을 열고 변화와 쇄신, 그리스도교 일치, 세상 및 타종교와 대화하는 교회상을 도모하셨다. 어느 누구도 그러한 용단을 예상하지 못했다. 그러고 보면 '과도기적 교황'이라는 신문 제목이 적중하기는 했다. 젊은 새 교황을 기다리면서 임시로 직책을 수행하는 교황이 아니라 전통과 관습을 뛰어넘어 새로운 시대로 넘어가는 과도기적 교회를 이끈 교황이 되셨으니 말이다.

특히 교회의 사회적 가르침을 담은 〈지상의 평화*Pacem in Terris*〉, 〈어머니요 스승*Mater et Magistra*〉 등 8개 회칙을 발표하셨다. 이 두 회칙은 지금도 교회 안팎에서 '평화의 교과서'라고 불릴 만큼 내용이 뛰어나다.

그분은 공의회 회기 중인 1963년 운명하셨다. 교황님이 위독하다는 소식을 들은 후부터는 바티칸 방송에 주파수를 맞춰 놓고 자다가도 벌떡 일어나서 라디오를 틀곤 했다. 내 마음은 로마에 가 있었다. 이탈리아 공산당 유력 기관지조차도 그분의 부고 기사에 "세계의 목자 가시다"라는 제목을 달아 업적을 기렸다.

독일은 여러 면에서 흥미로운 나라이다. 내가 관찰한 독일 국민성은 질서, 근면, 철두철미다. 이는 일본 국민성과도 유사한데 한 가지 특징을 더 말하라면 집단주의를 꼽고 싶다.

어느 날 술에 흥건히 취한 사람들이 민요를 합창하면서 줄맞춰 걷는 모습을 보고 고개를 갸우뚱한 적이 있다. 맥주집에서 나온 취객들이 한 치 흐트러짐 없이 군가풍 민요에 발을 맞춰 걷는 질서 의식과 집단 의식을 어떻게 설명해야 할까. 이튿날 독일 신부에게 "독일인에게는 군국주의의 피가 흐르는 것 같다."고 말했더니 깜짝 놀라는 시늉을 했다.

가뜩이나 힘겨운 전공 공부는 요셉 회프너 지도 교수님이 주교로 임명돼 뮌스터 교구장으로 떠나시면서 난관에 부닥쳤다. 덧붙이면, 회프너 주교님은 1969년 나와 함께 추기경에 임명됐다. 더구나 내 임명 순서가 조금 빨라 교황님께 먼저 임명장을 받았다. 그때 스승님께 고개를 숙이고 '백배사죄'한 기억이 난다.

아무튼 후임 지도 교수는 아무리 기다려도 배정되지 않았다. 신학과 사회학을 공부하면서 '한국 가족 제도'에 관한 박사 학위 논문을 쓰는 것도 버거웠다. 나는 고민에 빠졌다.

'이러다가는 10년이 넘어도 공부를 마칠 수 없겠는 걸. 무작정 책만 붙들고 있을 수도 없는 노릇이고. 박사가 되는 것보다 하루라도 빨리 한국에 돌아가 일하는 게 나을지도 모르겠다.'

결국 교구장님께 박사 학위를 포기하고 돌아가겠다고 말씀드렸다.

밀린 구독료 받으러 다니는 신문사 사장

1963년 11월, 독일 체류 7년 만에 귀국길에 올랐다. 도중에 오스트리아, 로마, 프랑스 루르드 성지 등을 둘러보느라 실제 귀국은 이듬해 봄에 했다.

독일에서 공부하는 사이에 한국 가톨릭은 정식 교계 제도를 갖추고 자립 기반을 닦느라 여념이 없었다. 내가 교회 발전에 조금이라도 이바지하는 길은 독일에서 보고 배운 것을 사목 현장에서 열심히 실천하는 것이라고 생각했다.

그런데 대목구장님은 난데없이 가톨릭시보사(現 가톨릭신문) 사장직을 내게 맡기셨다. 신문을 만들어 본 경험이 없어 막막한 심정으로 출근한 신문사. 나는 그곳에서 2년 동안 밥 먹는 시간이 아까울 정도로 일에 미쳐 살았다. 돌이켜보건대 내 일생에서 가장 열정적으로 일에 매달린 때는 시보사 시절이 아니었나 싶다.

그때만 해도 가톨릭시보는 말이 신문이었지 신문이라고 내밀기가 부끄러울 정도로 모든 게 열악했다. 10명이 채 안 되는 기자와 직원이 만성 적자에 시달리면서 근근이 신문을 내는 실정이었다. 독일 유학 시절에 고국 교회 소식이 궁금해 우편으로 배달되는 가톨릭시보를 한 글자도 빼놓지 않고 애독하기는 했지만 신문이 이토록 열악한 환경에서 발행되는 줄은 몰랐다. 구독료 수입이 적다 보니 직원들 봉급 챙겨 주는 일도 만만치 않았다.

그런 여건에서 나름대로 전력투구하다시피 하면서 신문을 만들었다. 신문이란 게 기획 단계부터 최종 인쇄까지 일일이 손이 가고, 정성과 애정을 쏟아야만 제대로 나온다. 윤전기에서 막 나와 잉크 냄새가 진동하는 신문을 펼쳐 들면 예술가가 고된 작업을 마치고 한 발짝 물러서서 작품을 관조하는 듯한 기분이 들었다. 밤낮없이 정성을 쏟으면서 부지런히 일하니까 발행 부수도 늘어 한결 재미가 붙었다.

하지만 수지 타산을 맞추는 게 여간 어렵지 않았다. 발행 부수와 광고가 적어 적자를 면치 못하는데 그나마 있는 독자들도 구독료를 제때 납부하지 않아 애를 먹었다. 구독료를 그냥 떼먹겠다는 심보라기보다는 잊어버리고 안 보내 주는 경우가 대부분이었다. 그래서 짬이 나면 가방을 들고 직접 성당으로 밀린 구독료를 받으러 나갔는데 어떤 성당 사무실에서는 잡상인 취급을 받기도 했다.

"저, 신부님을 만나러 왔는데요."

"(얼굴을 쳐다보지도 않고) 무슨 일 때문에 그러세요?"

"직접 뵙고 말씀드려야 하는데……."

"신부님이 그렇게 한가한 분이 아닙니다."

"그래도 좀 어떻게…….."

"허허, 이 양반이 말귀를 못 알아듣네."

내가 '독일물' 좀 먹었다고 독일식 사제복을 입고 다녔으니 문전박대를 당하는 것은 당연했다. 그 당시 독일 신부들은 로만 칼라 대신 와이셔츠에 달린 것 같은 칼라가 붙은 흰옷에 검은 셔츠를 받쳐 입었다.

그래도 편집국은 가족 같은 분위기였다. 나는 어떻게 해서든지 직원들 봉급을 적정 수준에 맞춰 주려고 노력했고, 특별히 생활이 힘든 직원에게는 남들 눈에 안 띄게 도움을 줬다. 부수와 광고가 늘어나니까 직원들 사기도 제법 올라갔다. 나는 신문사에서 봉급을 받지 않았을 뿐 아니라 돈을 일절 갖다 쓰지도 않았다. 오히려 어떻게 하면 1원이라도 더 보태서 재정을 튼튼하게 할까 궁리했다.

그때 제2차 바티칸 공의회 바람이 한국 교회에 불어오기 시작했다. 로마에서 열리는 공의회 소식을 보도하는 일만큼은 사명감을 갖고 임했다. 한국 교회가 교회를 위한 교회가 아닌 세상에 봉사하는 교회가 되려면 공의회 정신을 바로 알고 실천해야 한다고 생각했기 때문이다.

다행히 같은 건물에 동아통신사가 있어서 외신이 타전하는 공의회 뉴스를 시시각각 받아볼 수 있었다. 일반 통신사는 종교 뉴스가 들어오면 거의 다 버리는데 나는 동아통신사에 "바티칸 소식을 모두 넘겨 달라."고 부탁해 뉴스를 빠뜨리지 않고 꼼꼼히 챙겼다. 중요한 내용이라고 생각되는 것은 번역을 맡기거나 그게 여의치 않으면 직접 번역을 해서라도 신문에 실었다.

나는 가톨릭시보가 비록 종교 매체이지만 비신자도 읽고 싶은 신문

가톨릭시보사(現 가톨릭신문사) 사장 신부로 재직하던 시절, 기자들과 회의하는 모습 (1965년 9월).

이 되어야 한다고 생각했다. '세상을 위한 교회'가 되려면 종교 매체도 세상 사람들과 소통해야 한다는 소신이 있었기 때문이었다. 그때 사설은 내가 거의 다 썼는데 사회적 사건과 흐름을 신앙적 눈으로 조망하는 주제도 심심찮게 다뤘다. 어느 날 신문사에 드나드는 정보과 형사가 "가톨릭시보에서 이런 사회적 이야기도 쓰네요." 하며 관심을 보인 적이 있다.

 변화와 쇄신은 거스를 수 없는 흐름이었다. 그렇다면 한국 교회는 어떻게 변해야 하고, 무엇을 쇄신해야 하는지를 고민하지 않을 수 없었다.

고심 끝에 유명한 목사와 스님, 이어령 씨 같은 명사에게 편지로 "가톨릭 교회를 어떻게 생각하느냐, 하루빨리 고쳐야 할 단점은 무엇이라고 생각하느냐."는 등의 질문을 했다. 그분들의 답장 원고를 보니까 가톨릭을 사정없이 비판하는 글이 많았다. 심지어 '교회 밖 사람들이 가톨릭을 이토록 부정적으로 보는가?' 하며 탄식한 적도 있다. 그 원고들을 토씨 하나 바꾸지 않고 신문에 게재했다. 원고의 일부분을 옮긴다.

"교황의 독점 성서 해석의 권위는 재고해야 한다. 베드로는 어느 특정한 개인에게가 아니라 '비두니아'에 흩어진 모든 성도들에게 왕 같은 제사장들이라고 했다면 그리스도인은 누구나가 다 제사장이 될 수 있고 성서 해석의 권리가 있다. …… 로마 교회가 단순히 용어와 어휘상의 오해가 종교 개혁을 가져왔다고 보고 이에 대한 재음미만 힘쓴다는 것은 종교 개혁의 진의를 모르는 소치라고 할 수밖에 없다"(이영헌 기독공보 편집인, 1964년 8월 2일자 게재).

장면 박사님은 걱정이 되셨던지 "신문에 이런 글이 실려도 되느냐."는 내용의 편지를 보내 주셨다. 그래서 "세상이 우리를 어떻게 보는지 알아야 고칠 것은 고치고, 바로잡을 것은 바로잡지 않겠습니까."라는 요지의 답장을 보내 드렸다.

매스 미디어는 복음 선교 사업에 있어서 더없이 유용한 도구다. 비오 10세 교황(1835~1914년)은 이미 100년 전에 "돈이 부족하다면 내 교황관과 목장을 팔아서라도 미디어를 통한 복음 선교 사업에 나서야 한다."라고 역설하셨다. 서울대교구장 재직 시절에 평화방송·평화신문 설립을 최종 승인한 것도 이 같은 확신과 각오가 있었기 때문이다.

사형수 최원갑과 희망원

가톨릭시보사 사장 시절, 교도소에 밥 먹듯이 자주 들락거렸다. 무슨 죄를 짓고 잡혀 들어간 게 아니라 재소자들을 만나기 위해서였다.

주일 미사나 고해성사 때 재소자들을 대하고 있으면 '순백의 영혼' 같은 천사를 만나고 있는 느낌이 들었다. 죄를 뉘우치고 하느님 사랑 안에서 다시 태어나려고 애쓰는 그들의 선한 눈빛이 내 마음을 사로잡은 것이다. 특히 고해실에서 그들 이야기에 귀를 기울이는 동안 '(교도소) 밖에 있어야 할 사람이 안에 있고, 안에 있어야 할 사람이 밖에 있는 것은 아닌가.'라며 고개를 갸우뚱한 적이 한두 번이 아니다.

그들이 죄를 짓고 교도소까지 오게 된 사연을 눈물로 털어놓을 때는 '무전유죄 유전무죄無錢有罪 有錢無罪'라는 말이 가슴에 와닿아 함께 울곤 했다.

내가 재소자들을 위해 할 수 있는 일이라고는 미사 집전과 고해성사가 전부였다. 이따금 돈이 생기면 그걸 소장에게 주고 "재소자들에게 고깃국 한번 끓여 주라."고 부탁했다. 기름진 음식을 먹지 못해 얼굴이 늘 까칠까칠한 게 마음에 걸려 그랬던 것이다.

재소자들과 가깝게 지내다 보니 그들은 출소하는 날이면 나를 곧잘 찾아왔다. 대부분 차비를 얻기 위해 오는 사람들이었다. 그럴 때면 "얼마나 고생이 많았느냐. 이제부터 마음 단단히 먹고 새출발을 하라."면서 호주머니를 톡톡 털어 돈을 쥐어 줬다.

그런데 언제부턴가 미심쩍은 생각이 들었다. 한결같이 차비가 가장 많이 드는 제주도나 강릉이 고향이라는 것이었다. 어느 날 출소자라면서 사무실에 찾아온 사람의 언행이 하도 수상해서 교도소에 문의했더니 출소자 중에 그런 사람이 없다는 것이었다. 그냥 돈을 뜯어낼 요량으로 찾아온 사기꾼이었다. 그때부터 출소자가 찾아오면 항상 교도소 측에 신원을 확인했는데 10명 중에 7, 8명은 그런 사람들이었다. 그래서 아예 신문사 직원에게 차표를 직접 끊고 차 좌석에 앉는 것까지 보고 오라고 시켰는데도 별 소용이 없었다.

그때 만난 재소자들 가운데 최월갑이란 사람은 뇌리에 각인된 것마냥 또렷하게 기억한다.

그는 살인 강도죄를 짓고 사형 선고를 받은 젊은 사형수였다. 개신교 신자였던 그는 어느 날 "가톨릭이 진교眞教인 것 같다."면서 개종하고 싶다고 말했다. 그래서 수녀님께 교리를 잘 가르쳐 주라고 특별히 당부까지 했다. 그는 이미 신앙 안에서 죄를 깊이 뉘우치고 용서받은 상태였다. 선하디선한 눈빛만으로도 그걸 알 수 있었다.

하지만 그는 세례를 받기 직전에 사형대에 서야 했다. 사형 집행 소식을 듣고 교도소로 달려가 그에게 조건부 세례를 주었다. 죽음을 앞둔 그는 놀라우리만치 평화로웠다. 오히려 다시 눈부신 햇살이 내리쬐는 일상으로 돌아갈 내가 울고 있었다.

나는 마지막 선물로 예수님께서 죽은 라자로를 살려내신 복음(요한 11,38-44 참조)을 읽어 주었다. 그는 천주교 묘지에 묻어 달라는 유언을 남기고 사형대로 걸어 올라갔다.

잠시 후 "쿵"하는 소리가 귓전을 때렸다. 그 소리는 심장에 꽂히는 비수匕首처럼 차갑고 날카로웠다. 주위가 쥐 죽은 듯 조용했다.

그런데 "쿵"하는 소리는 교수대가 부러지는 바람에 최월갑이 바닥으로 떨어져 나는 소리였다. 아무 소리도 들리지 않았다. 소장은 "월갑이가 태연하게 교수대에 서기는 했지만 아마 심장마비로 죽었을 겁니다. 인간이 저런 공포를 어떻게 견디겠습니까."라고 말했다.

그때 간수가 내 옆에 있는 소장에게 급히 뛰어왔다.

"소장님, 월갑이, 월갑이가……."

"왜 그래. 무슨 일인가?"

"월갑이가 저 밑에서 싱글싱글 웃고 있어요."

"무슨 뚱딴지같은 이야기야. 죽은 사람이 웃다니?"

현장에 가 보았더니 그가 목에 밧줄을 걸고 정말 편안히 웃고 있는 것이 아닌가. 나무로 된 낡은 교수기絞首機가 그의 체중을 이기지 못하고 부러져 아래로 함께 떨어진 것이었다.

소장은 즉시 "사형 집행 계속!" 명령을 내렸다. 젊은 사람을 두 번 죽여야 하는 상황에 어찌할 바를 몰랐다. 나는 애처로운 마음을 주체할 수

가톨릭시보사 사장 시절 대구 희망원 가족과 이야기를 나누고 있는 김수환 추기경. "한때 가난하고 소외된 이들과 함께 살고 싶은 열망에 불타올랐지만 용기를 내지 못했다."

가 없어서 아무 말도 못하고 그의 손만 꼭 잡고 있었다. 간수들이 사형대를 고치는 것을 태연스레 보고 있던 월갑이가 말문을 열었다.

"미안해하지 마세요. 전 괜찮습니다. 지금 죽는 것이 가장 복된 죽음입니다. 저는 부활을 믿습니다. 여러분도 저와 같은 믿음이 있으면 제 말을 이해하실 거예요."

그리고 내게 "신부님, 지금 몇 시예요?"라고 물었다.

"응? …… 열시 삼십분."

"반시간쯤 후면 천당에 가 있겠네요."

그는 날 위로하는 듯한 미소를 지어 보였고, 두 번째 죽음을 편안하게 받아들였다. 다음 날 시신을 인도받아 계산성당에서 장례 미사를 봉헌했다. 미사 참례자들에게 내가 목격한 그의 죽음을 증언하고 부활 신앙에 대해 강론했다. 그리고 유언대로 시신을 교회 묘지에 안장했다.

인간은 무수한 만남 속에서 살아간다. 돌아서면 잊혀지는 만남이 있는가 하면 오랜 세월이 흘러도 잊혀지지 않는 만남이 있다. 난 40년 세월이 흘렀는데도 그와의 만남을 생생히 기억한다. 그가 죽음을 받아들이는 자세와 부활 신앙에 대해 많은 묵상거리를 남겨 주었기 때문이다.

또 그 무렵 행려병자와 장애인들을 수용하는 시립 복지 시설 '희망원'에 자주 들렀다. 치료 한번 제대로 받아 보지 못한 병든 사람들, 거리에서 구걸하다 잡혀 온 거지들, 손과 발이 뒤틀린 장애인들, 피를 토하면서 기침을 하는 폐병 말기 환자들……. 그런 부류 사람들 1,000여 명이 열악하기 짝이 없는 시설에서 형편없는 먹을거리로 연명하는 것을 보면서 '희망원이 아니라 절망원'이라는 생각을 했다.

그런데 그들을 만나면 만날수록 이상하게 마음이 끌렸다. 힘이 되어 주고 싶은 마음이 들어 돈을 얻어다 갖다주고, 봉사 활동을 하도록 수녀회와 연결해 주었다. 가난하고 소외된 그들과 함께 살고 싶다는 충동이 강하게 일기 시작했다. 희망원에 발길이 부쩍 잦아진 나를 발견하고는 한동안 갈등에 빠졌다.

'이들이야말로 예수님 사랑을 가장 애타게 기다리는 사람들 아닌가. 그렇다면 이들 속으로 뛰어 들어가 그분의 사랑을 증거해야지 왜 머뭇거리는가. 그런데 이들과 똑같이 먹고 자면서 살 용기가 있는가……'

이 고민을 몇 사람에게 털어놓았다. 그러나 "그 험한 일을 왜 시작하려고 하느냐."면서 말리는 사람들뿐이었지 용기를 주는 사람은 없었다.

그런 망설임 속에서 살아가던 어느 날, 교황대사님 전화를 받았다. "한번 만나고 싶으니 서울로 올라오라."는 용건이었다.

제3장

너희와 모든 이를
위하여

사제 수품 15년 만에 주교로

'교황대사님이 왜 갑자기 보자고 하시지?'

교황대사님(안토니오 델 주디체 대주교)이 나를 찾는 이유를 궁금해하면서 서울행 기차에 몸을 실었다. 차창 너머에는 겨울잠에 빠져 있는 들판을 깨우는 3월 초순의 봄기운이 완연했다. 성무일도서를 펴고 그날 독서를 읽었다.

"주님께서 아브람에게 말씀하셨다. '네 고향과 친족과 아버지의 집을 떠나, 내가 너에게 보여 줄 땅으로 가거라' …… 아브람은 주님께서 이르신 대로 길을 떠났다"(창세 12,1.4).

그때만 해도 라틴어로 성무일도를 바쳤다. 라틴어 실력이 부족해 평소 이해하지 못하는 구절이 많았는데 유독 그날 독서만은 가슴에 콕 박히듯 와닿았다. 불현듯 어떤 생각이 뇌리를 스치고 지나갔.

'이 대목이 내게 무슨 암시를 주는 것은 아닌가?'

한동안 차창 밖을 멍하니 바라보았다. 교황대사관에 도착했더니 대

서정길 대주교, 최재선 주교, 노기남 대주교(왼쪽부터 시계 방향)의 인도를 받으며 주교 서품식장에 입장하는 김수환 추기경.

사님은 단도직입으로 말씀을 꺼내셨다.

"김 신부, 부산교구에서 마산 지방을 떼어 새 교구를 설립하기로 결정했네. 그리고 교황님이 자네를 초대 교구장으로 임명하셨어. 물론 주교로도 임명하시고."

"예?"

"순명하겠는가? …… 나는 자네가 순명할 거라고 믿네."

"……."

"그럼 순명하는 걸로 알겠네. 축하하네, 김 주교."

나는 뜻밖의 통보에 어리둥절했다. 대구에서 안동이 분할될 것이라는 소문이 돌기는 했지만 마산이 먼저 분할되고, 더구나 그 교구 책임자로 내가 지목된 것은 전혀 뜻밖의 일이었다. 사실 안동교구 분할과 새 주교 탄생 소문이 돌 때 신부들 사이에서 한동안 내 이름이 거명됐다. 그러나 그것은 말 그대로 바람처럼 떠도는 풍문인 데다 신문사 일이 바빠서 그런 소문에 신경 쓸 겨를도 없었다.

기억을 더듬어 보니 "당신은 주교가 될 것이다."라는 말을 여러 번 듣기는 들었다. 사제품을 받고 보름쯤 지났던가, 어떤 할머니가 "당신은 이 다음에 주교가 됩니다."라고 말한 적이 있다. 언젠가 대구대교구장 서정길 대주교님을 모시고 오스트리아 비엔나 교구장님을 방문했을 때도 그쪽 비서 신부가 "당신 얼마 후에 주교 될 겁니다. 그때 내게 초대장을 보내 주세요."라고 뚱딴지같은 말을 한 적이 있다. 나는 참 둔한 데가 있다. 주교 임명 통보를 받고 나서야 서 주교님이 그 전부터 말씀 중에 몇 번 암시를 주셨다는 것을 알아차렸다.

그때 주교직을 어떤 마음으로 수락했는지는 기억이 나지 않는다. 야훼의 부르심에 응답한 아브라함처럼 순명하겠다는 마음 외에 무엇이 또 있었겠는가. 아무튼 사제품을 받은 지 15년 만에 또 다른 성직의 길로 들어서게 됐다.

주위에서 주교 서품식 날짜를 빨리 잡으라고 재촉했지만 나는 최대한 늦춰서 5월 31일로 결정했다. 신설 교구라서 아무 준비도 되어 있지 않을 텐데 내가 주교품을 받겠다고 서둘러 가면 신부와 신자들이 적잖이 당황할 것 같아서였다. 그리고 '고통의 성모 마리아 기념일'(9월 15일)에 사제로 태어났듯, 5월 '성모 성월', 그것도 마지막 날 '복되신 동정 마리아 모후 기념일'(지금은 8월 22일로 이동)에 주교로 태어나고 싶었기 때문이다. 성모님처럼 예수님께서 가신 길을 고통 속에서 묵묵히 뒤따르는 것이 성직자의 길이지 않겠는가.

주교직 사목 표어는 '여러분과 모든 이를 위하여Pro Vobis et Pro Multis[4] 라고 정했다. 나는 성혈 축성 경문에서 인용한 이 문구를 무척 사랑한다. 그래서 훗날 서울대교구장좌에 착좌할 때도 '너희와 모든 이를 위하여'라고 번역을 조금 고쳐서 그대로 사용했다.

예수님께서는 성체성사를 세우시면서 너희와 모든 이를 위하여 당신의 몸과 피를 내어 주신다고 말씀하셨다. 세상 구원을 위해 죽으시고 부활하신 예수 그리스도를 기념하는 성체성사는 신비로 가득 찬 미사 성제聖祭의 핵심이며, 그리스도교 생활 전체의 원천이다. 제2차 바티칸 공의회는 "지극히 거룩한 성체성사 안에 교회의 모든 영적 선이 내포되어 있다."(《사제 교령》, 제5항)고 가르치고 있다.

신앙인의 삶이란 게 무엇인가. 그것은 바로 예수님처럼 세상 사람들을 위해 나 자신을 온전히 내놓는 것이 아니겠는가. 우리는 어떤 사람을 하찮은 존재로 무시할 때 "저 사람은 우리 밥이야!"라는 표현을 쓴다. 주님은 그 정도로 당신을 낮추고 비우면서까지 우리 밥이 되어 주셨다.

나 역시 예수님처럼 모든 것을 바쳐서 모든 이에게 밥이 되고 싶다는 생각에서 그렇게 정했다. 아쉽게도 그 표어대로 살지 못했음을 고백하지 않을 수 없다. 사실 이 표어는 당시 어떤 수녀님이 권해 준 것이다.

외가가 있던 마산은 소년 시절부터 자주 가 본 고장이다. 그때 외가를 오가면서 본 풍경이 얼마나 아름다웠던지 누군가가 나한테 살고 싶

---

[4] 현재 미사에서는 "너희와 많은 이를 위하여 흘릴 피다."(《미사 통상문》)라고 쓴다.

은 고장을 물으면 마산과 남해를 꼽으리라고 마음먹었다. 그래서 그랬는지 마산으로 이삿짐을 옮기는 내내 기분이 좋았다.

1966년 5월 31일 완월동 성지여중고 운동장에서 교황대사님 주례로 주교 서품식이 거행됐다. 폭우가 쏟아질 것이라는 전날 일기 예보와 달리 날씨가 무척 화창했다. 전국 주교님들이 다 참석하시고, 내외빈이 운동장을 가득 메웠다. 나중에 이야기를 들어 보니 교황대사님과 주교님들, 그리고 국회의장과 군사령관 등이 탄 차량을 경찰차가 사이렌을 울리면서 인도하는 바람에 마산 시내가 들썩거렸다고 한다.

나는 그날 취임사에서 제2차 바티칸 공의회 정신을 강조했다.

"우리 교구는 제2차 바티칸 공의회에서 제시한 쇄신 정신과 사목 정신을 최선을 다해 신부들과 수도자, 신자들의 협동하에 구현시켜 나가야 할 것이라고 생각합니다. 이 요청을 우리가 확신하기 위해서는 복음의 빛 아래 깊이 반성하고 각성해야 합니다. 우리는 밖으로부터 도움을 기대하지 말고 우리 안에서 사도적 인재도, 물질적 면도 스스로 발굴하고 육성시키는 방향으로 완전히 생각부터 바꿔야 할 것입니다."

신자 수 3만 명, 본당 21개의 시골 교구 교구장 생활이 시작됐다.

나의 첫사랑 마산교구

　신부는 아무리 고달파도 신자들과 희로애락을 나누면서 살 때가 가장 행복한 것 같다. 지금은 늦어서 단념했지만 몇 년 전까지만 해도 신자들, 특히 가난한 이들과 동고동락하면서 살고 싶다는 바람을 간직하고 있었다. 지난 세월을 돌이켜보아도 가장 행복했던 순간은 안동본당(現 안동 목성동주교좌성당), 김천본당(現 김천 황금성당), 성의중고교, 가톨릭시보사, 대구 희망원 등에서 사람들과 가깝게 호흡했던 시절이다.
　교구장이 되어서도 본당 사목 방문을 나갈 때가 가장 즐거웠다. 시내에 있는 본당이야 한나절이면 다녀오지만 시내를 벗어나면 적어도 하룻밤을 묵고 와야 했다.
　당시 마산교구는 마산, 진주, 진해 등 5개 시와 13개 군을 관할했는데 먼 성당은 울퉁불퉁한 시골길을 서너 시간 달리고, 때로는 산 넘고 물 건너야 닿는 곳도 있었다.
　시골 성당에 가면 신부는 물론이요, 신자들과 식사를 같이 하면서 사목에 관한 이런저런 이야기를 나누고, 밤이면 산새와 풀벌레 소리를 들으면서 잠드는 게 그렇게 좋을 수 없었다. 시간을 넉넉하게 잡고 교우들과 대화하다 보면 교구장이긴 해도 그들과 가까이서 호흡하는 사목자라는 생각이 들었다.

그래서 본당을 가급적 자주 찾아다니면서 신설 교구의 기초를 잡아 나갔다. 기초 작업이라고 해 봐야 제2차 바티칸 공의회 정신에 따라 평신도가 참여하는 사목협의회를 결성하거나 사제평의회를 조직하는 일 정도였다. 사제와 평신도 간 대화 창구를 만들기 위해 신자 강습회를 열었던 기억도 난다. 그때 나는 신자들에게 평신도도 신부 수녀와 똑같은 하느님 백성이라는 사실을 인식시키고, 더 나아가 그들에게 맡겨진 시대적 소명을 일깨워 주려는 생각이 간절했다.

또 머릿속을 한시도 떠나지 않은 생각은 어떻게 기초를 놓아야 교구가 제2차 바티칸 공의회 정신대로 살아갈 수 있는가 하는 점이었다. 그때만 해도 교회가 세상과 대화하거나 삶을 나누는 일은 전무하다시피 했다. 세상 한가운데 있음에도 세상사에는 무관심한 채 교회를 위한 교회에 머물러 있었다.

"교회는 이 세상 안에 있으면서도 이 세상에서 온 것이 아니다."라는 말이 있다. 교회는 세상 안에 있기 때문에 세상 사람들의 고통과 슬픔을 덜어 주면서 하느님의 구원 역사를 펼쳐 나가야 하지만, 이 세상에서 온 것이 아니기 때문에 어떤 세속적 욕심을 내서는 안 된다는 것이다.

제2차 바티칸 공의회 정신은 교회가 변화하는 시대 흐름에 적응해 세상 한가운데로 나가 봉사하는 하느님 백성으로 거듭 태어나자는 것이다. 그러기 위해서 우리 자신이 먼저 쇄신되어야 함을 강조하고 있다.

교구장 재직 시절에 제2차 바티칸 공의회 폐막 후 처음 열린 세계주교대의원회의(1967년)에 한국 대표로 참석했다. 주교대의원회의(주교 시노드)란 지역 교회를 대표하는 주교들이 교황과 함께 교회와 신앙에 관한 제반 문제를 논의하는 회의다. 그런데 '주교대의원회의'라는 용어는 가톨릭시보사 재직 시절에 내가 만들어 낸 것이다. 로마에서 '주교 시노

마산교구장이 되어 진해본당으로 첫 사목 방문을 나서는 김수환 추기경. 신설 교구 초대 교구장의 첫 사목 방문이라 시민들까지 거리에 나와 환영했다.

드'가 열릴 예정이라는 외신을 받아 들고 이걸 독자들에게 어떻게 쉽게 전달할 수 있을까 궁리하다 '주교대의원회의'라는 용어를 만들게 되었다. 그 회의에는 원래 서울대교구장 서리로 계시는 윤공희 대주교님이 참석하기로 했었다. 그런데 윤 대주교님이 사정이 있어 참석하실 수 없게 되자 내가 대신 뽑혀가게 됐다.

제2차 바티칸 공의회를 주재한 바오로 6세 성인 교황이 소집한 제1차 세계 주교대의원회의의 주의제는 가톨릭 신앙을 보전하는 문제였다. 그 회의에서 나는 신자와 비신자 간 결혼 문제를 강하게 발언했다.

대의원회의 문헌에서는 신앙 보전 차원에서 신자와 비신자 간 결혼을 부정적으로 보는 시각이 강했다. 그러나 한국처럼 신자 수가 적은 전교 지방에는 적용할 수 없는 이야기였다. 그 당시 한국 신자들만 하더라도 비신자와 결혼하는 이들이 더 많았는데 그런 결혼을 '있어서는 안 될 일'이라고 규정하는 것은 타당하지 않다고 생각했다. 도저히 안 되겠다 싶어 발언 기회를 얻었다.

"대의원회의 문헌은 성경 말씀을 편협하게 인용하고 있습니다. 저는 이 자리에서 바오로 사도의 말씀을 떠올리지 않을 수 없습니다. '어떤 형제에게 신자 아닌 아내가 있는데 그 아내가 계속해서 남편과 함께 살기를 원하면, 그 아내를 버려서는 안 됩니다. …… 신자 아닌 남편은 아내로 말미암아 거룩해졌고, 신자 아닌 아내는 그 남편으로 말미암아 거룩해졌기 때문입니다.'(1코린 7,12.14) 따라서 신자와 비신자의 결혼 문제는 다시 해석할 필요가 있습니다."

내 주장은 다행히 좋은 반응을 얻었다. 그래서 시노드 교부들은 나중에 그 부분을 내 의견대로 손질했다.

한 달간 꼬박 열린 주교대의원회의를 마치고 다시 일상으로 돌아왔다. 마산교구장 생활은 2년밖에 하지 못했지만 주교가 된 후 첫정을 각별하게 쏟은 교구임에는 틀림없다. 남녀 간에도 첫사랑이 잊혀지지 않는다고 하지 않는가. 2년 동안 나름대로 혼신의 노력을 기울여서 교구 기초를 닦았다. 하지만 아쉽게도 내세울 만한 치적이 없다. 아마 마산교구에서 교구사를 쓴다면 '초대 교구장 김수환 주교(1966.05. ~ 1968.05.)'라는 한 줄 외에는 달리 기록할 만한 사항이 없을 것이다.

나는 마산교구를 떠나올 때 첫정이 얼마나 깊이 들었던지 신부님들 앞에서 눈물을 흘렸다. 그런데 나와 헤어지는 게 섭섭하다고 눈물을 보이는 신부님은 없었다. 첫사랑은 대부분 짝사랑으로 끝난다고 하던가.

그 무렵에 가톨릭노동청년회JOC 총재 주교를 겸임하고 있었다. JOC는 청년 노동자들의 성화와 노동 현장 복음화를 위해 벨기에 카르딘 신부가 창설한 신심 운동 단체로 한국에는 1960년대에 전국으로 빠르게 확산됐다.

마산교구를 떠나기 4개월 전, 그러니까 1967년에 JOC와 관련된 중대한 사건이 발생했다.

그 사건은 길고 험난한 여정의 첫걸음이었다.

한국 교회 최초의
시국 담화문 발표

내 생각을 지배하는 가장 큰 주제는 예나 지금이나 '인간'이다. 하느님 모상대로 창조된 인간은 존엄한 존재이기에 그 권리와 존엄성은 언제 어디서든 보호받아야 한다. 이 신념은 1970년대와 1980년대를 숨 가쁘게 헤쳐나오는 동안 내게 절대적 판단 기준으로 작용했다.

1967년 가톨릭노동청년회 총재 주교 자격으로 강화도 심도직물 사건에 개입한 이유도 노동자의 인권을 옹호하기 위해서였다. 이 사건은 한국 교회가 주교단 성명을 통해 예민한 사회 문제에 최초로 목소리를 냈다는 데 의미를 둘 수 있다.

사건의 전말은 이렇다. 1967년 5월 강화도 심도직물에 합법적 노동조합이 결성됐는데 이 과정에서 강화본당 JOC 회원들이 주도적 역할을 했다. 강화도에 있는 21개 직물 회사 중에는 이미 노조가 결성된 곳도 있었다. 강화본당 전 미카엘 주임 신부(메리놀 외방 전교회)는 회합 장소를 빌려주는 등 노조 활동을 간접적으로 지원했다. 그런데 그 회사 사장인 국회의원 김모 씨는 노조 간부를 해고한 데 이어 이에 항의하는 노동자들을 공장 밖으로 내몰았다. 다른 회사 사장들도 이 틈을 타서 노조 활동에 적극 가담한 노동자들을 해고했다. 해고된 노동자 16명은 모두 천주교 신자였다.

기업주들은 그것도 모자라 전 신부를 찾아가 노동자들을 선동한 용공 분자라고 몰아붙이면서 공장 손실에 대해 책임지라고 협박했다. 또 천주교인은 누구를 막론하고 고용하지 않겠다는 내용의 결의문을 내걸었는가 하면, 심도직물 사장은 "전 신부의 부당한 간섭으로 공장이 마비되어 문을 닫는다."면서 휴업 결정을 내렸다. 회사 사주를 받은 노동자들이 성당으로 몰려와 시위를 벌이는 일도 있었다. 기업주들과 한통속이 된 강화 경찰서장도 '반공법 위반'을 운운하면서 기업주들에게 정중히 사과할 것을 전 신부에게 종용했다. 이로 인해 지역 주민은 물론 일부 신자들 사이에서도 분열이 일어나기 시작했다.

사태가 이 지경에 이른 마당에 JOC 총재 주교로서 현장에 가 보지 않을 수 없었다. 강화도로 올라가면서 '장차 한국 사회에서 수없이 일어날 충돌인데 첫 충돌이 교회와 연관되어 일어났구나.'라는 생각을 했다.

현장에서 파악한 사건 전말은 매우 복잡했다. 기업주들이 노조 활동을 방해하려고 폭력배를 동원한 흔적이 나타났다. 노조 배후자로 지목된 아피AFI 회원 송 고레띠 씨는 폭력배들의 협박이 무서워 성당에서 나오지 못했다. 노동자의 기본적 인권과 권리를 짓밟는 노조 탄압, 그 이상도 이하도 아니었다.

사실 그때는 '노동자'라는 명칭조차 호사스러운 시절이었다. 정부 당국자들이 농촌 희생을 전제로 한 산업화 정책을 밀어붙였기에 농촌은 급격히 기울기 시작했다. 농사를 지어서는 자식 교육은커녕 끼니조차 잇기 힘들어지자 농민들은 일자리를 찾아 도시로 몰려들었다. 하지만 일자리가 부족하다 보니 그들의 노동력은 헐값에 팔려나갈 수밖에 없었다. 열악한 환경에서 터무니없이 낮은 임금을 받고 일하는 노동자들은 산업화 정책의 희생양이라고도 볼 수 있다. 특히 강화도는 외부와 격리된 섬이라는 특성상 기업주들의 횡포가 더 심했다.

대책을 논의하는 자리에 감리교 도시산업선교회 조승혁 목사와 성공회의 리차드 신부도 참석했다. 교회가 노동 문제에 개입해야 하는 이유를 조목조목 짚으며 일장 연설하는 조 목사가 인상적이었다. 그는 프랑스 가톨릭 교회에서 교회와 노동 운동 관계를 공부했다고 했다.

이튿날 오후 그 일행과 전등사에 잠시 바람을 쐬러 갔다. 그런데 어느 지점에서 우락부락하게 생긴 청년 10여 명이 나타나더니 욕설을 퍼부으며 협박하는 게 아닌가. 기업주들이 보낸 폭력배들이 틀림없었다. 우리가 대꾸를 하지 않고 피했으니 망정이지 불상사가 일어날 뻔했다.

'우리에게도 물리적 위협을 가하는데 힘없는 어린 여직공들에게는 얼마나 행패를 부릴까?' 바람을 쐬러 나간 길인데도 답답하기만 했다.

그날 미사에서 JOC 회원들에게 이런 말을 했다.

"억눌리고 고통받는 노동자들을 위해 스스로 십자가를 진 연약한 소녀들과 JOC 회원들에게 존경을 표할 따름입니다. 여러분의 노력은 헛되지 않을 것입니다. 그것은 교회 역사가 증명합니다."

대책위원회가 주축이 되어 해결 방안을 모색했으나 별 성과가 없었

강화본당 JOC 회원과 견직공장 여성 노동자들. 가운데 외국인은 강화본당 주임 브 란스필드 신부다.

다. 인천교구장 나 굴리엘모 주교님도 관할 지역 사목 책임자로서 메시지를 발표하고, 경기도 경찰국장실에서 사측 대표와 만나 협상하는 등 최선을 다하셨다. 그러나 시원스런 해답은 나오지 않았다.

이듬해 2월 주교단은 새로 부임한 교황대사 환영 미사를 위해 대사관에 모일 예정이었다. 나 굴리엘모 주교님과 함께 그 자리에서 임시 주교회의를 개최하자고 주교단에 건의했다. 교회가 심도직물 사태에 대한 입장을 밝힐 필요가 있다는 생각 때문이었다.

마침내 2월 9일 임시 주교회의에서 주교님 열네 분이 서명한 '사회 정의와 노동자 권익 옹호를 위한 주교단 공동 성명서'가 발표됐다. 성명서 요지는 다음과 같다.

"교회는 그리스도교적 사회 정의를 가르칠 권리와 의무가 있다. 노동력 착취는 자본주의 체제에서 범하기 쉬운 자본의 횡포이다. 따라서 주교단은 강화본당 신부와 노동자들의 정당한 활동을 지지한다. 인간 기본권은 어떤 이유를 막론하고 수호되어야 하기에 주교들은 부당한 노사 관계를 개선하는 데 적극 노력할 것이다."

브란스필드 신부와 방경복 등이 출간한 사회교리서 《구원의 빛》 (가톨릭출판사, 1974년).

이 성명서가 발표되고서야 정부가 사태 수습에 나섰다. 그리고 6일 후 해고자들이 전원 복직되는 것으로 사태는 일단락됐다.

이 성명이 사회 정의와 노동자 인권 신장에 획기적인 계기가 되었다고 말할 수는 없다. 그 이후에도 전태일 분신자살, 동일방직 파업 사태 등 열악한 노동 환경 속에서 생존권을 요구하는 노동자들의 절규는 끊이지 않았다.

이 성명이 한국 교회의 첫 대 사회적 발언이라고 밝혔듯이 교회가 울타리 너머 바깥 세상에 눈을 돌린 점에 의미를 부여하고 싶다.

다시 마산으로 내려와 평소처럼 일상 업무에 임했다. '마른하늘에 날벼락' 같은 일이 닥쳐오는 줄도 모른 채……

제4장

양 떼를 사랑한
목자

서울대교구장에 오르다

1968년 4월 어느 날이었다. 서울로 급히 올라오라는 주한 교황대사 히폴리토 로톨리 대주교님의 전갈을 받고 대사관에 들어섰다.

"어서 오시오, 김 주교."

"무슨 일 때문에 부르셨는지……."

"우선 축하부터 해야겠습니다. 교황 성하께서 김 주교를 서울대교구장에 임명하셨어요."

"예? 뭐라구요?"

"김 주교가 대주교로 승품되어 서울대교구장직을 맡게 됐다는 말이에요."

"……."

그때 그 충격과 어리둥절한 상황을 어떻게 표현해야 하나. '마른하늘에 날벼락'이라는 말보다 더 적합한 표현이 없을 것 같다. 정말이지 맑은 하늘에서 난데없이 내리치는 벼락을 맞는 충격이 그럴 것이다. 머릿

속에서 '왜 하필 내가?'라는 반문뿐이었다.

"대사님, 저는 주교 된 지 2년밖에 안 됐습니다. 주교단에서도 제일 막내입니다. 그런 제가 그 무거운 십자가를 어떻게 지고 가겠습니까?"

"그러나 누군가는 짊어져야 할 십자가입니다. 주님께서 주시는 십자가입니다."

서울대교구는 노기남 대주교님이 은퇴하신 후 수원교구장 윤공희 주교님이 서리署理 자격으로 13개월째 이끌어 가고 있었다. 후임자가 머지않아 임명될 것이라는 소문이 퍼지자 서울대교구 신부들이 교구 출신 교구장 선임을 요청하는 서명 운동을 하고 있다는 이야기를 들은 적은 있었다. 당시 서울대교구는 빚에 쪼들리고, 사제들이 분열되는 등 복잡하게 얽힌 문제가 많았다. 교회에서 종종 발생하는 문제와 갈등이 모두 불거져서 그야말로 실타래처럼 엉켜 있는 상황이었다.

수원과 서울을 오가면서 집무하시던 윤 주교님은 심적 고통이 얼마나 크셨던지 "수원에 있다가 서울 땅을 밟으면 그때부터 머리가 지끈지끈 아프고, 서울에 있다가 수원으로 넘어오면 '휴~' 하고 한숨부터 나온다."는 말씀을 하신 적이 있다. 심지어 서울대교구청에서 윤 주교님을 모셨던 수녀님은 "방 청소를 하면서 주교님이 흘리신 코피 자국을 수도 없이 봤다."고 훗날 털어놓기까지 했다.

'주님께서 주시는 십자가'라는 교황대사님 말씀에 더 이상 변명을 하지 못하고 대사관을 나왔다. 하지만 아무리 생각해 보아도 주교가 된 지 2년밖에 안 된 '시골뜨기' 주교가 짊어질 만한 십자가가 아닌 것 같았다.

마산으로 내려가는 기차에 몸을 실었다. 차창 밖을 내다보면서 깊은

김수환 추기경은 서울대교구장에 착좌한 후 '세상에 봉사하는 교회상'을 교구민들에게 제시했다(1968년 5월 29일).

생각에 빠졌다. 신록이 짙어가는 4월인데도 옷깃을 파고드는 찬바람 같은 외로움이 엄습했다.

'하느님 뜻이 무엇인가? 주님, 감당키 어려운 십자가를 들려 낯선 타향으로 저를 보내시려는 이유가 무엇입니까?'

사실 심도직물 사건에 대한 성명을 발표하느라 주교단이 교황대사관에 모였을 때 대사님이 나를 따로 불러 후임 교구장에 대한 자문을 구한 적이 있다. 그때 ○○○ 와 ○○○를 추천하고 싶다고 분명히 말씀드렸는데도 그 '화살'이 내게 돌아왔다.

새 교구장 탄생 소식은 4월 27일 오후 늦게 로마와 한국에서 동시에 발표되었다. 그 전부터 한국 교회를 대표하는 서울대교구 수장首長이 누가 될 것인가에 대해 관심이 쏠려있던 터라 언론에서도 이 소식을 일제히 보도했다. 별의별 반응이 다 나왔지만 한마디로 요약하면 '너무나 예상 밖'이라는 것이었다. 신문에 "김수환이란 주교가 누군지, 얼굴도 본 적이 없다."는 어떤 분의 반응이 실리기도 했다.

당연한 반응이었다. 특히 서울 신부들은 서울에 아무런 연고가 없고, 또 교구장이 될 만한 특출난 자격을 갖춘 사람도 아닌 내가 수도首都 교구의 교구장으로 온다는 사실을 받아들이기 힘들었을 게다. 하기는 나 자신도 상상하지 못한 파격 인사인데 그분들이야 오죽했겠는가.

언론사에서도 의외의 인물에 대한 관심 반, 호기심 반으로 인터뷰를 요청해 왔다. 지금 같았으면 말을 아꼈을 텐데 그때는 묻는 대로 꼬박꼬박 '순진하게' 대답했다. 기자들이 나보다 교회 문제를 더 많이 알고 있어서 흠칫 놀라기도 했다.

"나는 이미 모든 것을 교회에 바친 사람입니다. 2년 전 주교품을 받을 때 정한 사목 표어 '여러분과 모든 이를 위하여 Pro Vobis et Pro Multis'를 되새겨 봅니다. …… 한 가지 분명한 것은 우리의 막중한 사명인 현실 참여는 어떻게든 실천해야 하며, 서울대교구가 한국 일반 정세에 비춰 지방 교회에 봉사하는 교구가 되어야 한다는 점입니다"(가톨릭시보, 1968년 5월 5일자 인터뷰 기사).

마산교구민들과 아쉬운 작별을 하고 서울로 올라왔다. 일전에 말한 대로 마산은 왠지 모르게 고향 같은 느낌이 드는 고장이다. 주교가 된 후 첫정을 쏟은 곳이어서 그랬는지 신부들과 작별 인사를 할 때 눈물이 났다. 그 눈물은 홀로 무거운 십자가를 지고 낯선 곳으로 떠나는 인간적 고독의 표현이었는지도 모르겠다.

5월 29일 2,000여 명이 참석한 가운데 명동성당에서 교구장좌 착좌식이 거행됐다. 내가 교황대사님 인도로 교구장좌에 앉자 교구 사제 120명이 한 줄로 걸어 나와 내게 순명 서약을 했다. 백발이 성성한 80 넘은 원로 사제들이 맨 먼저 47세 새파란 교구장에게 무릎을 꿇고 순명을 서약하는 그 순간, 내 마음은 감동의 물결로 출렁거렸다. 나는 그분들보다 더 몸을 굽히고 서약을 받았다.

가톨릭 교회의 순명 전통을 모르는 외빈들은 그 광경을 이해하지 못했을 것이다. 만일 비슷한 상황에 놓인 일반 회사나 기관이었다면 식장 밖에서 취임 반대 시위가 벌어졌을 테니 말이다. 그런데도 성당 밖에 축하 플래카드가 걸리고, 원로 사제들은 아들뻘 되는 교구장에게 무릎을 꿇고 순명을 약속했다. 그게 가톨릭 교회의 순명 정신이다. 그들이 진심으로 나를 받아들이는가, 아닌가 하는 것은 둘째 문제다.

그날 취임 미사 강론에서 이렇게 말했다.

"이 짐이 얼마나 무거우며, 그것이 우리 교회를 위해 어떤 의미가 있는지 잘 알고 있습니다. 또한 제가 모든 이를 위해 모든 것을 바칠 때에 교회가 천주의 장막이 된다는 것도 알고 있습니다. 우리는 '너희들이 모시고 있는 그리스도를 삶으로써 증거하라'는 사회의 목소리를 들어야 합니다. 이제 교회는 모든 것을 바쳐서 사회에 봉사하는 '세상 속 교회'가 되어야 합니다."

길고 험난했던 서울대교구장 30년

차를 타고 가다 명동 부근을 지나칠 때면 나도 모르게 목을 빼고 성당 쪽을 본다. 30년 동안 살다 나온 집인데 어찌 마음이 가지 않겠는가.

그런데 이상하게도 '내가 저기서 30년을 살았구나.'라는 생각 외에는 별로 떠오르는 게 없다. 나이가 들어 기억력이 떨어진 탓인지, 아니면 서울에 깊은 정을 붙이지 못한 탓인지 모르겠다.

나는 아무래도 촌사람인 것 같다. 아무리 타향이라지만 30년 넘게 살았으면 제법 정이 들었을 텐데 그렇지가 않다. 솔직히 말해 명동은 풋내기 신부 시절에 살았던 안동이나 김천을 생각할 때 마음보다 애틋한 감정이 덜하다. 그렇다고 보따리를 싸고 싶을 정도로 서울에 정을 못 붙인 것은 아니다. 30년 넘게 몸담은 곳을 등지고 이 나이에 갈 곳이 어디 있겠으며, 설사 떠난다 한들 어디서 밥을 얻어먹겠는가. (아니, 다른 것은 몰라도 밥 얻어먹을 걱정은 안한다. 나는 개띠인데 저녁에 태어났다. 그 시각은 개가 죽을 얻어먹는 때라서 그런지 먹을 복만큼은 타고난 것 같다.)

신임 서울대교구장에게 축하 인사를 건네는 노기남 대주교. 가운데는 서울대교구장 서리를 지낸 윤공희 주교다.

서울대교구장에 취임해서 서울에 정을 붙이려고 한동안 무던히 애를 썼다. 속으로는 '어떻게 하면 하루라도 빨리 이 자리를 면할 수 있을까'라는 궁리를 했을지언정 겉으로는 서울 생활에 잘 적응하는 척했다. 마음이 흔들릴 때면 '타향도 정들면 고향이라는 데 정을 붙여야지.'라고 스스로 주문을 걸다시피 했다.

그래서 취임 초기에는 저녁 식사를 마치면 교구청에 근무하는 신부들과 둘러앉아 마실 줄 모르는 술도 두어 순배 돌려가면서 늦도록 이야기꽃을 피웠다. 또 어떤 날은 신부들과 차를 타고 서울 근교로 나가 저녁 식사를 하고 돌아오곤 했다. 신부들도 촌사람이 서울에 와서 외로움을 탈까 봐 여러모로 신경을 써 주었다.

젊었을 때는 사람들과 이런저런 이야기를 주고받는 것을 무척 좋아했다. 누가 취미를 물어보면 "사람들하고 이야기하는 것."이라고 말했을 정도다. 그런데 지금 생각해 보면 그것도 아닌 것 같다. 요즘은 사람을 만나면 말수가 점점 줄어든다. 늙으면 사람을 붙잡고 자꾸 이야기를 하고 싶어진다고 하는데 다행스럽게도 그런 것 같지는 않다. 하지만 조금 심심한 것은 사실이다. 외로움이라기보다는 거창하게 표현해 인간 누구나 느끼는 실존적 고독일 것이다.

서울대교구장이 되니까 몇 가지 달라진 점은 있었다. 전에는 볼 일이 있어 서울에 올라오면 잠잘 곳이 마땅치 않아 정동 프란치스코회관에 가서 숙박비를 내고 잠자리를 얻었다. 친구들이 있었지만 사정도 모르고 불쑥 찾아가는 것 같아 망설인 적이 많았다. 그런 내가 서울 한복판에 큼지막한 집을 얻어 잠자리 걱정을 덜었으니 얼마나 큰 변화인가.

신부들이 나를 보면 슬슬 피하는 것은 원치 않는 변화였다. 교구청 신부들이야 매일 얼굴을 맞대고 사니까 그러지 않았는데 사제 모임에 참석하거나 식사 자리에 가면 사람들이 내 옆에 오는 것을 꺼려하는 눈치였다. 물론 어려워서 그러려니 하고 이해했지만 어떨 때는 속으로 '내가 무슨 몹쓸 전염병에 걸렸나, 왜 내 옆에 오려고 하지를 않지?' 서운한 마음을 홀로 달랬다.

나 같은 촌사람은 서울에 처음 올라오면 한동안 어리둥절하다. 조금 살다 보면 지리적 거리와 심정적 거리가 뒤바뀐 것에 혼란스러워한다. 예를 들어 마산 시내 어느 본당에 큰일이 생기면 그 소식이 그날로 진주까지 간다. 마산 시내와 진주까지는 꽤 떨어져 있는데도 말이다. 하지만 서울에서는 바로 옆 본당에서 일어나는 일도 모르는 경우가 허다하다. 아파트 주민들이 건너편 집에서 일어나는 일도 모르고 사는 것과 같은 맥락이다. 시골 사람들은 그 같은 도시성都市性에 이질감을 느낀다.

아무튼 1998년 서울대교구장직에서 물러날 때까지 최선을 다해 일했다. 다른 사람들이 점수를 매긴다면 겨우 낙제점을 면할 정도겠지만 내 나름대로는 십자가를 지고 걷는 심정으로 살아왔다. 힘들고 지쳐서 그 십자가를 내려놓고 싶을 때도 많았다. 특히 1970년대와 1980년대 사회 격동기의 한가운데 있을 때, 그로 인해 교회 안에서조차 압력과 비난이 쏟아질 때는 한 사제로서, 또 한 인간으로서 감수해야 하는 고통이 어떠했는지 말로 표현하기 힘들다.

1970년대 소위 'TK 아성' 때문이었는지 나를 잘 아는 고향 대구 사람들까지 곱지 않은 시선을 보낼 때는 괴로운 나머지 고독하기까지 했다. 교황님께 올리는 교구장직 사표 서한을 쓰고 찢기를 몇 번이나 반복했는지 모른다. 편지를 찢어 버리고 나면 홀로 성당에 들어가서 "주님, 어떻게 하는 것이 좋을까요?"라고 물었다. 그럴 때마다 나를 사랑해 주시는 분들의 기도와 격려가 큰 힘이 되었다. 내가 주님께서 주신 십자가를 벗어던지지 않고 질질 끌고라도 갈 수 있었던 힘은 많은 이들의 기도에서 나왔다고 생각한다.

지금도 나는 의사가 처방해 준 약에 의지해 잠들 때가 많다. 불면증은 교구장 시절에 얻은 병인데 아직도 그 약을 끊지 못하고 있다. 아무튼 길고 험난했던 서울대교구장 30년 생활은 교구의 자잘한 골칫거리와 부딪치는 데서부터 시작됐다. 앞서 언급한 대로 당시 교구에 부채가 많아 교구장 서리로 계시던 윤공희 주교님이 마음고생을 많이 하셨다. 그래도 윤 주교님 재직 시절에 빚을 많이 갚은 덕분에 전처럼 폭력배를 낀 채권자들이 찾아와서 횡포를 부리는 일은 없었다.

또 이런저런 이유 때문에 동성중고등학교에 교장이 부임하지 못하고, 몇 개 수도회는 혼란을 겪고 있었다. 가톨릭중앙의료원에서는 분열이 일어나 일부 의사들이 따로 병원을 차려 나가고, 신부가 의과 대학장을 맡는 데 대한 반대 여론이 거셌다. 사제들이라도 일치했으면 괜찮았을 텐데 그렇지가 않았다. 내 나름대로 해결의 실마리를 찾은 문제도 있지만 '세월이 약'이라고 시간이 해결해 준 문제가 더 많은 것 같다.

교구장 취임 직후 박정희 대통령에게 인사를 하러 가는 것이 좋을 것 같다는 의견이 있었다. 마침 학도병 시절 친구가 청와대에 근무해 수월하게 약속 날짜가 잡혔다. 약속 당일 아침, 난생처음 대면하는 대통령이라 조금 긴장되기는 했다. 박 대통령과의 인연은 그렇게 시작됐다.

내가 만난 박정희 대통령

서울대교구장 재임 30년(1968~1998년) 동안 박정희 대통령부터 김대중 대통령까지 여섯 분의 대통령을 만났다. 그 30년은 알다시피 한국 사회 격동기였다.

어떤 대통령과는 팽팽한 긴장 속에서 마주 앉아 담판을 짓고, 또 어떤 대통령과는 그럭저럭 원만한 관계를 유지했다. 청와대에서 만나자는 전갈이 오면 '제발 날 그만 불렀으면…….' 하는 마음부터 들게 하는 대통령도 있었다.

박정희 대통령과는 1968년 6월 7일 교구장 취임 인사차 처음 만났다. 첫인상은 듣던 대로 소박하고 소탈했다.

독일 유학 시절 신문에서 본 사진, 그러니까 검은색 선글라스를 끼고 5·16 군사 정변을 지휘하는 사진을 통해 그분을 알게 된 터라 선입견이 좋지 않았는데 꼭 그런 것 같지는 않았다.

그러나 첫 만남의 좋은 인상과 분위기는 그리 오래가지 않았다.

1969년 가을, 나라 전체가 개헌 논란으로 시끄러웠다. 두 번째 임기 중반을 맞은 박 대통령은 장기 집권 야욕을 버리지 못하고 3선 개헌안을 국민 투표에 부쳐 관철시켰다. 결국 1971년 4월 제7대 대통령에 취임했다.

나라가 점점 어둠 속으로 빠져드는 것 같았다. 언론은 말할 것도 없고 어느 누구도 서슬 퍼런 군사독재 정권의 비위를 거스를 엄두를 내지 못했다. 설상가상으로 그해 말 박 정권은 "대통령에게 '국가 보위에 관한 비상 대권'을 주는 법을 의결해야 한다."라고 국회에 으름장을 놓았다. 국회 동의 없이도 긴급 조치를 발동해 전권을 휘두르려는 의도였다.

성탄절이 다가오고 있었다. '하늘은 기뻐하고 땅은 즐거워하며'(시편 96,11) 환희의 노래를 불러야 할 시기인데도 국민들은 공포정치의 암울한 현실에 숨을 죽이고 있었다. 그래서 "나는 괴로워하는 이들, 실의에 빠져 있는 모든 이들과 이 성탄 밤에 마주 앉아 이야기를 하고 싶습니다. 여러분의 고통과 슬픔, 회의懷疑를 나누고 싶습니다."라는 말을 넣은 성탄 메시지를 발표했다.

성탄을 준비하는 내 마음은 무겁기만 했다. 성탄의 축복과 평화 메시지는 현실과 너무나 동떨어져 있었다. 답답했다. 마침 성탄 하루 전날 전방 부대 위문 계획이 잡혀 있었다. 대통령 측근 중에 군종후원회 회장을 맡고 있어 알고 지내는 인사가 있었다. 그에게 전화를 걸어 "전방 부대에 같이 가자."라고 했다. 한 가지 묻고 싶은 것이 있었기 때문이다.

"비상 대권 요구가 박 대통령 의지입니까, 주변 사람들 의지입니까?"

"글쎄요……. 대통령 각하 본인의 의지라고 보시면 됩니다."

전방 부대에서 돌아와 하루 종일 고민에 빠졌다. 그 고민에 대한 최종 답을 얻은 시각은 성탄 자정 미사를 한 시간 앞둔 밤 11시였다. KBS TV로 전국에 생방송되는 그날 자정 미사 강론에서 말문을 열었다.

"정부와 여당에 묻겠습니다. 비상 대권을 대통령에게 주는 것이 나라를 위해서 유익한 일입니까? 그렇지 않아도 대통령한테 막강한 권력이 가 있는데, 이런 법을 또 만들면 오히려 국민과의 일치를 깨고, 그렇게 되면 국가 안보에 위협을 주고, 평화에 해를 줄 것입니다."

나중에 들은 이야기지만, 마침 미사 중계를 시청하던 박 대통령이 그 충격적 발언에 화를 내고 방송국에 방송 중지 명령을 내렸다. 그런데 중계방송 책임자가 자리에 없어 즉각 방송이 끊기지 않고 내가 하고 싶은 말을 다 한 후 중단됐다. 박 대통령은 날이 밝는 대로 장관들을 소집해 나에 대한 처리 문제를 논의하려 했다는 후문이 내 귀에까지 들려왔다.

그런데 그날 아침 165명이 사망하는 대연각호텔 화재 참사가 발생했다. 그로 인해 청와대에서 내 문제가 흐지부지 묻혔다. 그 사건의 여파로 방송 책임자가 회사를 떠나야 했는데 그 희생을 안타깝게 생각한다. 그때 누군가가 그런 말을 할 수 있는 상황이었다면 나는 그 발언을 절대 하지 않았을 것이다.

이듬해 식목일 다음 날, 박 대통령과 무려 11시간이나 함께 시간을 보내야 하는 뜻밖의 기회가 찾아왔다. 박 대통령과 함께 진해 해군사관학교 졸업식에 참석했는데 기차에서 7시간, 진해 공관에서 4시간을 마주보고 있었다. 그 만남은 육영수 여사가 주선했는데 아마도 나와 대통령의 관계를 화해시키려는 뜻이 아니었나 싶다. 서로 의견을 나눌 수 있는 좋은 기회라고 생각했다. 그러나 그분은 말할 기회를 좀체 주지 않고 일방적으로 혼자 이야기했다. 그래서 '오늘은 듣자. 어떤 분인지, 어떤 통치 철학을 갖고 있는지 들어 보자'고 마음먹고 거의 듣기만 했다. 기차가 천안 부근에 이르렀을 때이다.

"어이, 비서실장. 저것 봐! 나무가 없잖아. 저기가 어디야?"

"천안 어디쯤인 것 같습니다."

"추기경님, 저 둑 좀 보십시오. 대한민국이 이래요!"

기차가 김천을 통과하고 있을 무렵이었다.

"주교님, 여기가 무슨 역입니까?"

"아마 대신역일 겁니다."

"아, 그래요. 쯧쯧……. 저 플라타너스는 전지剪枝를 하면 안 되는데 저렇게 가지를 쳐 버렸네. 이봐 비서실장! 철도청장 불러서 저 전지를 누가 했는지 알아보라고 해."

더 놀란 것은 서울서 진해까지 가는 철로 양편에 경찰들이 500미터 간격으로 쭉 늘어서 있다가 기차가 지나가면 '받들어 총' 자세를 취하면서 기차 진행 반대 방향으로 돌아서는 광경이었다. 대전과 대구역을 지날 때는 그 지역 도지사와 시장, 경찰서장 등 기관장들이 나와 한 줄로 서서 고개 숙여 인사했다.

종이에 4대 강을 그려 가면서 몇 십 년은 족히 걸릴 법한 개발 계획을 설명해 주는 그분 모습에서 이 나라가 1인 장기 독재 체제로 갈 것임을 예견했다. 다음 날 혼자 서울로 올라오는 동안 무척 우울했다.

박 대통령은 우리 강산 구석구석 나무 한 그루에까지 애정을 쏟는 분이었다. 동시에 그 모든 것을 자신이 가꾸고 돌봐야 한다고 생각할 만큼 집착이 강했다.

박 대통령을 생각하면 아쉬운 마음을 떨칠 수 없다. 장기 집권 야욕을 버리고 나머지 과제를 후임자에게 넘겼더라면 지금쯤 국민의 존경을 한 몸에 받는 진정한 애국자가 됐을 것이라고 생각하기 때문이다. 국가를 가난의 수렁에서 건져 낸 뒤 민주주의 기틀을 놓고 물러났다면 얼마나 좋았을까. 그러면 우리나라 민주주의도 훨씬

박정희 대통령의 초청을 받고 청와대를 방문했을 때(1969년 7월 1일). 김수환 추기경과 악수하는 소녀가 박근혜 전 대통령이다.

앞당겨졌을 것이다. 영부인 육영수 여사는 국모國母라고 칭하는 사람들이 많은데 그런 칭호를 받을 만한 분이 아니었나 싶다.

박 대통령과 대화다운 대화를 한 것은 1974년 지학순 주교가 민청학련 사건에 연루돼 구금되었을 때이다. 역대 대통령들과의 만남 중에서 가장 뜻깊었던 그 만남은 나중에 자세히 이야기하겠다.

병인박해 순교자 24위

시복식

나도 순교할 수 있을까? 순교자들처럼 피와 살이 튀는 끔찍한 고문을 받으면서도 천주님을 배반하지 않겠노라고 외칠 수 있을까?

순교도 하느님 은혜인 것 같다. 아픈 걸 못 참는 내가 그 고통을 이겨낼지는 모르겠으나 그런 순간이 닥치면 하느님 은혜를 청하는 수밖에 없을 것 같다.

한국 교회 순교자들은 참으로 위대하다. 그 시기에 천주 신앙을 어떻게 받아들였기에 목숨이 경각에 달린 순간에도 "천주님을 배반할 수 없다."라고 당당하게 외쳤을까. 한 교회사가는 "조선 관가의 순교자 심문 기록에서 '사학죄인邪學罪人○○○'라는 말만 빼면 그 자체가 훌륭한 교리서"라고 감탄했는데 나 역시 순교자 증언록을 읽을 때마다 감탄을 금치 못한다.

1968년 10월 6일은 한국 교회에 큰 축복이 내린 날이다. 그날 로마에서 병인박해 순교자 24위 시복식이 거행됐는데 나와 한국 교회 대표단 136명이 그 감격스런 현장에 있었다. 당시 한국 대표단은 전세기를 타고 로마까지 날아갔다. 국내에 전세기가 없어 알이탈리아 항공 전세기가 서울까지 와서 우리를 싣고 갔는데 민간인이 여객기를 전세 낸 것은 그때가 처음이었을 것이다.

그날 예상하지 않았는데 시복 미사 집전의 영광이 주어졌다. 바오로 6세 성인 교황은 미사가 끝난 오후에 성 베드로 대성전에 입장해 24위 시복을 선포하셨다.

우리 선조들은 신앙을 지키느라 모든 것을 버리고 깊은 산속으로 숨어들어 곤궁하기 이를 데 없는 나날을 보냈다. 그리고 관헌에게 붙잡혀 매맞고 굶주리는 등 온갖 수난을 겪다 입가에 '봄바람 이는 미소'를 머금고 숨을 거두셨다. 그분들에게 하느님은 생의 전부였다. 그러하기에 산간벽지로 쫓겨 다니고, 굶주리고, 울고, 짓밟히다 마침내 목숨까지 내놓으신 것이다.

그런 선조들이 복자품에 오르는 감격스런 장면을 지켜 보는 신자들 눈에서 뜨거운 눈물이 흐르는 것은 당연했다. 유럽에 사는 교포 신자들까지 합쳐 한국인 500여 명이 모인 그날은 바티칸 전체가 아시아의 변방, 한국의 날이었다.

요즘 젊은이들은 순교를 까마득한 옛날의 이야기라고 여기지만 결코 그렇지 않다. 가깝게는 우리의 조부, 멀게는 증조부와 고조부가 걸어온 길이다. 따라서 순교자의 후손임을 자랑하는 우리가 선조들이 목숨까지 내놓고 지킨 하느님을 더 극진히 믿고 섬기는 것은 당연하다.

바티칸 성 베드로 대성전에서 거행된 병인박해 순교자 24위 시복식에 참석 중인 김수환 추기경(단상 가운데). 이날 시복식을 계기로 한국 교회에 순교자 현양 운동이 확산되었다.

그렇다면 우리가 과연 순교자들처럼 세상 부귀영화와 목숨을 다 버린다 해도 하느님만은 버릴 수 없다고 장담할 수 있겠는가. 최소한 주일만이라도 돈 벌거나 먹고 즐기는 일보다 하느님 섬기는 일을 우선시하며 살고 있는가. 우리 마음은 어디에 있는지 성찰해 보지 않을 수 없다.

나에게 순교는 특히 할아버지 이야기이기도 하다. 천주교 신앙을 받아들이고 독실한 신앙 생활을 하시던 조부 김요안 공은 1869년 병인박해 때 순교하셨다. 조모(강말손)도 함께 체포되었으나 임신 중이어서 석방됐는데 감옥에서 풀려나 낳은 아기가 내 아버지 김영석 요셉이다.

천주교로 인해 멸문지화滅門之禍를 당한 집안에서 유복자로 태어난 아버지는 옹기장수로 전전하면서 참으로 가난하게 사셨다. 어머니 역시 배우자의 믿음만 보고 몰락한 집안으로 시집 와서 거의 평생토록 옹기와 포목 행상으로 살림을 꾸리셨다.

어릴 적 어머니 무릎에서 할아버지 순교 이야기, 할머니의 서럽고 고달픈 옥바라지 이야기를 수도 없이 들었다. 그러면서도 어머니는 성인전을 읽어 주면서 "너는 커서 신부가 되라."는 말씀을 하셨다. 겉으로 내색을 안 하고 살아왔지만 내 몸에 순교자의 피가 흐른다는 사실을 한시도 잊어 본 적이 없다.

아무튼 한국 신자들은 시복식 다음 날 교황님을 특별 알현하는 영광까지 얻었다. 알현을 기다리는 신자들의 기대와 설렘이 이만저만 아니었다. 그때만 해도 한국 신자들이 바티칸 순례를 하는 것도 어려웠지만 교황님을 알현하는 것은 더욱 어려웠다.

교황님이 알현장에 들어오시고 나가실 때 신자들은 말할 것도 없고 연세 든 신부님들까지 교황님 옷자락이라도 만져 보고 싶어서 아우성치듯 손을 뻗었다. 그런데 나는 한국 대표 교구 책임자랍시고 교황님을 옆에서 모셨으니 얼마나 큰 특권을 누린 것인가.

바오로 6세 성인 교황은 어떤 의미로 나에게 아버지 같은 분이시다. 나를 주교와 대주교, 이어 추기경으로까지 임명해 주신 데다 한국 교회에 대한 애정이 특별했던 분이시다. 교황님은 만날 때마다 "한국 교회를 특별히 사랑한다."라고 말씀하셨다. 처음 그런 말씀을 하실 때만 해도 의례적 표현이라고 생각했는데 그렇지가 않았다. 그 각별한 애정은 아시아 추기경들이 한자리에 모여 교황님을 뵙는 자리에서 확인했다. 나는 나이가 제일 어려서 교황님께 인사를 드리는 순서가 맨 끝이었다. 그런데 다른 추기경들과 의례적 덕담을 주고받으면서 인사를 하시던 교황님이 내게 다시 "한국 교회를 특별히 사랑한다."라고 말씀하시는 게 아닌가.

그분의 각별한 애정에 대해 아직도 그 연유를 모르겠다. 한국 교회가 선교 역사상 유례없이 평신도의 힘으로 세워진 데다 박해와 전쟁의 시련 속에서도 해가 다르게 성장하는 모습이 대견스러워서 그러셨을 것이라고 짐작할 따름이다.

시복식에서 돌아온 후 산적한 교구 현안을 처리하느라 정신 없이 바쁘게 지냈다. 교구 부채를 갚아 나가는 일은 만만치 않았다. 심지어 미국까지 건너가서 "형편이 풀리는 대로 갚을 테니 조금만 더 참아 달라."는 사정도 해야 했다.

골치 아픈 일이 잇따라 터질 때는 '아~ 이 십자가를 언제 벗나.' 탄식이 나왔다. 그러나 지도자이기에 탄식도 사람들 눈을 피해서 해야 했다.

나는 늘 도망갈 궁리를 하면서 살아왔다 해도 과언이 아니다. 소신학교 입학 때도, 주교로 서품될 때도 그랬다. 우스운 이야기지만 주교품을 받기 직전 주교 서품식 전례에서 맨 끝장에 있는 주교 직위 박탈 사유와 절차를 유심히 읽어 본 적이 있다.

그런데 그 무렵 도망갈 길이 완전히 막히는 사건이 발생했다. 다른 사람들은 어떻게 생각할지 모르겠으나 내게는 도망을 못 가게 아예 족쇄를 채워 놓는 일이었다.

제5장

진리의 등불,
사랑의 등불

최연소 추기경으로 임명되다

1969년 2월 긴급한 회의가 있어 로마에 갔다가 미국을 거쳐서 3월 27일쯤 일본에 도착했다. 그때는 미국에서 한국에 들어오려면 일본을 경유해야 했다.

도쿄에 내린 김에 상지대학에 계시는 은사 게페르트 신부님을 찾아 뵙고 문안을 올렸다. 그리고 후지산 자락에 있는 작은자매회 수녀원에서 하룻밤 신세를 졌다. 다음 날 서울행 비행기를 타러 공항에 나가려고 아침 일찍부터 서둘렀다. 동행한 장익 비서 신부(춘천교구장 역임, 2020년 선종)와 가방을 들고 막 나서는데 전화벨이 울렸다. 잠시 후 한 수녀가 "대주교님, 전화 왔어요." 하며 나를 멈춰 세웠다.

"이상하다. 나한테 전화가 올 리 없는데······."라고 중얼거리면서 수화기를 받아 들었다. 전날 찾아뵌 게페르트 신부님이었다.

"아, 김 대주교, 축하해요."

"축하라뇨? 오늘 제 생일도 아닌데 무슨 축하입니까?"

"김 대주교가 추기경이 됐어요."

"그게 무슨 말씀이세요?"

"추기경! 교황님이 당신을 추기경에 임명하셨어요."

"무슨 농담이세요."

"아니라니까. 여기 신문에 당신 이름이 이렇게 났어요."

"……."

수화기를 들고 한동안 얼빠진 사람처럼 멍하니 서 있었다. 정신을 가다듬고 나서 내가 한 첫 말은 "임파서블impossible(불가능한)"이었다. 정말 불가능한 일이었다. 상상도 해 본 적이 없는 일이었다.

장 신부가 걱정스런 눈빛으로 무슨 일이냐고 물었다. 잠시 머뭇거리다가 "허허, 허허, 장 신부, 내가 추기경이 됐대."라고 겨우 한마디 했다. 수녀원 앞에서 택시를 못 타고 400미터 정도 걸어서 성심수녀원까지 내려갔다. 그곳에서 교육을 받고 있는 한국 수련자들에게 얼굴이라도 비치고 갈 참이었다.

그런데 그곳에 있는 일본 수녀와 한국 수련자들이 그 사실을 어떻게 알았는지 꽃다발까지 안겨 주면서 축하해 주었다. 수녀들이 그 짧은 시간에 꽃다발을 준비한 것 역시 '불가능한' 일이었다. 무엇에 홀린 기분이었다. 지금 생각해 보니 은사 신부님이 내 숙소를 수소문하는 동안 이야기가 퍼진 것 같다.

로마에 머무는 동안 교황님은 물론 인류복음화성 장관 아가지아니 안 추기경님도 그에 대한 암시를 전혀 주시지 않았다. 그러니 어리둥절한 것은 당연했다.

아무튼 김포공항에 도착했더니 노기남 대주교님과 주한 교황대사 로톨리 대주교님 등 300여 명이 나를 기다리고 계셨다. '우리의 영광 김수환 추기경 탄생'이라고 쓴 플래카드를 들고 서 있는 신자들을 보고 나서야 조금 실감할 수 있었다. 한국 교회는 그 전날 외신 보도를 통해 나보다 먼저 그 사실을 알고 있었다. 그때 은사 신부님이 출발 직전에 전화를 주셨기에 망정이지 그걸 모르고 공항에 내렸더라면 웃지 못할 해프닝이 벌어졌을 것이다.

추기경은 알다시피 교황 다음가는 고위 성직자다. 그런데 나는 추기경 임명 통보를 받는 순간 자리의 높고 낮음을 떠나 한국 교회가 세계 교회에서 인정받았다는 사실이 가장 기뻤다. 그 인정은 피를 흘리며 돌아가신 순교자들의 도우심과 신자들의 희생 봉사에서 비롯된 것이라고 믿었기에 감사 기도를 하지 않을 수 없었다.

그러나 한편으로는 '도망갈 길이 정말 막혔구나.' 하는 생각이 떠나질 않았다. 소신학교 입학, 일본 유학, 사제 수품, 주교 임명 등 신상에 어떤 변화가 일어날 때마다 결국에는 그 변화를 받아들이면서도 마음 한구석에서는 '도망갈 방법은 없을까'라는 궁리를 떨치지 못했다.

아시아에서는 중국에서 추기경이 가장 먼저 탄생했고 이어 인도, 일본, 필리핀, 인도네시아 순으로 추기경이 나왔다. 그러니까 아시아에서 그 다음 추기경이 한국 교회에서 나온 것이다. (물론 대만의 폴 우빈 대주교, 필리핀 세부의 줄리오 로살레스 대주교도 나와 같은 시기에 임명됐다.) 서울대교구 신부와 신자들뿐 아니라 지방 교구에서도 이 사실을 함께 기뻐했다.

주교가 추기경이 됐다고 해서 크게 달라지는 것은 없다.

로마에서 추기경 서임식을 마치고 귀국하자 교회 안팎에서 축하가 이어졌다. 성신중고등학교 교정에서 봉헌된 축하 미사에 노기남 대주교(왼쪽), 서정길 대주교(오른쪽)와 함께 입장하는 김수환 추기경(1969년 5월 20일).

임명된 후에 '추기경이 뭐 하는 사람인가.' 하고 법전을 뒤져 보았더니 복장이 순교의 피를 상징하는 붉은 색으로 바뀌고, 주교도 들어갈 수 없는 일부 봉쇄 수도원에 자유롭게 출입할 수 있는 정도였다. 추기경이라고 해서 어떤 특권이 있는 것은 아니다. 물론 교황 선출권은 의미 있는 권한이다.

옛날에는 추기경을 '교회의 왕자Prince of Church' 또는 '교황의 왕자'라고 부르고 '전하殿下'라는 존칭을 붙였다고 한다. 그래서 추기경은 로마에 가면 대중교통 수단을 이용하지 않고 벤츠 승용차를 타고 다니는 게 관례였다. 나도 추기경이 된 직후 로마에서 바티칸 소유의 벤츠를 이용해 보았다. 바티칸에서 내 주는 벤츠 뒷좌석에 앉아 한껏 '폼'을 잡기는 잡았는데 나중에 알고 보니까 공짜가 아니라 이용자가 요금을 내는 것이었다. 일반 택시 요금보다 배가 비쌌다. 그래서 그 후부터 택시를 이용했다. 제2차 바티칸 공의회 정신을 하나씩 하나씩 실천하는 시기라서 바티칸도 얼마 안 가 벤츠를 처분했다.

추기경 서임 행사는 4월 28일부터 며칠간 로마에서 거행됐다. 나와 함께 추기경에 임명된 33명은 지정 장소에서 대기하고 있다가 교황 특사가 들고 온 임명장을 받았다. 나는 우르바노대학교에서 우빈 추기경, 로살레스 추기경, 그리고 독일 유학 시절 은사인 회프너 추기경과 함께 임명장을 받았다. 그런데 내가 존경하는 회프너 추기경님이 임명 순서상 내 뒤였다. 그래서 "교수님, 제자가 먼저 받아서 죄송합니다."라고 석고대죄(?)하면서 임명장을 받은 기억이 난다.

그리고 교황님이 교구장 대주교에게 수여하는 팔리움, 관冠, 반지를 받고 5월 1일 다 함께 성 베드로 대성전에 모여 감사 미사를 성대하게 봉헌했다. 새 추기경들이 대성전에 줄지어 입장할 때 길 양옆에서 박수를 치던 사람들 중에 나를 보고 깜짝 놀라는 이들이 많았다. 다들 연세가 지긋한 새 추기경들 속에 47세 앳된 동양인이 끼어 있었으니 그럴 만도 했다. 나는 당시 최연소 추기경이었다.

전 세계 긴급 뉴스의 주인공으로

'〈긴급〉 바오로 6세 교황 필리핀 마닐라 공항에서 피격. 교황 옆에 있던 한국 김수환 추기경 가라데 무술로 괴한 막아 내. 김 추기경은 부상……. 마닐라=UPI'

이게 무슨 뚱딴지같은 뉴스인가.

1970년 11월 27일 본의 아니게 전 세계로 타전된 이 긴급 뉴스의 주인공이 되었다. 그때 세계 유수 신문 방송에 '한국 김수환 추기경'이 얼마나 많이 오르내렸던지 정부의 한 인사는 "추기경 덕분에 코리아가 많이 알려졌다."라며 뜻밖의 홍보 효과에 감탄하기까지 했다. 바오로 6세 성인 교황이 아시아 순방차 마닐라 공항에 도착했을 때 일이다.

상황은 이렇다. 비행기 트랩을 내려오시는 교황님을 영접하기 위해 필리핀 마르코스 대통령 내외와 아시아 추기경들이 줄지어 서 있었다. 나는 최연소 추기경이었기에 줄 맨 끝에서 교황님을 기다리고 있었다. 교황님이 추기경들과 차례대로 포옹을 하고 내 앞까지 오셨다. 나는 아시아 교회를 격려하기 위해 먼 길을 오신 교황님께 예의를 다해 인사를 올렸다.

교황님이 나를 포옹한 후 돌아서서 한 걸음 떼는 순간이었다. 사진기자들 사이에서 신부 복장을 한 남자가 갑자기 튀쳐나오더니 십자가를 앞세우고 교황님 쪽으로 돌진했다. 그 순간 정신 이상자라는 생각이 들었다. 그래서 내가 본능적으로 어떤 방어 자세를 취하기는 취한 것 같은데 워낙 눈 깜짝할 사이에 벌어진 일이라 어떤 식으로 방어했는지 생각이 나질 않는다. 옆에 있던 건장한 외국 주교가 범인의 멱살을 낚아채는 광경은 분명히 보았다.

잠시 후 정신을 차리고 보니 교황님은 무사하셨다. 자세를 조금도 흐트러뜨리지 않으셨다. 그런데 내 흰 수단 팔뚝 부분에 피가 묻어 있었다. 그것도 대통령 영부인 이멜다 여사가 먼저 발견하고 귀띔해 주어서 알았다. '어, 이게 누구 피인가? 나는 다친 데가 없는데…….' 범인 옷소매에 숨겨진 비수를 빼앗는 과정에서 누군가가 손에 상처를 입은 것 같았다. 그 정도로 소동이 끝났으니 천만다행이었다.

그런데 그게 끝이 아니었다. 교황님이 집전하는 미사에 참례하기 위해 마닐라 시내 대성당에 도착했더니 지학순 주교(초대 원주교구장)가 두 눈을 부릅뜨고 "추기경님, 손을 다쳤다면서?"라고 묻는 게 아닌가. 공항 소동과 내 부상 소식이 벌써 라디오에서 방송됐다고 했다. 그래서 "아니야, 나 멀쩡해."라면서 대수롭지 않게 여기고 미사를 봉헌했다.

그런데 큰 소동은 숙소인 힐튼호텔에서 벌어졌다. 미사를 마치고 호텔로 돌아왔더니 진을 치고 있던 기자들이 내게 몰려들었다. 에이피AP,

유피아이UPI, 로이터Reuters 등 세계적 통신사 기자들까지 몰려와서 당시 상황과 부상 정도에 대해 이야기해 달라는 것이었다. 아예 한쪽에 인터뷰 자리까지 마련해 놓았다. 하는 수 없이 당시 상황을 설명하고 나는 다치지 않았다고 말했다. 그 바람에 점심도 제대로 못 먹었다.

그 후 방에 들어와 좀 쉬려고 하는데 기자들이 찾아오고, 미국 엔비시NBC에서는 생방송 인터뷰를 연결하는 등 한바탕 난리가 났다. 시간이 좀 지나 소동이 잠잠해지는가 했더니 이번에는 주 필리핀 한국 대사가 찾아와서 "대통령 각하께서 걱정을 많이 하시면서 찾아뵈라고 지시했다."라고 말하는 게 아닌가. 나중에 확인했더니 유피아이 통신이 공항 소동을 급하게 타전하면서 내가 부상당했다고 오보誤報한 것이다. 우리나라 신문들은 그 소식을 아예 1면 톱기사로 처리했다.

이 소동이 필리핀에서는 한동안 정치 쟁점이 되어 시끄러웠다. 수세에 몰려 있던 마르코스 정부가 인기를 만회하려고 "마르코스 대통령이 가라데로 괴한을 물리치고 교황을 지켰다."고 공식 발표했기 때문이다. 한 달쯤 지났을까, 필리핀에 사는 어떤 분이 보내 준 신문을 보았더니 그때까지도 기사 제목이 '마르코스냐, 한국 김 추기경이냐'였다. 가톨릭 국가이기 때문에 그랬던 것 같다.

아무튼 그로 인해 '코리아'와 '김수환'은 전 세계에 확실하게 알린 것 같다. 한 정부 인사는 식사 자리에서 "덕분에 한국을 세계에 알렸다. 추기경이 정말 다쳐서 입원까지 했더라면 홍보 효과가 더 대단했을 것이다."라는 우스갯소리를 했다.

그건 그렇고, 교황님의 아시아 방문을 기해 열린 첫 아시아 주교회의는 아시아 교회에 큰 의미가 있었다. 아시아 주교들은 '아시아 사회 문제와 그 해결'이라는 주제로 며칠 동안 머리를 맞댔다. '인구 증가·빈곤·저개발·민주주의 등 아시아 각국 공동 문제에 대해 교회가 어떻게 복음적으로 대처할 것인가' 논의하는 자리였다. 한국에서도 윤공희 주교(당시 수원교구장)와 정진석 주교(당시 청주교구장) 등 8명이 참석했다.

당시 제2차 바티칸 공의회 쇄신 바람을 타고 교회 곳곳에서 진보적 목소리가 분출되었다. 주교들이 밤낮으로 회의를 하는 동안에도 회의

필리핀 마닐라에서 열린 첫 아시아 주교회의 참석 직전의 한국 주교단. (뒷줄 왼쪽부터 시계 방향으로) 장병화 마산교구장, 이종흥 한국천주교중앙협의회 사무차장, 두봉 안동교구장, 박 토마 춘천교구장, 비테를리 함흥교구·덕원면속구 교구장 서리, 지학순 원주교구장, 정진석 청주교구장, 권 야고보 광주대교구 보좌주교, 김남수 한국천주교중앙협의회 사무총장, 최재선 부산교구장, 한공렬 전주교구장, 윤공희 수원교구장, 김수환 추기경, 나 굴리엘모 인천교구장, 황민성 대전교구장.

장 밖에서 필리핀 젊은이들이 플래카드를 들고 노골적으로 교회를 비판했다. 시위를 보고만 있을 수 없어서 주교 5명을 선발해 그들과 대화를 시도했던 기억이 난다.

아시아 교회 역사상 처음 열린 8일간의 주교회의는 분위기가 뜨거웠다. 나는 이미 이런 회의를 한 번만 하고 끝낼 것이 아니라 정기적으로 개최하자는 제안을 하기 위해 안건을 준비 중이었다. 회의 중에도 뜻을 같이하는 다른 나라 주교들과 매일 밤 이에 관한 의견을 나눴다. 한국 주교님들도 내 생각에 흔쾌히 동의하고 한국 주교단 이름으로 그 안건을 발의하기로 했다. 그래서 의안 자료를 급히 만들어 배포하고 여론 동향을 살폈다. 의견이 찬반으로 갈렸다. 교황청에서 지역 교회의 세勢가 강해지는 것을 탐탁하게 여기지 않을 것이라는 의견 때문에 조심스러워하는 분위기가 역력했다. 하지만 홍콩 주교를 비롯해 적지 않은 주교들은 찬성 입장을 보였다. 그 때문에 잠시 망설이고 있었다.

그런데 교황청 인류복음화성(現 인류복음화부) 피네돌리 차관이 내게 오더니 "그 좋은 안건을 왜 빨리 상정하지 않느냐."고 채근했다. 교황청에서 어떻게 생각할지 몰라 주저하고 있었는데 뜻밖의 격려였다.

그 안건은 절대다수 찬성으로 통과되었다. 앞으로 아시아 주교들이 자주 모여 기쁨과 슬픔, 고민을 함께 나누게 됐다고 생각하니 너무나 기뻤다. 그 회의 기구를 기초로 몇 년 후에 출범한 기구가 현 아시아 주교회의 연합회 FABC다. FABC는 지금도 아시아 교회가 형제적 사랑을 나누고, 세계 교회에서 아시아 목소리를 내는 데 큰 역할을 하고 있다.

내가 정치를 좋아한다고?

이제부터 한동안 1970년대 민주화 운동 이야기를 해야 할 것 같다.

그 시기에 가톨릭 교회 또는 명동성당은 박정희 유신 정권에 맞서 싸우는 민주화 운동의 구심점처럼 비춰졌다. 그리고 나는 본의 아니게 여러 사건과 사태를 겪으면서 인권 사회 정의 운동의 한가운데 있었다.

당시 내 심경이 어떠했는지는 지금도 말이나 글로 표현하기가 힘들다. 정부 압력은 물론 교회 안에서 쏟아지는 비판까지도 홀로 감수해야 하는 경우가 허다했다. 지학순 주교 구속 사건(1974년)이 터졌을 때는 교회 목소리가 일치했지만 이후 정의구현사제단이 출범하고 그분들이 모든 시국 사건에 개입할 수밖에 없는 상황에서는 교회 상층부에서부터 의견이 갈라져 서로 마음에 상처를 입히는 지경에까지 이르렀다.

"교회가 왜 정치 문제에 깊숙이 개입하느냐, 교회 피해가 얼마나 큰지 아느냐.", "정부 공직에 있는 신자들의 고통이 얼마나 큰 줄 아느냐.", "예수님과 복음을 빙자하여 이야기하지 마라."

이런 비판도 교회를 사랑하는 마음에서 나온 것이라고 생각한다. 하지만 인간적으로 괴롭고 외로웠다. 외람된 표현이겠지만 자기 고향에서 환영받지 못하는 예언자(루카 4,24 참조)의 고독을 느꼈다. 정의구현사제단과 반대 성향을 보이는 신부들이 '구국 사제단'을 결성한 것이 이때다. 평신도 공화당원으로 구성된 '대건회'라는 단체도 있었다.

교회의 현실 참여에 반대하는 사람들은 정부와 빚은 마찰의 원인이 마치 나에게 있는 것처럼 여기고 교황청에 투서성 고발 편지를 보냈다. 정부 당국에서도 여러 차례 교황청에 사람을 보내 나를 문책할 것을 요구했다(당시 교황청은 이런 정보 사항을 수시로 내게 귀띔해 주었다). 심지어 추기경이 정치를 좋아해서 정의구현사제단을 뒤에서 조종하고 있다는 터무니없는 이야기까지 들렸다.

그럴 때마다 "이런 상황에서 제가 어떻게 해야 합니까? 무슨 말을 해야 합니까?"라고 하느님께 물으면서 버텼다. 나의 모든 것을 알고 계시는 하느님 앞에 가서 기도로 지탱하는 방법밖에 없었다. 나의 간절한 소망은 정치 문제 때문에 기도회를 열거나 강론하는 일이 없는 세상이 하루빨리 오는 것, 그래서 그런 세상이 오면 다리 뻗고 쉬고 싶은 것이었다. 돌이켜보니, 처음부터 끝까지 한결같은 마음으로 나를 위해 기도해 준 이들은 수녀들이었던 것 같다.

교회의 현실 참여는 제2차 바티칸 공의회 영향이 절대적이다. 공의회 정신을 요약하면 교회 기원이 세상에 있지 않다 하더라도 세상에, 세상을 위해서, 즉 인류 구원을 위해 존재하는 만큼 세상을 향해 열려 있어야 한다는 것이다. 이 같은 정신을 가장 분명하게 드러낸 공의회 문헌이 〈현대 세계의 교회에 관한 사목 헌장〉이다. 이 문헌은 이런 글귀로 시작된다.

"기쁨과 희망, 슬픔과 고뇌, 현대인들, 특히 가난하고 고통받는 모든 사람의 그것은 바로 그리스도 제자들의 기쁨과 희망이며 슬픔과 고뇌이다"(사목 헌장 〈기쁨과 희망 Gaudium et spes〉, 1항).

여기에서 보듯 그리스도인은 세상과 인간의 모든 문제, 특히 가난과 고통에 신음하는 이들의 문제와 무관할 수 없다. 인간은 하느님 모습대로 창조된 존재다. 따라서 우주 만물 가운데 가장 존귀하며 세상 모든 것, 정치·경제·학문·과학 발전 등 모든 것이 인간을 위해 존재한다고 교회는 믿는다.

우주 만물의 창조주이신 하느님의 가장 큰 관심사는 무엇일까? 그것은 인간이다. 하느님께서 가장 사랑하시는 존재는 무엇일까? 역시 인간이다. 그러기에 인간은 객체나 도구로 전락될 수 없다. 또 교회는 인간 존엄성을 짓밟는 악과 불의에 저항해야 할 의무가 있으며, 인권과 사회 정의를 위한 일이라면 희생을 두려워하지 않아야 한다.

인간을 위해 자신의 삶과 전 존재를 바치는 모범을 보여 준 스승이 바로 구세주 예수 그리스도다. 예수님께서는 하느님과 같은 분이신데도 인간을 위해서 당신을 낮추시고 우리와 똑같은 모습으로 오셨다. 그리고 인간을 너무나 사랑하신 나머지 십자가에 매달려 죽기까지 하셨다. 내 생각을 지배하는 큰 주제는 예나 지금이나 '인간'이라고 밝힌 적이 있는데 이는 특출난 사상이 아니라 그리스도의 길을 충실히 따르려는 데서 얻은 것이다.

어떤 이는 독재 정권의 인권 탄압은 나라가 빈곤을 극복하고 경제 발

어수선한 시국을 염려하며 종교 지도자들과 이야기하는 김수환 추기경. 왼쪽부터 이청담 스님, 조덕송 조선일보 논설위원, 한경직 목사(1970년 12월 23일).

전을 이룩하기 위해 치러야 했던 부득이한 희생이었다고 말한다. 나는 '한강의 기적'이라 불리는 한국 경제 급성장을 결코 과소평가하지 않는다. 문제는 그 희생이 막강한 권력에 의한 강요된 희생이었고, 많은 경우가 부당한 인권 유린이었다는 점이다. 인권 유린과 사회 정의 부재는 많은 이들을 고통의 수렁으로 몰아넣었다.

나는 1972년 유신 헌법 선포 직전까지만 해도 박정희 대통령을 인간적으로 이해했다. 그러나 스스로 권력을 내놓을 사람이 아니라고 판단한 이후부터는 그럴 수가 없었다. 언론과 지식인들이 공포 정치에 숨죽이고 있을 때 나는 인권과 정의를 위해서 해야 할 말을 했다.

그러나 박 대통령을 직접 공격하거나 과격한 표현으로 정부를 비판하는 일은 없었다. 또 나름대로 지킨 원칙 중의 하나는 외국에 나가서 정부를 비판하지 않는 것이었다. 외국에 나가면 내 입을 주시하는 사람들과 언론들이 많았다. 그러나 우리나라 일인데 다퉈도 국내에서 다퉈야지 밖에서 이야기한들 무슨 소용이 있겠는가.

당시 내가 정의구현사제단의 대부라는 소문도 들렸다. 사실이 아니다. 나는 시국 기도회를 열려는 신부들을 말리고, 그들이 말을 듣지 않을 때는 따끔하게 야단을 치기도 했다. 시국 기도회 주례를 부탁하기에 야단치고 돌려보냈는데, 또 찾아와서 요청하길래 젊은 신부들의 기를 꺾는 것 같아 마지못해 가서 앉아 있기도 했다.

일전에 1971년 성탄 자정 미사에서 박 정권의 비상 대권을 비판하는 이야기는 했다. 그런데 이듬해 8월 시국 성명서 발표로 박 정권과 또 한 번 충돌하는 불상사가 일어났다. 그 때문에 성모병원에 세무 사찰팀이 들이닥쳤다.

8·15 시국 선언으로
유신정권과 정면충돌

1972년 한국 사회는 혼미했다. 앞을 분간할 수 없는 안갯속을 헤매다 어두운 터널로 들어서는 것 같았다.

박정희 대통령은 1인 장기 집권의 발판을 하나씩 만들어 가고 있었다. 전태일 분신자살 사건, 사채에 짓눌린 기업들의 부도 위기에서 보듯 무리한 경제 개발 계획의 부작용이 본격적으로 나타나기 시작했다.

그해 여름 '7·4 남북 공동 성명'과 '8·3 긴급 재정 명령'이라는 두 가지 큰 이슈가 나라를 흔들었다.

7월 4일 이후락 중앙정보부장과 김영주 노동당 조직지도부장이 서울과 평양에서 동시에 통일 3대 원칙을 천명하는 공동 성명을 발표했다. 통일은 '외세 간섭 없이 자주적으로 해결하고, 무력에 의하지 않고 평화적으로 실현하며, 사상과 이념, 제도를 초월해 민족적 대단결을 도모해야 한다'는 내용이었다.

갈라진 민족이 하나 되는 데 있어 이보다 더 좋은 원칙이 있을까 싶을 정도로 훌륭한 정신이었다.

그러나 진실은 이면에 가려져 있었다. 7·4 남북 공동 성명은 국민적 합의는 고사하고 아무런 공감대도 없이 남북 당사자들이 비밀 회담을 통해 도출한 원칙이다. 당시 상황으로는 사상과 이념까지 초월한다는 파격적 원칙이 나올 수가 없었다. 나는 1인 장기 집권 체제의 사전 정지 작업이라고 보았다. 민족적 과업인 통일을 자신의 권력 기반을 강화하는 수단으로 악용하려 한다는 의구심을 떨칠 수 없었다.

또 박 대통령은 8월 3일 사채 동결과 재벌에 대한 금융 조세 특혜를 목적으로 하는 비상조치를 발표했다. 이는 사채를 무리하게 끌어 써서 파산 위기에 몰린 기업들을 보호하기 위한 전형적 정경 유착이었다. 경제 성장을 빌미로 자본주의 기본 원칙을 송두리째 무시하고 약자의 희생만을 강요하는 재벌 보호 정책은 끝이 없어 보였다.

그러나 독재 정권의 탄압이 두려워 어느 누구도 이에 대한 문제를 제기하지 못했다. 입바른 소리를 하려면 퇴학·퇴직·구속, 심지어 죽음까지도 각오해야 하는 서슬 퍼런 공포 정치 시대였다. 정의를 외쳐야 하는 '시대의 양심들'은 울분을 달래면서 숨을 죽이고 있었다. 체제에 무릎을 꿇고 순응하든지, 아니면 목숨을 걸고 꼿꼿이 서서 항거하든지 양자택일을 해야 했던 때이다. 이런 상황에서 교회까지 침묵할 수는 없었다. 복음 정신에 비추어 정의롭지 않은 것은 정의롭지 않다고 말해야 했다.

주교회의 의장 자격으로 8월 9일 한국천주교중앙협의회에서 광복 27주년에 즈음한 '현 시국에 부치는 메시지'를 발표했다.

"우리는 7·4 남북 공동 성명이 전쟁 수단을 영구히 포기하고 대화로

써 조국 통일을 달성하는 디딤돌이 되기를 간절히 소망하면서, 이것을 평화 위장의 전쟁 준비 수단이나 권력 정치의 기만전술로 이용해서는 안 된다는 것을 민족과 더불어 엄숙히 경고한다. …… 8·3 긴급 재정 명령으로 야기된 현실 앞에서 정부 보호와 특혜에도 불구하고 국가 경제를 이 지경으로 몰아넣은 책임 있는 기업인들에게 국민의 이름으로 엄중히 문책함과 동시에 경제 제일주의를 표방한 정부가 국가를 파산 지경에 이르도록 무책임하게 영도해 온 데 대해 모든 애국 시민의 이름으로 엄중히 항의하고 맹성猛省을 촉구한다. …… 또한 언론 출판 집회 결사의 자유를 보장하는 민주주의 실현을 촉구하고, 사회 안정과 질서를 흔드는 비상조치를 남발하는 권력의 폭주를 엄계한다. ……"

이 성명에서 남북 공동 성명과 8·3 비상조치를 거론하기는 했지만 강조하려 했던 것은 우리나라가 어떤 일이 있어도 1인 장기 독재 체제로 가서는 안 된다는 것이었다.

이날 오전에 성명을 발표하고 오후에 곧바로 아프리카로 떠났다. 우간다에서 열리는 아프리카 및 마다가스카르 주교회의 연합회(SECAM) 총회에 아시아 대표로 초청받았기 때문이다. 도중에 홍콩에서 하룻밤 묵고 비행기를 갈아탔는데 동행한 장익 비서 신부가 "외신들은 성명 내용을 자세히 보도했다."면서 일본 신문과 홍콩 신문을 보여주었다.

외신들은 한국 정부의 눈치를 보지 않고 보도할 것은 보도했지만 국내 신문 방송에서는 언론 통제 때문에 정권의 심기를 건드리는 내용은 보도할 수가 없었다. 기껏해야 '김 추기경이 어디서 무엇을 했다'는 몇 줄짜리 단신이었다. 나중에 언론계에 있는 몇몇 사람으로부터 "나라가

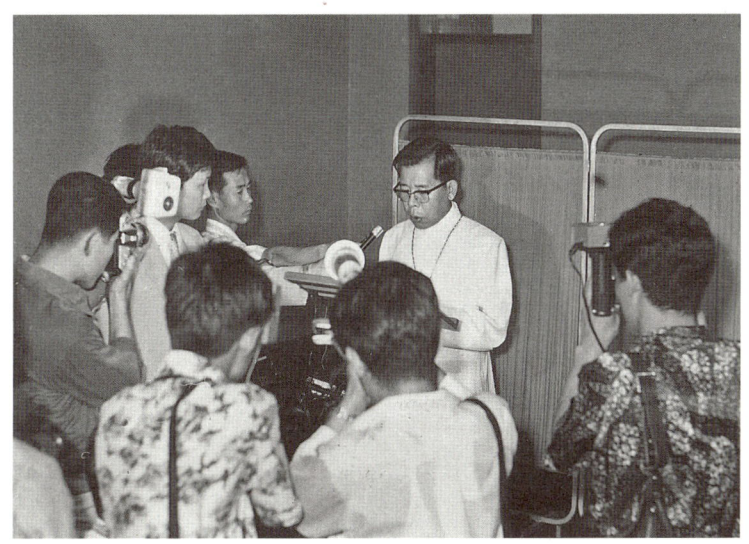

한국천주교중앙협의회에서 '현 시국에 부치는 메시지'를 발표했다(1972년 8월 9일).

어디로 가는지 몰라 답답한 시점에서 꼭 필요한 예언자적 목소리를 냈다."라는 말을 듣기는 했다.

성명에서 언급한 우려가 현실로 드러나는 데는 그리 오랜 시간이 걸리지 않았다. 유신 개헌을 비밀리에 추진한 박정희 대통령은 10월 17일 오후 7시를 기해 전국에 비상 계엄령을 선포하고 국회를 해산시켰다. 헌법의 일부 효력이 정지되고 비상 국무회의가 소집됐다. '통일을 위해서'라는 구실로 단행한 10월 유신維新이다. 북한도 그해 12월 사회주의 헌법을 채택해 독재 권력 기반을 더 굳건하게 다져 놓았다. 나중에 밝혀진 사실이지만 북한은 그때 이미 남침용 땅굴을 파고 있었다.

아무튼 아프리카에서 돌아와 보니 박 정권이 서울대교구를 발칵 뒤집어 놓았다. 세무 조사 요원들이 들이닥쳐 성모병원을 집중적으로 파헤쳤다. 정부와 갈등의 골이 점점 깊어지고, 그 골이 쉽사리 메워질 성질의 것도 아니라는 것을 순간적으로 직감했다.

그리고 그때부터 나에 대한 정부 감시가 심해졌다. 10월 중순 로마에 가려고 공항에 나갔는데 중앙정보부 요원이 아예 내 가방을 기내 좌석까지 들어다 주었다. 전에는 공항 로비에서 출국을 확인하는 정도였다. 그래서 "오늘은 어쩐 일로 서비스가 이토록 극진하냐."라고 넌지시 물었더니 그들이 "추기경님이 멀리 가시는데 이 정도야 당연한 일이죠."라고 하는 게 아닌가. 뭔가 좀 수상쩍었다.

로마 공항에 내렸더니 유학 중이던 함세웅 신부가 마중을 나왔다.

"추기경님, 여기 오시는 걸 우리 공관에 통보했어요?"

"내가 여기 오는 걸 그 사람들한테 왜 보고하겠나?"

"공관 사람들이 추기경님을 위해 VIP룸을 예약했다고 하던데요."

"……."

내가 해외 인사나 외국 언론과 접촉해서 '엉뚱한 소리'를 못하도록 밀착 감시를 할 작정인 것 같았다.

지학순 주교의 양심선언과 투옥

박정희 정권은 오래 전부터 내 일거수일투족을 감시하고 있었다. 1972년 '8·15 시국 성명' 발표를 계기로 감시가 노골화되었을 뿐이다.

서울대교구장에 부임한 후 얼마 되지 않아서 중앙정보부 초청을 받아 몇몇 신부들과 서울 이문동에 있는 그곳엘 가 본 적이 있다. 그곳에서 여러 사무실을 지나치는데 육군 병원에서 만난 적이 있는 신자 장교가 나를 알아보고 반갑게 인사했다.

별다른 뜻 없이 "이 방은 무슨 일을 하는 곳이냐."고 물었더니 그는 "사회 주요 인사들의 정보를 관리하는 곳."이라고 귀띔해 주었다. 요주의 인물에 대한 동향 파악과 사찰을 담당하는 부서라는 것을 쉽게 눈치챌 수 있었다. 그래서 "내 사찰 카드도 있겠네."라고 물었더니 그는 "그야, 당연하죠."라며 씨익 웃었다. 8·15 시국 성명 발표 후 회의차 로마에 머물 때 그곳에 주재하는 한국 대사가 나를 저녁 식사에 초대했다. 10월 17일로 기억한다.

식사가 거의 끝날 무렵 대사가 자세를 가다듬고 이야기를 꺼냈다.

"추기경님, 마침 드릴 말씀이 생겼습니다."

"뭔데요. 말씀해 보세요."

"대통령 각하께서 오늘 10월 유신을 선포하셨습니다. 국회를 해산하고 전국에 비상 계엄령을 선포하셨습니다."

8·15 시국 성명에서 비쳤던 우려가 현실로 나타났다. 분노와 허탈감을 억누를 수가 없었다.

"대사님, 지금부터 제가 드리는 말씀을 한마디도 빠뜨리지 말고 대통령께 보고하십시오. 10월 유신 같은 초헌법적 철권 통치는 우리나라를 큰 불행에 빠뜨릴 것이라고 단언합니다. 정권욕에 눈이 먼 박 대통령 자신도 결국 불행하게 끝날 것입니다. 참사께서는 한 번 더 나가서 방금 내가 한 말을 그대로 보고하십시오."(배석한 대사관 정보 참사는 대화 내용을 서울에 보고하는지 식사 중에 수시로 들락거렸다.)

그때 프랑스와 미국에도 들렀는데 가는 곳마다 공관 직원들이 나와 대기하고 있었다. 내 일정을 어떻게 그리 훤히 알고 있는지 신기할 정도였다. 상부 지시를 받고 움직이는 직원들에게 무엇을 탓하겠는가. 그래서 "극진히 대접해 주어서 고맙다."라는 인사를 건네고 다녔다.

여행 중에 '유신 정권의 덕'을 본 일도 있다. 뉴욕 공항에 내리니까 비가 억수같이 퍼부었는데 비행기는 터미널에서 한참 떨어진 곳에 승객들을 내려놓았다. 비를 쫄딱 맞고 터미널까지 걸어가야 할 판이었다. 그런데 한국 총영사관 차가 비행기 트랩 아래에서 나를 기다리고 있는 것이 아닌가. 외교관 차량이기에 그곳까지 진입이 가능했던 것 같다. 정말 아쉬울 때 덕을 보기는 봤다.

한국 사회는 10월 유신으로 소용돌이쳤다. 박 대통령의 영구 집권을 의미하는 것이나 다름없는 유신 헌법이 선포되자 학생과 지식인들의 민주화 요구가 거세지기 시작했다. 일본에서 김대중 납치 사건이 발생하고, 많은 학생과 지식인들이 민주주의를 외치다 잡혀 들어가 옥고를 치렀다. 반反유신과 반독재 목소리가 커지면 커질수록 군사 독재 정권의 탄압은 심해졌다. 박 정권은 유신 헌법 개헌 논의 자체를 금지하는 긴급 조치 1, 2호를 발동하고 위반자를 엄단할 비상 군법 회의를 설치했다. 인권과 정의는 땅에 떨어졌다.

급기야는 교회와 국가 권력이 정면충돌하는 불상사가 일어났다. 1974년 4월 유신 정권은 "반체제 운동을 조사한 결과, 전국민주청년학생총연맹(이하 민청학련)이라는 불법 단체가 불순 세력의 조종을 받고 있었다는 확증을 포착했다."고 발표하고 학생들의 집단행동을 금지하는 긴급 조치 4호를 발동했다. 그리고 긴급 조치 위반자 180명을 구속, 기소했는데 원주교구장 지학순 주교님(1921~1993년)까지 사건에 연루시켰다. 유신 정권 표현을 그대로 빌리자면, 불순 세력의 조종을 받는 불법 단체에 자금을 댔다는 것이다.

지 주교님은 마침 해외여행 중이셨다. 원주교구청에서 "지 주교님이 민청학련 사건에 연루됐다고 하는데 분위기가 심상치 않다."는 전화가 걸려 왔다. 불길한 예감이 들었다. 그래서 지 주교님이 귀국하는 날 주교회의 사무총장 이종흥 신부(대구대교구 몬시뇰)에게 "아무래도 예감이 안 좋으니 공항에 나가 보라."고 연락했다.

이 신부는 한참 만에 돌아오더니 "지 주교님을 뵙지도 못했습니다. 원주교구 신부들도 비행기에서 내리시는 것까지는 봤는데 그 후로 오리무중이라고 합니다." 하며 걱정스런 낯빛을 감추지 못했다. 경찰 아니면 정보기관에서 체포해 간 것이 틀림없었다.

사방에 수소문해 보았으나 지 주교님 소재는 파악되지 않았다. 사흘쯤 후에 김재규 중앙정보부 차장이 찾아와서 "우리가 지 주교님을 모시고 있다." 하고 실토했다. 즉시 중앙정보부로 달려가서 지 주교님을 면회했다. 지 주교님은 면회 도중 눈물을 내비치실 만큼 감정이 풍부하고 정의로운 분이셨다. 지 주교님 이야기를 들어보니까 유신 정권이 주장하는 혐의는 납득할 수 없었다. 원주교구에서 농민과 탄광촌 주민을 위해 활동하는 김지하 시인을 통해 순수한 뜻을 가진 젊은이들을 도운 것뿐이었다. 용공 분자라는 올가미를 씌우려는 그들 음모를 파악한 이상 가만히 앉아 있을 수가 없었다. 주교회의를 소집했다. 그리고 전국에서 신부들 수백 명이 서울로 올라와 구국 기도회를 열었다.

사태가 긴박하게 돌아가자 오전에 김재규 차장이 찾아와서는 "대통령 각하와 면담을 해 보는 것이 어떻겠느냐."고 제안했다. 혼자 결정할 사안이 아닌 것 같아 "오늘 열리는 주교회의에서 논의한 후 알려 주겠다."라며 즉답을 피했다. 나를 제외한 주교 12명의 의견은 정확히 반반으로 갈렸다. 그래서 주교회의 의장으로서 면담 제안을 받아들이겠다고 말하고 김 차장한테 그 사실을 통보했다.

김 차장이 오후에 다시 내게 들렀다. 그리고 의미심장한 비유로 말문을 열었다.

"추기경님, 환자는 딱딱한 음식을 소화시키지 못합니다. 그러니까 죽처럼 부드러운 음식부터 시작해야 합니다. 제발 부탁입니다. 대통령 각하와 충돌하지 마십시오. 그렇게 되면 사태는 걷잡을 수 없게 됩니다."

그가 박 대통령을 '환자'에 비유한 것이 예사롭지가 않았다. 그는 1979년 박 대통령 시해 사건의 장본인이다. 아무튼 대화를 최대한 부드럽게 풀어 가라고 신신당부했다. 나나 박 대통령이나 욱하는 성질이 있는 경상도 남자라는 게 불안한 모양이었다.

박정희 대통령 면담은 속전속결로 성사됐다. 7월 10일 오전에 김재규 차장이 면담을 제의하고 돌아간 직후 주교회의 의견 수렴을 거쳐 저녁에 대통령을 만났다.

마침 그날 주교들과 수도회 장상, 평신도 등 1,500여 명이 오후 6시 명동성당에서 '사회 정의와 평화를 위한 미사'를 봉헌했다. 내가 본디 미사를 집전하기로 예정돼 있었으나 갑자기 면담 일정이 잡혀서 인사말만 하고 곧장 청와대로 향했다. 지방에서 급히 상경한 신부들과 수녀들은 미사 후 철야 기도를 하면서 면담 결과를 초조하게 기다리고 있었다.

청와대에 도착했더니 신직수 중앙정보부장이 현관에서 나를 기다리고 있었다. 그는 "와 주셔서 고맙습니다."라며 허리를 90도 꺾다시피 하면서 인사를 했다. 그의 과잉 환대에서 이 사태를 원만하게 해결하려는 중앙정보부 수뇌부의 의지를 읽을 수 있었다.

면담은 박 대통령이 먼저 시국에 관해 나름대로 생각을 이야기하고 나면, 거기에 대한 내 의견을 개진하는 식으로 1시간 30분 동안 진행됐다. 서로 상대방 말을 경청하는 진지한 분위기였다. 그동안 역대 대통령

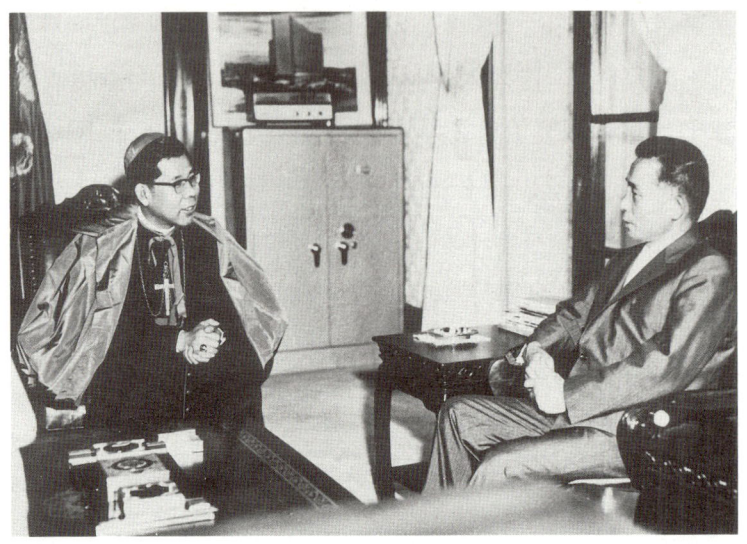

"청와대에서 박정희 대통령과 시국 문제를 놓고 서로의 생각을 교환하였다. 나는 지주교 석방 관련 면담이 역대 대통령들과 가진 대화 중에서 가장 대화다운 대화였다고 기억한다."

들과 마주 앉아 본 적은 많았는데, 가장 대화다운 대화를 한 것이 그 자리다. 박 대통령은 종교 역할, 언론 자유, 노동 문제 등 크게 3가지 문제를 끄집어냈다.

"추기경님, 종교란 마음의 정화를 위해 존재하는 것 아닙니까? 종교가 정치·경제 문제에 개입하는 것은 고유 영역을 벗어나는 일이고, 정교 분리政教分離 원칙에도 맞지 않습니다."

"대통령께서 종교의 역할을 그렇게 보시는 것은 충분히 이해합니다. 신자는 물론 나 같은 성직자들 중에도 그렇게 생각하는 이들이 상당수 있는데 신자가 아닌 대통령께서 그렇게 보시는 것은 어쩌면 당연하기까지 합니다. 그런데 한번 달리 생각해 보십시오. 사람들이 종교나 교회에 가장 기대하는 것이 무엇이겠습니까? 종교나 교회는 사회에서 '빛과 소금' 역할을 다해 주길 바라고 있고, 개개인의 마음뿐 아니라 사회 전체의 어둠도 밝혀줌으로써 사회를 도덕과 윤리로 정화시켜 주길 원하고 있습니다. 사회가 윤리 도덕적으로 타락하고 부정부패로 썩어가는데 교회가 수수방관한다면 그것은 직무 유기입니다. 국민 생활에 가장 큰 영향을 주는 정치, 경제가 윤리 도덕의 범주 밖에 있다고는 말할 수 없지 않습니까?

정교 분리 원칙은 마땅히 존중해야 합니다. 교회가 정부 인사나 정책에 직접 관여하는 것은 옳지 않습니다. 그러나 정치, 경제 등 사회 모든 문제에서 인간 기본권이 유린당하거나 정의에 어긋나는 일이 있으면 '아니오.'라고 말해야 합니다. 가톨릭에는 복음 정신에 입각한 인간관, 국가관, 세계관이 있습니다. 이에 따르면 인간은 하느님 모상으로 창조된 존엄한 존재입니다. 이 존엄성은 국가 권력도 침범할 수 없습니다. 이처럼 존엄한 인간이 인간답게 살고, 또 충분한 행복을 누리도록 해 주는 것이 정치 원리라고 생각합니다."

"사람들이 언론 자유를 이야기하는데 서울에서 인쇄되는 석간신문이 그날로 평양까지 가는 걸 알고나 떠드는지 모르겠어요. 남북이 분단되고 공산주의 혁명 침투 위험이 상존하는 상황에서 국가 안보상 현 언론 정책은 불가피합니다."

나는 그 이야기를 듣고 깜짝 놀랐다. 어떻게 석간신문이 그날로 몇 백 리 떨어진 평양까지 간단 말인가. 박 대통령은 "그게 우리나라 현실입니다."라며 긴 한숨을 쉬었다. 나는 국가 안보의 필요성에 대해서는 전적으로 공감한다고 말했다.

"국가 안보를 위해서는 무엇보다도 강한 국력이 필요합니다. 그런데 강한 국력이란 무력이 아닌 국민 애국심과 단결력에서 나옵니다. 이것이 없으면 아무리 좋은 무기와 잘 훈련된 군대가 있어도 나라를 지킬 수 없습니다. 국민의 애국심과 단결력을 모으기 위해서는 정부에 대한 신뢰가 있어야 합니다. 국민은 모든 신문, 심지어 시시비비를 가릴 줄 아는 신문이라는 동아일보까지 불신합니다. 언론의 자유가 없어서 신문이 써야 할 것을 제대로 쓰지 못하고 있기 때문입니다. 신문을 믿지 못하는 것은 정부에 대한 불신이 그만큼 크다는 이야기입니다. 따라서 권력으로 언론 자유를 억누르면 되려 국가 안보를 해치는 결과를 초래합니다."

"종교가 왜 노동 문제에 개입합니까? 개신교에 도시산업선교회라는 단체가 있지요. 기업주들은 '도산都産이 개입하면 (공장이) 도산倒産한다.'고 아우성입니다. 사실이 그렇습니다. 여러 가지 사례가 있어요."

"그 말씀은 충분히 이해합니다. 저도 노동자들이 파업을 일삼는 것에 찬성하지 않습니다. 노사는 이해관계가 상반되어 갈등을 빚기 쉽습니다. 가장 바람직한 것은 대화를 통한 갈등 해소와 화합입니다. 기업은 노동자 없이 공장을 가동할 수 없고, 노동자는 기업 없이 생계를 유지할 수 없다는 것을 알고 서로 존중해야 합니다. 그러나 우리나라는 노동자들이 인간 대접을 제대로 받지 못하고 있습니다. 열악한 작업 환경에서 혹사당하고, 사용주가 임의로 해고해도 기본 권리조차 주장할 수 없는 처지입니다. '물질은 공장에 들어가면 좋은 상품이 되어 나오는데 사람이 공장에 들어가면 폐품이 되어 나온다.'는 말이 있습니다. 이것이 오늘의 노동 현장 실태입니다.

노사 대립에서 승자는 항상 힘이 센 기업주입니다. 그리고 중앙정보부, 경찰, 심지어 노동자를 위한다는 명분으로 설립된 노동청까지 기업주 편을 들고 있습니다. 노동자 편을 드는 사람은 아무도 없습니다. 대통령께서 2년 전 저와 같이 기차를 타고 진해에 갈 때 고향 구미를 지나가면서 국민학교(초등학교) 시절 이야기를 해 주셨죠. 너무 가난해서 고무신이 닳을까 봐 그걸 벗어 들고 철길을 따라 통학했다는 말씀 말입니다. 이 땅에서 그런 가난을 몰아내고, 인간이 인간답게 사는 나라를 만들기 위해 5·16 혁명을 일으키신 것 아닙니까? 그런 뜻을 지닌 대통령께서 노사 분규 현장에 가 보면 노동자 편을 들어 주실 수밖에 없을 것입니다. 사실 교회가 지금 하는 일은 대통령께서 하셔야 할 일입니다."

이야기를 충분히 나눈 것 같았다. 나는 대화 끝에 '본론'을 꺼냈다.

"지금 신부 수백 명이 명동성당에 모여 지 주교님 걱정을 하고 있습니다. 오늘 이왕에 제 이야기를 너그럽게 들어 주셨으니 지학순 주교님을 풀어 주십시오."

박 대통령은 지학순 주교님을 풀어 달라는 내 말을 듣고 생각에 잠겼다. 잠시 후 "알겠습니다. 오늘 밤에 풀어 드리겠습니다." 하고 시원스레 대답했다. 내 말의 전부는 아닐지라도 일정 부분 수긍한다는 뜻으로 받아들였다. 내친 김에 한 가지 더 요청했다.

"민청학련 사건에 연루된 젊은이들이 비상 군법 회의에서 사형 선고를 받았습니다. 그들을 죽이면 안 됩니다. 국민과 국제 사회의 비난이 빗발칠 것입니다. 이럴 때일수록 관대한 모습을 보여 주십시오. 그러면 국민의 존경심도 한층 커질 것입니다."

"……그건 좀 생각해 봐야 할 문제입니다."

정말 다행이었다. 며칠 후 국방부장관 이름으로 감형 조치가 내려졌다. 유인태 전 청와대 정무 수석, 이철 전 의원, 이강철 열린우리당 상임 중앙위원 등이 그때 목숨을 건졌다.

명동성당으로 돌아온 나는 밤 10시쯤 전화 연락을 받고 중앙정보부로 달려가서 지 주교님 신병을 인수했다. 그리고 주교님을 모시고 명동성당 철야 기도회장에 가서 신부와 수녀들 기도에 감사 뜻을 표시했다. 참으로 감격스러운 밤이었다.

주교님은 명동성당 뒤 샬트르 성 바오로 수녀원으로 주거가 제한된 가석방 상태였다. 며칠 뒤 중앙정보부 사람들이 군법 회의 출두 관계로 주교님을 모시고 갔다. 그런데 그들이 몇 시간 후에 다시 모시고 오겠다고 약속한 주교님이 또 행방불명되었다.

얼마 만에 주교님한테서 전화가 걸려 왔다. 정보부 요원들이 자신을 후암동 동생 집에 가택 연금시켰다면서 어떻게든 손을 써 달라고 부탁하셨다. 당시 주교님은 당뇨병이 있어 병원 치료가 필요한 상황이었다.

다시 중앙정보부 측과 협상해 주교님을 성모병원(現 명동 가톨릭회관)으로 모셔 왔다. 감시 요원 2명이 병실까지 따라 와서 항의했더니 그들은 꿈쩍도 하지 않았다. 그림자처럼 따라 붙으라는 엄명을 받은 것 같았다.

그런데 사태가 여기서부터 꼬이기 시작했다. 주교님께서 죽음을 각

오하고 독재 권력과 싸우겠다는 결의를 굽히지 않는 것이었다. 어느 날 양심선언 이야기를 꺼내셨다.

"내가 젊은이들에게 돈을 대서 내란을 선동하고 국가 전복을 기도했다는 게 말이 됩니까? 내가 빨갱이입니까? 죽는 한이 있더라도 양심선언을 해서 진실을 밝혀야 합니다."

"주교님, 그건 안 됩니다. 건강도 안 좋은 상태인 데다 사태를 악화시킬 뿐입니다. 만일 주교님께서 그런 선택을 하시면 구속은 물론이고 교회 여론까지 분열됩니다. 그러면 사태를 수습할 수가 없습니다."

정말 속이 탈 노릇이었다. 주교님을 설득시켜 놓으면 밤사이에 누가 와서 마음을 바꿔 놓았는지 이튿날 그 이야기를 다시 꺼내셨다. 주교님은 고민하고 계셨다. 민청학련 구속자 가족들이 찾아와 구명 운동 차원에서 진실을 밝혀 달라고 조르고 있었기 때문이다. 그들 목숨을 구하려면 당신 자신이 똑같은 죄목으로 감옥에 들어가야 한다고 생각하신 것이다. 주교님과 며칠 줄다리기를 하다 결국 내가 손을 들었다.

"주교님 양심대로 하십시오. 저쪽(중앙정보부)이야 브레인들이 대응 방법을 세워 놓았겠지만 우리야 가진 거라곤 양심밖에 없지 않습니까."

주교님은 군법 회의 출두 당일 양심선언을 하고 곧장 감옥으로 걸어 들어가겠다고 말씀하셨다. 양심선언 전날 밤이었다. 내일이면 영어(囹圄)의 몸이 되실 주교님을 뵙기 위해 병실에 갔는데 군인이 병실에 쪽지를 던져 놓고 막 나갔다. 내일 공판이 연기됐다는 통보서였다. 천만다행이었다. 주교님께 양심선언 계획을 취소하거나 연기하라고 말씀드렸더니 "벌써 자료를 만들어 놓고 외신에도 다 귀띔해 놓았는데……"라며 난

민청학련 사건에 연루돼 구금된 지학순 주교(왼쪽)는 인간에 대한 사랑뿐 아니라 정의감이 깊은 인물이었다. 성모병원 마당에서 양심선언을 하는 지학순 주교(1974년 7월).

색을 보이셨다. 주교님은 내 말을 잘 듣는 편이었다. 결국 내 말에 따르기로 하셨다. 그래서 '당장 내일은 별일 없겠구나.'라고 안심하고 잠자리에 들었다.

이튿날 아침 일찍 윤공희 대주교님이 올라오셨다. 윤 대주교님께 양심선언 건에 대해 전하면서 "오늘은 별일 없을 것."이라고 안심시켰다. 그런데 그 말이 떨어지기 무섭게 누군가 들어오더니 "지 주교님이 병원 마당에서 뭘 하고 계십니다."라고 하는 게 아닌가. 뭘 하다니?

급히 뛰어나가 보았다. 지 주교님은 전세 버스로 상경한 원주교구 신자들과 묵주기도를 바친 후 내외신 기자들에게 양심선언문을 나눠 주고 그걸 낭독하고 계셨다.

"본인은 양심과 하느님의 정의가 허용치 않으므로 비상 군법 회의 소환에 불응한다. 유신 헌법은 민주 헌정을 파괴하고 국민 의도와 관계없이 폭력과 공갈과 국민 투표라는 사기극에 의해 조작된 것이기 때문에 무효이고 진리에 반대된다······."

이 양심선언은 큰 파장을 불러일으켰다. 주교님은 물론 양심선언문 타자를 쳐 준 서정렬 수녀, 영문 번역한 임광규 변호사, 현장에서 주교님 체포를 저지한 신부들이 줄줄이 연행됐다. 우려대로 주교님은 8월 12일 3차 공판에서 징역 15년, 자격 정지 15년형을 선고받고 법정 구속되었다. 사태가 이 지경에 이른 이상 머뭇거릴 이유가 없었다. 주교회의는 지 주교님 고통에 동참하기로 뜻을 모으고 사태의 진실을 알리는 해명서를 전국 본당에 배포했다. 각 교구에서는 시국 기도회를 열어 유신 정권 탄압을 규탄했다. 시국 기도회가 서울, 원주, 광주, 인천, 대구로 들불처럼 번져 나갔다. 특히 피가 끓는 젊은 사제들은 타교구 시국 기도회까지 참석하는 열성을 보였다.

사실 나는 젊은 신부들이 자꾸 시국 기도회를 여는 것을 말리는 편이었다. 정부를 자극하면 할수록 우리의 선택 폭이 좁아진다고 판단했기 때문이다. 그래서 기도회 주례를 부탁하러 온 신부들을 야단쳐서 돌려보낸 적도 있다. 그러나 대세를 거스를 수 없다는 것은 나 자신이 더 잘 알고 있었다.

지 주교님은 옥고를 치르고 이듬해(1975년) 2월 15일 석방되셨다. 그 사건을 겪는 동안 가장 가슴 아팠던 일은 교회 분열이었다.

젊은 신부들은 지 주교님 사건에 대한 조직적 대응이 필요하다고 보고 '정의구현전국사제단'을 결성했다. 9월 26일 시국 선언을 하고 명동에서 거리 시위를 벌였다. 그 시위는 사제들이 주도한 최초의 거리 시위였다. 그러나 생각을 달리하는 연장年長 신부들은 반대편에서 '구국사제단'을 만들어 다른 목소리를 내기 시작했다. 교회가 이념 논쟁에 휘말리는 형국이었다.

> 교회 정치 참여
> 논쟁과 분열

1974년 10월, 지학순 주교님이 감옥에 계실 때 일이다.

서울 혜화동 신학교에서 전국 성년聖年대회가 열렸는데 약 5,000명이 참석했다. 전주교구장 김재덕 주교님은 강론에서 강한 어조로 유신 정권을 비판하고 제2차 바티칸 공의회 정신에 입각한 신자 의무에 대해 역설하셨다.

성년대회는 이내 유신 정권 규탄 시위로 돌변했다. 주교단은 주교관을 쓴 채 시위대 맨 앞에서 거리 진출을 시도했다. 사제단과 신자들은 '지 주교를 석방하라', '헌정 질서 회복하라' 등 구호가 적힌 피켓을 들고 뒤따랐다.

나는 그때 회의차 로마에 체류했는데 시위대와 경찰이 대치하는 사진이 헤럴드 트리뷴지紙에 실렸다. 교황청 인류복음화성 담당 추기경은 그 사진을 보고 "왜 주교들까지 거리에 나와 시위를 하느냐?"라며 이해할 수 없다는 표정을 지었다. 그래서 내가 한마디했다.

"주교들이 왜 거리에 나오느냐고 묻기 전에 도대체 상황이 어느 정도로 악화됐길래 주교들까지 거리에 나와야 하는지를 먼저 생각해 보십시오. 지금 한국에 인권과 정의는 없습니다."

그러나 한국 교회 안에도 이 같은 모습을 부정적으로 보는 시각이 많았다. 그 무렵 출범한 정의구현전국사제단(이하 정구사)에 대한 입장은 주교회의에서도 찬반으로 갈렸다. 보수적 성향의 연장年長 신부들은 구국사제단을 결성하고 정구사에 대한 우려를 쏟아 냈다. 가톨릭시보사는 보수, 진보 세력을 대변하는 두 신부의 논쟁을 게재하고, 광주 대건신학대학교(現 광주가톨릭대학교) 학생회는 시국에 대한 분명한 태도 표명을 주교단에 요구하기까지 했다.

논란의 핵심은 교회의 정치 개입이 정당한가, 아니면 분열을 조장하는 이탈 행위인가 하는 점이었다.

일부에서는 "김 추기경이 정구사 신부들을 조종한다."면서 분열과 갈등을 초래한 장본인으로 나를 지목했다. 그리고 정부와 함께 나를 모함하는 탄원서를 만들어 그걸 교황청에 보냈다. 이 기회에 김 추기경을 끌어내려야 한다고 분위기를 몰아가는 세력이 있었다.

참으로 가슴 아팠다. 그렇다고 그 사람들을 찾아다니면서 해명할 사안도 아니었다. 억울한 심정을 털어놓을 데는 하느님밖에 없었다. 당시 십자가 앞에 서면 허구한 날 "하느님, 제가 어떻게 하면 좋겠습니까?"라고 물었다.

일전에 밝혔지만, 교회의 현실 참여는 제2차 바티칸 공의회 정신에 기초한다. 교회는 세상 안에, 세상을 위해, 즉 인류 구원을 위해 존재하기 때문에 세상에 열려 있는 교회가 되어야 한다. 군사 독재 정권의 반민주적 정치에 저항하고, 가난과 고통에 신음하는 인간 문제에 개입한 이유가 여기에 있다. 〈현대 세계의 교회에 관한 사목 헌장〉이 천명하듯 '인간은 진정 구원을 받아야 하고 인간 사회는 쇄신되어야'(사목 헌장 〈기쁨과 희망〉 3항) 하기 때문이다.

당시 정구사 신부들은 나한테 "왜 내 말을 안 듣고 자꾸 이러느냐."는 야단을 많이 맞았다. 그들의 비판적 시각을 꾸짖으며 "그런 시각이라면 자네들이 교회를 비판하는 날이 올 것이다."라고 말한 적이 있다. 시간이 조금 지난 후부터는 정구사와 일정 거리를 두고 살았다.

나는 1970~1980년대 격동기를 헤쳐나오는 동안 진보니, 좌경이니 하는 생각을 해 본 적이 없다. 정치적 의도나 목적을 두고 한 일은 더욱 없다. 가난한 사람들, 고통받는 사람들, 그래서 약자라고 불리는 사람들 편에 서서 그들의 존엄성을 지켜주려고 했을 따름이다. 그것이 가난하고 병들고 죄지은 사람들에게 둘러싸여 사시다가 마침내 십자가 제단에 목숨까지 바치신 예수 그리스도를 따르는 길이라고 믿었다.

1987년 6·10 민주항쟁 때도 명동성당 공권력 투입이라는 일촉즉발의 위기를 그런 믿음 하나로 막았다.

"경찰이 들어오면 맨 앞에 내가 있을 것이고, 그 뒤에 신부들, 그 뒤에 수녀들이 있을 것이오. 그리고 그 뒤에 학생들이 있을 것이오."

불가佛家에서는 인생을 고해苦海라고 말한다. 당시 비판과 분열, 긴장감에 괴로울 때는 그 말이 저절로 떠올랐다. 일시적 충동이지만 환속도 생각해 보지 않은 것이 아니다.

그때부터 잠을 제대로 못 이루는 병이 지금까지 이어지고 있다. 그야말로 '30년 불치병'이다. 처음에 어느 의사가 처방해 준 약을 몇 달 동안 먹고 잠자리에 들었는데 그게 습관성이 되었다. 그 약을 끊고 다른 약으로 서너 번 대체하기는 했으나 지금도 신경안정제 성분이 든 약에 의지해 잠을 청한다. 가끔 수면제를 써야 할 때도 있다. 서울대교구장직에서 은퇴한 지 7년이 되어 가는데도 그 병은 낫지를 않는다.

그해(1974년) 8·15 광복절 기념식장에서 육영수 여사가 조총련계 문세광이 쏜 흉탄에 맞아 쓰러지는 사건이 발생했다. 국민은 충격과 비통에 휩싸였다. 육 여사가 서울대병원으로 옮겨져 수술을 받고 있다는 소식을 듣는 순간 대세代洗라도 주고 싶은 생각이 간절해졌다.

그날 8·15 경축 연회장에서 만난 김종필 국무총리에게 "육 여사한테 대세를 줄 수 있도록 주선해 달라."고 부탁했다. 김 총리는 상황을 알아보고 돌아와서 "수술 중이라 접근이 불가능하다."고 말했다. 육 여사는 그날 저녁 7시에 운명하셨다.

그때 대세를 생각한 이유는 육 여사가 '청와대 제1야당'이라고 불릴 정도로 박 대통령에게 직언을 하면서 약자 편을 들어 주었기 때문이다. 김재규 씨에게 전해 들은 이야기지만 육 여사는 박 대통령에게 민심을 전달하면서 귀에 거슬리는 충고도 마다하지 않았다. 그러면서도 공인의 아내로서 부덕婦德을 잃지 않았으며 사회의 그늘진 곳도 자주 찾아다녔다. 국모國母다운 면이 많은 훌륭한 영부인이었다. 참으로 안타까운 죽음이었다.

육 여사가 그때 세상을 떠나지 않았더라면 박 대통령 통치 스타일은

가톨릭의대 산업재해병원(現 가톨릭평화방송·가톨릭평화신문 사옥) 개원식에 참석한 육영수 여사에게 병원 현황을 설명하는 김수환 추기경(1971년 11월 27일).

한결 부드러웠을 것이라고 추측한다. 심리적 의지처를 잃은 박 대통령의 고독감이 정치에 어느 정도 악영향을 미쳤다고 생각하기 때문이다. 육 여사는 국민 목소리를 제대로 전달하면서 남편 통치 스타일을 슬기롭게 누그러뜨렸을 분이시다.

당시 만난 사람들 가운데 인상 깊은 젊은이가 한 명 있다.

내가 만난
저항 시인 김지하

시인 김지하(프란치스코)는 1970년대 반독재 민주 투쟁의 상징적 인물이다. 대학생들과 지식인들은 한국 사회의 거짓과 부패를 신랄하게 비판한 그의 저항 문학에서 숨통을 틔웠다.

하지만 그와 첫 인연은 순탄하지 않았다. 1972년 4월 서울대교구에서 발행하는 종합 월간지 〈창조〉에 그의 장편 풍자시 '비어蜚語'가 실리는 바람에 한바탕 홍역을 치렀다.

"…… 삼백예순 날 하루도 뺀한 틈 없이 이놈 저놈 권세 좋은 놈 입심 좋은 놈 뱃심 좋은 놈 깡 좋은 놈 빽 좋은 놈 마빡에 官짜 쓴 놈 콧대 위에 吏짜 쓴 놈, 삼삼구라, 빙빙 접시 웃는 눈 날랜 입에 사짜 기짜 꾼짜 쓴 놈, 싯누런 금이빨에 협짜 잡짜 배짜 쓴 놈 천하에 날강도 같은 형형색색 잡놈들에게 그저 들들들들들볶이고 씹히고 얻어터지고……."

나는 시에 대해 잘 모르지만 교구장인 내 이름으로 발행되는 잡지에 이런 욕설투성이 시가 실린 것이 마음에 걸렸다. 아니나 다를까, 중앙정

지학순 주교와 김지하 시인(오른쪽 한복 차림)이 석방 환영 미사에 참례하기 위해 원주 원동성당으로 향하고 있다(1975년 2월 19일).

보부 요원들이 들이닥쳐 잡지사를 발칵 뒤집어 놓고 잡지를 모조리 압수해 가는 등 난리가 났다. 김지하는 반공법 위반 혐의로 입건되고, 구중서(前 수원대 명예교수) 편집 주간은 중앙정보부에 끌려가서 20여 일간 고초를 겪었다.

나는 '시 한 편을 갖고 왜 이리 야단법석인가.'라고 고개를 갸웃하면서 그 시를 다시 훑어보았다. 그런데 표현이 거칠기는 하지만 틀린 말이 하나도 없었다. 강렬한 언어와 신명나는 리듬으로 거짓과 불의를 속 시원히 풍자한 시였다. 두 해 전에 '오적五賊'이란 시로 세상을 떠들썩하게 한 적도 있는 김지하를 직접 만나 보고 싶은 생각이 들었다.

얼마 후 마산에서 그를 만났다. 폐결핵 병력이 있어 기소를 면하고 마산 결핵병원(現 국립 마산병원)에 연금됐을 때였다. 밤늦도록 그와 이야기를 나눴다.

"추기경님, 먹고 살 길이 없어 고향 등지고 공장으로 모여든 젊은이들을 보살펴야 합니다. 두고 보십시오. 영남 일대 처녀 총각들이 머지않아 창원(창원 공업 단지)으로 죄다 몰려올 것입니다. 그러면 그 순진한 젊은이들이 도시가 내뿜는 유혹을 이겨 낼 수 있다고 보십니까? 가톨릭이 그들에 대한 사목 대책을 세워 놓아야 합니다."

그 이야기를 듣고 깜짝 놀랐다. 교회에서 누구도 심각하게 생각해 보지 않은 사목적 문제를 훤히 내다보듯 예견했다. 비판 의식이 강한 저항 시인쯤으로 알았는데 만나 보니 여러 면에서 흥미를 끄는 젊은이였다.

그는 "김민기와 양희은이 내일 결핵병원에 공연하러 오니 노래를 꼭 듣고 가라."고 청했다. 이튿날 부산 일정까지 미루고 저녁 공연에 참석했다.

"긴 밤 지새우고 / 풀잎마다 맺힌 / 진주보다 더 고운 아침 이슬처럼 / 내 맘에 설움이 / 알알이 맺힐 때……."

난생처음 듣는 노래 '아침 이슬'은 참 아름다웠다. 젊은 가수들의 맑은 목소리와 서정적 멜로디가 특히 인상적이었다.

김지하는 1970년대 초 원주교구 지학순 주교님을 만난 뒤 소위 '원주 캠프' 사람들과 함께 세례를 받았다. 교황 회칙과 제2차 바티칸 공의회 문헌을 읽어 본 준비된 신자라고 해서 단구동본당 이영섭 신부가 속성으로 세례를 준 것으로 알고 있다.

그가 눈물의 견진성사를 받은 사연은 무척 감동적이다. 당시 마산에서 사도직 협조자로 활동하는 하 마리아라는 오스트리아 여성이 김지하를 자주 만났다. 김지하의 가슴에 불덩어리 같은 분노가 끓고 있는 것을 알아채고 그걸 누그러뜨리느라 오랜 시간 대화를 했던 것 같다.

김지하는 1964년 대일 굴욕 외교 반대 투쟁 때부터 감옥에 드나들면서 숱한 수모와 고문을 당했다. 그는 자신을 붙들어다 인간 이하 취급을 하면서 고문한 정보기관 사람들에게 적개심을 품고 있었다. 하 마리아는 "우선 당신 자신과 화해하고, 그 다음에 그들을 용서하라."고 타일렀다. 그리고 견진성사를 받으라고 권유했다.

그러나 김지하는 '용서'라는 말에 반발했다. "내 정신이 멀쩡한데 그들을 어떻게 용서할 수 있겠느냐."면서 울분을 토했다. 하 마리아와 결핵병원 신자들은 장병화 주교 주례로 거행될 예정인 견진성사를 앞두고 9일 기도를 바치기 시작했다. 하 마리아는 김지하가 분노와 증오심을 털고 주님 앞으로 나오길 간절히 기원했다. 견진성사는 피 끓는 민주 투사 김지하가 복음을 받아들이느냐, 아니면 거부하느냐의 문제였다.

견진성사 하루 전, 그러니까 9일 기도가 끝나는 날 장 주교가 결핵병원에 와서 견진 대상자들에게 미리 고해성사를 주었다. 김지하는 그 자리에 나타나지 않았다. 그래도 하 마리아는 포기하지 않고 한쪽 구석에 앉아 기도하고 있었다.

잠시 후 김지하가 두 눈이 벌겋게 충혈된 채 비장한 표정으로 나타났다. 그리고 곧장 장 주교에게 눈물의 고해성사를 보았다. 다음 날 견진성사를 받을 때도 많은 눈물을 흘렸다. 그는 그날 홀로 뒷산에 올라가 고민하다가 "그래 용서하자."고 소리를 냅다 지르고 내려와 고해실로 들어갔다고 한다.

김지하는 민청학련 사건으로 구속됐다가 1975년 2월 지학순 주교와 함께 석방되었다. 그런데 동아일보에 연재한 옥중 수기가 빌미가 되어 한 달을 넘기지 못하고 또 투옥됐다.

이때부터 사법 당국은 그에게 공산주의자라는 올가미를 씌우려고 온갖 수단을 다 동원했다. 눈엣가시 같은 김지하를 제거할 목적으로 그를 공산주의자로 조작하는 데 혈안이 되어 있었다. 상황이 심각하게 돌아가자 담당 변호사들은 "지하가 공산주의자가 아니라는 걸 법정에서 증언해 달라."고 요청하길래 기꺼이 응했다.

그는 신앙인이지 공산주의자가 아니다. 그가 증오를 용서로 승화시키는 것을 보고서 그 점을 확신했다. 내가 아는 한 공산주의자들은 용서라는 걸 모른다. 그러나 재판부에서 증인 신청을 받아들이지 않아 방청석에 앉아 재판을 지켜보아야 했다.

법정에서 억지춘향 격으로 김지하를 공산주의자로 몰아가는 검찰 측 주장과 거기에 대해 조목조목 반론하는 김지하의 진술은 한 편의 드라마 같았다. 재판 후 담당 변호사들은 "좋은 시절이 오면 이걸 드라마로 만들어도 재미있겠다."는 말까지 했다.

시인 김수영은 "풀이 눕는다 / 바람보다도 더 빨리 눕는다 / 바람보다도 더 빨리 울고 / 바람보다 먼저 일어난다."고 노래했다. 온갖 탄압에도 불구하고 민주 세력의 끈질긴 생명력과 열망은 꺾이지 않았다. 1976년 초봄 명동에서 일어난 또 다른 사건이 그걸 입증했다.

유신 정권을 향해 포문을 열다

　유신 정권은 1975년 5월 서슬 퍼런 긴급 조치 9호를 선포했다. 유신 체제를 비방하거나 반대하는 자에 대해서는 어느 누구를 막론하고 영장 없이 체포해 1년 이상 징역형에 처한다는 초강경 조치였다. 정부는 국민의 입과 귀를 더 단단히 틀어막고 순종을 강요했다. 언론은 물론 민주화 진영조차 침묵 속으로 빠져들었다.

　그러나 이듬해 3월 1일 무거운 침묵이 깨졌다. 3·1절 기념 미사와 천주교·개신교 합동 기도회가 열린 명동성당에서 유신 반대를 넘어 유신 정권 퇴진까지 요구하는 '민주 구국 선언문'이 발표됐다.

　천주교와 개신교 성직자, 사회 원로와 재야 세력이 힘을 모아 유신 정권을 향해 포문砲門을 연 소위 '3·1 명동 사건'은 유신 통치가 시작된 이래 가장 큰 파장을 일으켰다. 재야인사들과 개신교 목사들이 주도하고 천주교 신부들이 적극 협조한 사건이다.

　정부의 강경 대응이 만만치 않았다. 그날 기념 미사와 기도회가 조용히 끝났음에도 불구하고 사법 당국은 이튿날부터 관련자들을 줄줄이 연행했다. 검찰은 이 사건에 대해 '종교 행사를 빙자한 일부 재야인사들의 정부 전복 선동 사건'이라고 발표하고 관련 피고인 18명 가운데 김대중·문익환·안병무 씨 등 11명을 구속시켰다. 가톨릭에서는 신현봉(원주)·문정현(전주)·함세웅(서울) 신부가 구속되고, 김승훈(서울)·장덕필(서울) 신부가 불구속 기소되었다.

나는 그날 기념 미사에 참례하지 않았다. 그렇다고 긴박하게 돌아가는 상황에 손을 놓고 있을 수는 없었다. 구속 사태를 막을 방법을 찾아보았다. 박 대통령과의 담판을 생각해 보지 않은 것이 아니다. 하지만 정부 태도는 강경했다. 유신 비판을 용납하지 않겠다고 서릿발 같은 긴급 조치 9호를 선포한 판국에 거물급 재야 인사들이 정권에 정면 도전했으니 흐지부지 넘어갈 리가 없었다. 이 기회에 반유신 세력을 뿌리 뽑겠다는 의지가 확고했다.

이 사건과 관련해 시국 기도회(3월 15일)에서 이런 강론을 했다. 당시 교회 상황에 대한 내 고민의 일단이 담겨 있는 강론이다.

"교회 안에서 오늘 기도 모임이 좋으냐, 나쁘냐를 놓고 의견이 갈려 있습니다. 저도 많이 생각했으나 기도 모임을 열기로 최종 결정했습니다. 집안에 우환이 생겼고 그 때문에 고통을 당하는 형제들이 있으니 식구끼리라도 걱정을 나누는 게 당연합니다. 더 큰 이유는 옥고를 치르고 있는 형제들을 위해서, 그리고 교회와 나라를 위해서 하느님께 매달려 구원의 빛과 은총을 간구하는 것 외에 달리 도리가 없기 때문입니다."

이어 내 솔직한 심정을 털어놓고 신자들에게 한 가지 당부했다.

"사건 관련 신부들을 무조건 잘했다고 말하지 않겠습니다. 그렇다고 그들이 잘못했다고도 생각하지 않습니다. 그들 행위가 정부를 전복하기 위한 것이 아니기 때문입니다. 그들 나름대로 신앙적 소신과 양심에서, 더 나아가 보다 밝고 의로운 나라를 만들겠다는 애국심에서 한 행동임을 의심치 않습니다. 방법을 탓하더라도 순수한 동기는 탓하지 마십시오. …… 여러분은 의견을 달리하는 사람들을 받아들이고 반대자들까지도 용서하고 사랑할 줄 알아야 합니다. 의견이 다르다고 사람들을 단죄해 하느님의 엄한 심판을 자초하는 우를 범하지 마십시오."

교회 분열을 우려한 말이었다. 한쪽에서는 "정치를 좋아하는 추기경이 젊은 신부들을 부추겨 데모를 한다."라며 교회 정치 참여를 맹비난하고, 다른 한쪽에서는 "교회가 미온적 태도를 버리고 더 과감하게 민주 투쟁에 나서야 한다."라고 목소리를 높이는 상황이었다.

정치적 이념 차이로 갈등이 커질 때마다 고민에 빠졌다. '나는 어느 편에 서야 하나. 교회를 제대로 이끌어 갈 수 있을까.' 교회 공동체라고 의견이 100퍼센트 일치할 수는 없다. 그러나 지도자로서 분열은 기필코 막아야 한다는 게 내 생각이었다.

비록 교회는 내부 갈등이 있었지만 교회 밖에서는 가톨릭을 우호적으로 평가해 주었다. 정의와 인권을 위해 외롭게 싸우는 데 대한 무언의 격려가 느껴졌다. 구속자를 위한 성금이 곳곳에서 답지해 내가 감사 편지를 보내기도 했다. 혹자는 가톨릭의 1970, 1980년대 민주화 운동이 신자 증가, 특히 지식인층 입교에 영향을 미쳤다고 말한다. 나 역시 그 말에 일정 부분 수긍한다. 그러나 단정할 만한 근거는 갖고 있지 않다.

3·1 명동 사건 때 내가 할 수 있는 일이라고는 재판 과정을 지켜보고, 구속자들 옥바라지하는 것밖에 없었다. 당시 검찰과 재판부는 '권력의 시녀'였다. 사건 관련자들에게 정부 전복을 선동했다는 올가미를 씌우는 과정에서 그 점을 새삼 확인했다. 터무니없는 논리를 동원해 권력에 맹종하는 법조인들을 보면서 '저들이 저런 자세로 어떻게 세상을 살아가려고 하나.' 하며 속으로 걱정했다.

사실 옥바라지는 제대로 못했다. 신현봉 신부는 홍성, 문정현 신부는 김해, 함세웅 신부는 공주 교도소에 분산 수감돼 있었다. 가톨릭 신자 김대중(토마스 모어) 씨는 진주 교도소에 있었다. 전국을 순회하는 면회를 이틀에 걸쳐 다녀왔다.

그때 참으로 고마웠던 것은 사태를 의연하게 받아들이는 신부들 자세였다. 옥에 갇히면 고통은 말할 것도 없고 심리적으로도 위축될 텐데 그런 기색 하나 없이 당당했다. 예수님께서 우리를 위해 십자가 고통을 받아들이셨듯이 신부들도 민주화 제단에 자신을 바치고 고통을 감내하는 자세를 잃지 않았다.

3·15 시국 기도회 강론에서 "사랑의 증거가 십자가 죽음이다."라는 말을 했는데 이는 구속 신부들을 염두에 두고 한 것이다. 이 말은 내가 좋아하는 책 《기도의 체험》에서 인용했다.

김대중 씨는 "정의와 인권이 무참히 짓밟히고 있는데 교회가 왜 적극 나서지 않느냐."라며 일장 훈시하듯 열변을 토했다. 나는 묵묵히 듣고 있을 수밖에 없었다.

그가 옥중 묵상 내용을 잠시 들려주었는데 가끔 그 말이 생각난다.

"하느님께서는 교회가 진실로 가난한 자, 버림받은 자, 소외된 사람들의 벗이 되기를 원합니다. 그런데 오늘의 교회는 그들이 교회에 오는 것조차 귀찮게 생각하고 있습니다. 한국의 가난한 밑바닥 인생은 도대체 어디로 가야 합니까?"

민주 세력은 3·1 명동 사건을 계기로 다시 응집했다. 그러나 교회와 정부 관계는 팽팽한 대결 양상으로 치닫고 있었다.

유신 정권의 교회 탄압

3·1 명동 사건 이후 민주화 진영은 유신 반대 차원을 넘어 박 정권 퇴진 구호까지 외치면서 전면 투쟁에 나섰다. 정부 당국도 위기 징후를 포착했는지 전보다 더 무지막지하게 탄압 철퇴를 휘둘렀다. 나에 대한 정보기관의 감시도 한층 강화된 듯한 인상을 받았다.

정보기관의 감시는 새삼스러운 일이 아니다. 내 전화는 24시간 도청된다는 게 상식처럼 여겨졌다. 누군가 숨어서 24시간 전화 통화를 엿듣고 일거수일투족을 감시한다면 얼마나 소름끼칠까. 그러나 나는 그게 하도 익숙해져서 으레 그러려니 하고 살았다. 정보 기관원들도 수시로 주교관에 드나들고 어떤 때는 집무실 밖에서 아예 진을 치고 감시했다. 나를 밀착 감시하던 기관원 중 세례를 받고 신자가 된 이가 꽤 된다.

한번은 어느 외국 주교님이 도청을 알아낼 수 있는 기계 장치를 사다 주셨다. 그런데 워낙 기계치癡인지라 몇 번 시험해 보다 그냥 구석에 밀어 두었다. 내 전화를 엿듣지 않고서는 알아낼 길이 없는 사실을 그들이

꿰차고 있어 놀란 일은 문민 정부 들어서도 있었다.

정의구현전국사제단은 3·1 명동 사건 이후 거의 모든 시국 문제에 관여하면서 활동 영역을 넓혔다. 정부도 그만큼 강도를 높여 교회를 탄압했다. 교구 곳곳에서 신부 연행과 구속, 그리고 구속 사제를 위한 기도회가 악순환처럼 반복됐다. 1977년 한 해만 해도 안동교구 사제들이 기도회에 가는 도중 사복 경찰에 의해 체포되고, 부산교구 사제 10명이 정보부에 끌려갔다. 인천교구에서는 김병상 신부가 구속됐다.

시국 기도회, 교권 수호 기도회 등 유신 정권을 규탄하는 기도회가 이어졌다. 그럴 때마다 정부 당국은 탄압 고삐를 더 바짝 죄었다.

급기야 1978년 7월 전주에서 큰 충돌이 빚어졌다. 전라북도 각 경찰서 정보과 형사들은 무슨 낌새를 챘는지 총동원되어 전주교구 신부들을 미행, 감시하기 시작했다. 신부들의 상경을 막으려고 고속버스터미널에서 진을 치고 있을 정도였다. 7월 5일 밤 몇몇 신부들이 가톨릭 센터 옥상에서 이에 항의하는 시위를 벌였다.

다음 날 저녁 경찰이 문정현 신부를 연행하려고 파티마성당(現 전주교구 효자동성당)에 들이닥쳤는데 이 과정에서 경찰 기동대가 신부들을 심하게 구타하고, 박종상 신부를 구타한 후 길에 유기遺棄했다. 이른바 '전주 7·6 사태'다. 경찰은 며칠 후 대책을 논의하던 한 신부를 구타하고 수녀들의 두건頭巾까지 벗기는 만행을 저질렀다. 이 만행이 알려지자 전주 교구민이 일제히 들고일어났다.

사제단은 11일 일련의 사태에 대한 내무부장관 공개 사과를 요구하면서 목숨을 건 단식 농성에 돌입했다. 때마침 교구장 김재덕 주교마저 해외 출장 중이어서 교구는 완전히 마비되었다. 교구와 경찰은 극한 대립으로 치달았다.

내가 내려가서 사태 수습 방안을 찾아야 할 상황이었다. 전주까지 내려가는 동안 '무슨 말을 해야 신부들이 단식 농성을 풀 수 있을까? 단식을 중단하려면 명분이 필요하다.'는 생각이 머리에서 떠나지 않았다. 내가 내려온다는 정보를 입수한 전북 도지사와 경찰국장이 고속도로 톨게이트에서 나를 기다린 모양인데 다행히 마주치지는 않았다. 그들이 허겁지겁 교구청으로 따라와서 면담을 요청했으나 나는 "신부들에게 먼저 사과하기 전에는 만날 수 없다."라며 거절했다. 다행스럽게도 경찰국장이 단식 농성 중인 사제단 앞에 나가 무릎을 꿇고 사과했다.

그 다음 총대리 신부에게 내 생각을 이해시킨 후 사제들에게 말했다. "경찰국장이 무릎까지 꿇고 사과했으니 이제 농성을 푸십시오. 내무부장관이 여기에 와서 사과할 사람이 아니라는 건 여러분도 알고 있지 않습니까. 그리고 신부가 본당과 신자까지 제쳐 두고 나와서 민주화 투쟁을 하는 데는 동의할 수 없습니다. 나는 타 교구장인 만큼 순명을 강요하지 않겠습니다. 그러나 여러분의 교구장을 대리하는 총대리 신부 말에는 순명해야 합니다."

8일간의 단식 투쟁은 이렇게 해서 끝났다. 경찰국장은 신부 미행 감시 중단, 폭행 사건 관련자 처벌 등을 약속했다.

전주교구 신부들에게 말한 대로 신부들이 본당과 사목활동까지 나 몰라라 하고 밖에 나가 조직적 민주화 운동을 하는 데는 찬성하지 않았다. 불의에 저항하는 신부들의 올곧은 양심은 높이 살 만하다. 때론 정치·사회 문제에 나서서 의견을 밝히고 항의할 수도 있다. 그러나 사제 본연의 임무까지 등한시한 채 정치·사회 운동을 조직적으로 전개하는 데는 찬성하지 않는다. 더구나 사회 참여 활동으로 인해 교회가 분열되는 일이 일어나서는 안 된다.

나는 이 땅에서 독재의 맹위猛威가 사그라들고 민주주의 꽃이 피어나길 열망하면서 정치 문제에 대한 발언을 많이 했으나 그 선만큼은 분명히 지키려고 노력했다. 아니, 나름대로 그 선을 지켰다고 생각한다.

전주교구 사태뿐만 아니라 시국 기도회가 하루도 쉬지 않고 열리고, 그로 인해 정부와 팽팽하게 대립하던 1978년은 서울대교구장에 취임한 지 꼭 10년째 되는 해였다.

그때 서울 생활 10년을 되돌아보았더니 고통스러운 시간이 많았다. 가장 가슴 아팠던 것은 원로층 신부님들이 교회 민주화 운동을 이해해주지 않고 다른 목소리를 내신 것이다. 그분들 중에는 개인적으로 가까운, 때로는 형님 같은 신부님도 계셨다. 고통스러운 순간이 참 많았다.

그러나 넓게 보면 인간은 어떤 처지에서건 나름대로 고통을 안고 살아간다. 고통이란 것이 괴롭기만 한 것은 아니다. 인간은 시련이나 고통을 통해 한 단계 더 성숙하고 하느님 현존을 체험한다. 따라서 고통 없이 산다고 행복한 것은 아니다. 고통을 모르고 사는 사람은 인생의 깊이가 없을 뿐만 아니라 남의 고통을 이해할 줄도 모른다.

그리고 지금까지 마음에 남아 있는 앙금은 없다. 시간이 좀 흐른 후에는 모두 웃고 지냈다. 다 같은 신앙의 형제인데 사소한 정치적 견해차가 무슨 큰 걸림돌이 되겠는가.

동일방직 노조 탄압 사건에 뛰어들다

"생명 없는 물질은 공장에서 값 있는 상품이 되어 나오지만, 이 세상에서 가장 고귀한 인간은 그 곳에서 한갓 쓰레기로 변하고 만다."

비오 11세 교황이 발표한 회칙 〈사십주년〉(1931년)에 있는 구절이다. 요즘은 '노동 귀족'이라는 신조어가 등장하고, 기업주들은 "노조 무서워서 공장을 중국으로 옮겨야겠다."고 불평할 정도로 노동자 권익이 향상됐다. 그러나 1970년대 노동자들은 비오 11세 교황이 지적했듯이 상품을 생산하는 기계 취급을 받았다. 오죽했으면 그들 구호가 "노동자도 인간이다."라는 것이었을까.

1970년대 노동 환경은 이루 말할 수 없을 만큼 열악했다. 농촌에서 올라온 앳된 소녀들은 먼지 구덩이 작업장에서 장시간 노동에 시달렸다. 노동자들이 노조를 결성해 생존권을 요구하자 기업주와 정부 당국은 수단 방법을 가리지 않고 그 요구를 짓밟았다. 비인간적이고 야만적인 노조 탄압 사건이 줄을 이었다.

그 무렵 가톨릭이 노동자 인권 유린을 방관할 수 없어 뛰어든 사건이 1978년 인천 동일방직 노조 탄압 사건이다. 이는 1970년대 노동 현장의 암울한 현실과 권력 기관의 횡포를 가장 적나라하게 드러냈다.

1978년 3월, 외출했다 돌아왔는데 누군가 "여공들이 단식 농성을 하러 성당 안으로 들어왔다."고 일러줬다. 내 기억으로는 노동자들이 명동성당에 들어와 시위를 하는 건 처음이었다. 그 이후로, 특히 1990년대는 하루도 조용한 날이 없는 노조 시위 때문에 교회는 크고 작은 홍역을 치러야 했다.

무슨 일인가 싶어 여공들을 만났다. 30여 명이 흐느끼며 절규했다.

"추기경님, 우리를 살려 주세요. 회사 조종을 받는 남자 직공들이 우리를 구타하고 인분人糞까지 뿌렸습니다. 사복 형사들은 그 광경을 낄낄거리면서 보고만 있었어요."

정말 기가 찰 노릇이었다. 여공들이 기업주 횡포를 견디다 못해 권익을 찾고자 노조를 결성했기로서니 어떻게 인분을 뿌려가면서 무차별 난타할 수 있을까. 확인 결과 회사 측은 남자 직공들을 동원해 노조 간부들을 구타하고, 노조 대의원들을 돈으로 매수하는 등 노조를 와해시키려고 온갖 방법을 동원했다. 회사 측이 어용 노조를 내세웠는가 하면, 기동 경찰들은 노조 대의원 회의장에 난입해 노조원들에게 심한 구타를 가했다. 여공들이 졸도하고 병원에 실려가는 불상사가 일어났다.

여공들은 자신들의 억울함을 더 이상 호소할 곳이 없어 성당으로 찾아온 것이었다. 여공 110여 명은 명동성당과 개신교 쪽 도시산업선교회 두 군데로 분산돼 목숨을 건 단식 농성에 돌입했다.

강원룡 목사와 정의구현전국사제단 신부들이 사건에 관심을 갖고 나를 찾아왔다. 논의 끝에 어떻게 해서든지 여공들의 권익을 지켜주고 정부에 노동 탄압 중지를 촉구하기로 했다. 나와 강 목사는 "정부 측과 협상해서 대의원 선거 이전 상태로 되돌려주겠으니 단식 농성을 풀라."고 종용했다. 여공들은 그 말을 듣고 10여 일 만에 농성을 풀었다.

그러나 그게 끝이 아니었다. 여공들은 회사 측 저지로 공장에 들어가지 못했다. 새벽에 공장 정문을 밀고 들어가 기계를 붙잡고 "우리는 일하고 싶다."라고 절규했으나 강제 해산당했고, 노조 간부들은 구속됐다. 정부 관계 기관은 처음 약속과 달리 그들의 복직을 위해 아무런 노력도 기울이지 않았다. 2월에 촉발된 사태가 가을까지 치열하게 이어졌다. 명동성당은 기도회를 열고, 주교단과 개신교 쪽 한국교회사회협의회(現 한국기독교교회협의회 NCCK)는 노동자 인권 탄압 중지를 촉구하는 성명을 발표했다.

"나라에서 기회 있을 때마다 조국 건설의 역군이라고 부르는 연약한 여성 근로자들을 이렇게 학대한 사람들은 누구입니까? 왜 이렇게까지 사람이 사람을 짓밟고 울려야 합니까? 이 나라 법은 약한 자들을 벌하기 위해 있는 것입니까? 정부 당국과 기업주는 제발 어리석은 짓을 그만두시오. 우리는 지금까지 자중하고 인내했습니다. 그러나 힘없는 이들을 계속 짓밟으면 더 이상 묵과할 수 없습니다. 우리는 양심과 신앙에 따라서 행동할 것임을 밝혀 둡니다"(8월 20일 명동성당 기도회 강론 중에서).

그러나 소용없었다. 교회는 이들을 돕기 위해 변호인단을 구성하는 등 여러 가지 노력을 기울였다. 그러나 노조원들은 다시 오물을 뒤집어

단식 농성 중인 동일방직 노조원들과 사태 수습 방안을 논의 중인 김수환 추기경.

쓰는 모욕을 당하고 쫓겨났다. 정부 관계 기관의 묵인과 협조 없이는 불가능한 일이었다. 노동자와 농민의 희생을 바탕으로 경제 성장 정책을 추진하는 정부가 노조 편을 들어줄 리 만무했다. 1970년대 노동 현실은 참으로 서글펐다. 그래서 가슴이 답답하고 아픈 순간이 많았다.

예수님께서는 "누가 저의 이웃입니까?"(루카 10,29)라는 율법 교사 물음에 '착한 사마리아인의 비유'(루카 10,29-37 참조)를 들어 말씀하셨다.

어떤 사람이 길에서 강도를 만나 가진 것을 모조리 빼앗기고 두들겨 맞아 반쯤 죽은 상태로 쓰러져 있었다. 누가 이 가엾은 사람을 도왔는가. 사제와 사제 부류에 속하는 레위 사람은 그냥 지나쳤다. 이 두 사람은 성전에서 하느님께 기도나 제사를 드리고 집에 돌아가는 길이었을 게다. 한 사마리아 사람이 그를 보고서 상처에 기름과 포도주를 붓고 나귀에 태워 여관으로 데려가 보살펴 주었다. 사마리아인은 선민사상을 갖고 있는 유다인한테 멸시를 받던 이방인이었다.

이 비유는 굉장히 의미 있는 말씀이다. 바오로 사도는 "사실 모든 율법은 한 계명으로 요약됩니다. 곧 '네 이웃을 너 자신처럼 사랑하여라.' 하신 계명입니다."(갈라 5,14)라고 말씀하셨다.

나는 노동 운동에 대해 아는 게 별로 없다. 그런데도 기업주와 정부의 따가운 눈총을 받으면서 동일방직 노동자 편을 든 것은 그들이 강도를 만나 쓰러진 '어떤 사람'이라고 생각했기 때문이다. 교회가 기업주와 경찰의 폭력과 허위 조작에 쫓겨 울면서 찾아온 여공들을 내친다면 사제나 레위 사람의 행동과 무엇이 다르겠는가. 그들과 고통을 나누는 것은 노동 문제 개입이 아니라 사마리아인이 보여 준 이웃 사랑이다.

예수님의 이 비유에서 누구보다 하느님을 섬긴다고 자부하는 사제와 레위 사람을 등장시킨 것을 우리 교회는 깊이 생각해 보아야 한다.

교회는 노동자와 농민 등 약자 편을 드느라 오해를 많이 받았다. 심지어 가톨릭은 좌익이라는 소리까지 들었다. 1970년대 말에 터진 '오원춘 사건'도 예외는 아니다.

짓밟히는 농민 운동

'차라리 내가 감옥에 가는 게 낫겠다.'

1970년대 후반 정부와 교회가 충돌하는 사건이 끊이지 않아 무척 고달팠다. 신부 연행과 시국 기도회가 악순환처럼 반복되고, 추기경 직분상 그 한가운데 서다 보니 차라리 감옥에 들어가 있으면 속이 편할 것 같은 생각이 들 때가 많았다. 교회와 정부의 팽팽한 긴장이 누그러지기는커녕 날이 갈수록 심해졌다. 누군가 잘못 건드리면 '펑' 하고 터질 것처럼 아슬아슬했다.

1979년 여름, 오원춘 사건이 교회 안팎을 뜨겁게 달구었다. 사건의 전말은 이렇다. 경북 영양에서 농사를 짓는 신자 오원춘(알퐁소) 씨는 군郡에서 알선한 불량 씨감자 때문에 피해를 입어 당국을 상대로 피해 보상을 받아 냈다. 그때만 해도 농사꾼이 당국에 피해 보상을 요구하려면 여간 용기가 필요한 게 아니었다. 가톨릭농민회 안동 지역 임원이었던 그는 강연회에서 피해 보상을 받아 낸 성공 사례를 몇 차례 소개했다.

이로 인해 농민들 사이에서 피해 보상 운동이 확산될 조짐을 보이자 경찰은 그를 요주의 인물로 지목했다. 그런데 한창 바쁜 5월 농사철에 그가 갑자기 행방불명되었다. 보름 만에 나타난 그는 영양본당 신부를 찾아가 자신은 정보 기관원들에게 납치돼 포항, 울릉도 등지로 끌려 다니면서 폭행을 당했다고 말했다.

분개한 안동교구 신부들은 즉각 진상 조사에 착수해 납치 사실을 확인하고 '짓밟히는 농민 운동'이란 제목의 유인물을 제작, 배포했다. 정부 당국은 교구청에서 근무하는 정호경 신부를 구속하는 등 가톨릭농민회 안동교구 연합회를 대대적으로 탄압했다. 경찰 당국은 "오원춘은 다방 아가씨 모 양과 개인적으로 여행했다."라고 주장하면서 허위 사실 유포죄로 몰아붙였다. 정부 당국은 여론 공작을 통해 가톨릭이 근거 없는 사실을 왜곡, 날조해 사회 불안을 야기하고 있다고 매도했다.

심지어 대구지검과 대구교도소 측은 증인들까지 동원해 이례적으로 기자 회견을 열어 가면서 여론 재판을 했다. 직접 듣지는 못했으나 어디선가 '가톨릭은 빨갱이'라는 말도 나왔다고 한다.

유신 정권의 파렴치한 농민 운동 탄압인가, 아니면 가톨릭의 허위 사실 유포인가?

사활을 건 싸움은 한 치 양보 없이 여름 내내 이어졌다. 전국 교구에서 시국 기도회와 항의 시위가 잇따라 열렸다. 그 바람에 형 집행 정지로 출감한 문정현, 함세웅 신부는 다시 구속됐다.

나는 안동교구 쪽 주장이 진실이라고 믿었다. 신부들 이야기라고 해서 무조건 믿은 것은 아니다. 여러 정황을 놓고 볼 때 가톨릭의 도덕성

안동성당에서 오원춘 사건과 관련해 강론하는 김수환 추기경.
아래 사진은 성당 정문에 걸린 시국 기도회 플래카드(1979년 8월 6일).

에 치명타를 가하려는 유신 정권의 의도를 감지할 수 있었다. 더욱이 프랑스인인 안동교구장 두봉(파리 외방 전교회) 주교님(1929~2025년)은 논리적 판단력이 매우 뛰어난 분이다. 사실을 과장하거나 분위기에 휩쓸리는 분이 아니다. 나도 미심쩍은 구석이 있어 두봉 주교님께 재차 물어보았으나 그분은 유신 정권의 탄압이라고 확신하고 계셨다.

안동성당(現 목성동주교좌성당)에서 열린 시국 기도회에 참석해서 정부의 농민 운동 탄압을 신랄하게 비판했다. 언덕에 있는 안동성당에서 스피커 볼륨을 최대한 올리면 소리가 멀리 퍼지는데 그날 안동 시민들이 다 들을 정도로 내 강론 소리가 크게 울려 퍼졌다.

1951년 사제품을 받고 첫 부임한 사목지가 안동본당이다. 그때도 성탄절이 가까워지면 스피커 볼륨을 올려놓고 시민들에게 성탄 노래를 들려주곤 했다. 그날 시국 기도회 후 사제단과 농민 80여 명이 성당에서 무기한 단식 농성에 돌입했다. 언론은 이를 죽창으로 무장한 폭도들이라는 표현까지 써 가면서 여론을 호도하기에 바빴다.

사태가 불리하게 전개됐다. 당사자 오원춘 씨는 변호사들에게 자신이 납치됐다고 이야기하면서도 법정 검찰 심문에서는 말끝을 흐리거나 다른 이야기를 했다. 변론을 맡았던 故 황인철(세바스티아노) 변호사는 오씨가 법정에서 자꾸 딴소리를 하는 것이 너무 속상해 서울로 돌아오는 기차 안에서 대취大醉해 울기까지 했다.

정부는 이 기회에 천주교의 민주화 운동에 철퇴를 가하겠다는 의도로 안동교구장 두봉 주교를 압박하기 시작했다. 외무부 장관을 교황청에 파견해 외국 선교사의 정치 간섭을 문제삼아 추방 의사를 전달했다.

마침 두봉 주교님은 교황청에 안동교구장직 사임서를 제출해 놓고 재가를 기다리고 있던 참이었다. 두봉 주교님은 교구장직 취임(1969년) 전부터 "외국 선교사이기 때문에 교구 자립 기반을 닦고 10년 후 물러나겠다."는 말씀을 공공연히 하셨다.

교황청은 사임서 수락 여부를 쉽게 결정하지 못했다. 사임 수락은 자칫 한국 정부의 추방 압력에 굴복하는 모습으로 비칠 수 있기 때문이다. 두봉 주교님도 그 점을 염려하고 계셨다. 교황님은 의견을 좀더 폭넓게 듣고자 나와 윤공희 대주교님(당시 주교회의 의장)을 로마로 부르셨다.

"지금 사임서를 수리하시면 결과적으로 한국 정부의 두봉 주교 추방에 동의하는 셈이 됩니다. 사임서를 반려해 주십시오."

교황님은 우리 진언을 잘 받아 주셨다. 덕분에 두봉 주교님은 교구장직을 더 수행하신 후 1990년 교구민의 박수를 받으면서 명예롭게 물러나셨다. 바티칸은 유신 독재 정권에 맞서 정의와 인권을 지키려는 한국 교회의 외로운 투쟁을 잘 알고 있었다. 내가 그러한 상황을 정식으로 보고한 적은 없다. 주한 교황대사 루치아노 안젤로니 대주교님께서 그때그때 보고해 준 것으로 알고 있다. 오원춘 씨와 사건 관련자들은 결국 법정에서 징역형을 받았다.

'가지 많은 나무에 바람 잘 날 없다'고 했던가. 로마에 다녀오자마자 대형 사건이 또 터졌다. 전주교구장 김재덕 주교님께서 강한 어조로 유신 정권을 비판한 것이 문제가 되어 구속 수감 위기에 처했다. 사태가 급박하게 돌아갔다. 우선 김 주교님을 모시고 서울로 올라왔다. 전주교구 신부들도 거의 다 따라 올라와 명동성당에 집결했다.

나는 그때 위기감을 느꼈다. 김 주교 구속 사태가 벌어지면 정부와 교회의 정면 대결은 불을 보듯 뻔했다. 마주 달리는 두 열차가 충돌하기 직전 상황 같았다. 나도 마음을 굳게 먹었다. 신변에 무슨 일이 일어나도 흔들리지 않겠다는 결심을 하고 정부 측 결정을 기다렸다. 정면충돌을 피하려면 교회든 정부든 어느 한쪽은 물러서야 했다. 하느님께서 정말 도와주셨다. 정부가 사태의 심각성을 인지했는지 한발짝 물러섰다.

얼마 후 부마민주항쟁이 터졌다. 곧이어 박 대통령이 피살됨으로써 유신 정권은 종말을 고했다. 고문과 협박에도 '타는 목마름으로' 민주주의를 외친 이들의 용기와 눈물이 없었다면 불가능했을 일이다.

두 번의 교황 선거

1978년 8월 7일 아침, 교구청에 비보悲報가 날아들었다. 바오로 6세 성인 교황 서거 소식이었다.

바오로 6세 성인 교황님(1897~1978년)은 내게 아버지 같은 분이시다. 촌티 나는 시골 신부였던 나를 주교, 대주교, 추기경으로 임명해 주신 데다 한국 교회에 각별한 애정을 갖고 계셨다. 로마 회의장 같은 곳에서 나를 만나면 항상 반갑게 맞아 주시고 따뜻한 격려를 빼놓지 않으셨다.

부음을 듣고 남달리 슬펐던 또 다른 이유는 고인이 제2차 바티칸 공의회 정신을 교회 현실에 이식하는 과정에서 마음고생이 심했기 때문이다. 공의회가 몰고 온 쇄신 열풍 부작용 탓에 사제와 수도자들이 줄줄이 옷을 벗고, 일부 진보적 신학자들은 교황 권위에 정면 도전했다. 교황님은 너무나 힘겨운 나머지 "나도 인간이다."라며 눈물을 흘리신 적이 있다고 전해 들었다.

교황님이 역경을 이겨 내시면서 교회 구석구석에 공의회 정신을 불어넣는 모습을 뵐 때마다 우리 모두 지고 가야 할 십자가를 홀로 지고 가시는 것 같은 생각이 들었다.

당시 전 세계 7억 500만 명 신자의 수장首長이 지고 가는 십자가 무게를 어느 누가 헤아릴 수 있었겠는가. 변화와 쇄신 작업을 추진해 공의회를 완성하신 업적은 우리가 두고두고 기려야 한다.

교황님 장례식을 마친 후 나를 비롯해 교황 선거권과 피선거권을 가진 추기경 115명(80세 미만)은 교황 선출 회의(콘클라베)에 들어갔다. '열쇠로 잠그다'라는 뜻을 가진 콘클라베Conclave는 말 그대로 바티칸 회의 및 투표소를 외부와 완전 격리하고 진행된다. 추기경들은 새 교황을 선출할 때까지 그 안에서 먹고 자는데 철저하게 격리되어 있다 보니 감옥 생활이 따로 없었다.

내 숙소는 임시 개조한 10층 어느 사무실로 배정되었다. 실내가 무덥고 텁텁한 냄새가 나서 창문을 열려고 했더니 창문까지 쇠끈으로 잠가놓고 봉인을 했다. 비밀과 보안이 생명인 콘클라베 명성을 그때 실감했다. 다행히 사무실에 환풍기가 한 대 있었는데 다른 방에는 그나마도 없었다. 다른 추기경들은 내 방 환풍기를 부러워하면서 로마의 무더운 여름을 톡톡히 체험했다.

교황 선거는 후보자도 없고 선거 운동도 없다. 피선거권이 있는 추기경 115명 이름과 간단한 약력만 갖고 투표를 해야 한다. 인상 깊었던 것은 투표소인 시스틴 성당에 입장할 때 울려 퍼진 '임하소서 성령이여'라는 합창 소리였다. 교황 선출은 정말 성령의 도우심이 필요한 일이다. 전 세계 가톨릭 교회를 이끄는 베드로 사도 후계자는 인간이 뽑는 것이

교황 선거에 처음 참석한 김수환 추기경(오른쪽에서 두 번째).
"나는 성령께서 추기경들을 매개로 역사하셔서 하느님의 뜻을 이루시는 것을 보았다"(1978년 8월 26일).

아니다. 교회를 세우시고 사도들을 파견하신 예수 그리스도, 그리고 그분께서 보내 주신 성령이 그 순간에 임해야 가능한 일이다. 나도 성령이 내 생각을 이끌어 주길 기도하면서 투표에 임했다.

8월 26일 첫 투표날, 오후 2차 투표에서 이탈리아 베네치아 교구장 알비노 루치아니 추기경이 제263대 교황에 선출됐다. 투표 첫날 교황 선출에 성공한 것은 극히 이례적이다. 유력 후보와 선거 운동이 없는 선거에서 추기경 3분의 2의 의견이 자연스레 모아지는 것 자체가 성령의 도우심이라고 생각한다. 물론 내 이름도 당연히 후보 명단에 올라가기는 했으나 한 표도 얻질 못했다. 그때 좀 '섭섭한 마음'이 들었던가?

새 교황 탄생을 알리는 흰 연기가 솟아올랐다. 성 베드로 광장에 모여 결과를 기다리던 신자들이 환호성을 질렀다. 새 교황 요한 바오로 1세(공의회를 소집하고 완성한 선임자 요한 23세와 바오로 6세 성인 교황들의 정신을 계승한다는 취지)가 성 베드로 대성당 발코니에 서서 손을 흔들고, 거기에 화답하는 군중 모습은 참으로 감격적이었다.

장례식과 교황 선거를 모두 끝내고 보름 만에 귀국했다. 밀린 일을 처리하느라 정신 없이 바쁜 어느 날, 관리국장 신부가 구내 전화로 뚱딴지 같은 이야기를 했다.

"교황님이 돌아가셨다고 합니다."

"무슨 이야기야. 교황님 돌아가신 지가 언젠데."

"지금 뉴스에 나오고 있어요."

"어느 교황?"

"아, 세상에 교황님이 두 분 계신가요."

세상에 이런 청천벽력 같은 일이 있나. 요한 바오로 1세 성인 교황은 즉위 26일 만인 9월 28일 밤(현지 시각) 심장마비로 서거하셨다. 바티칸 당국은 교황님이 15세기 신학자 토마스 아 켐피스의 저서 《그리스도를 본받음》(준주성범遵主聖範)이란 책을 읽으시다가 불을 켜 둔 채 잠들어 운명하셨다고 발표했다. 전 세계 교회가 충격에 휩싸였다. 하느님께서 새 교황을 보내 주신 데 대한 감사 노래 여운이 채 가시기도 전에…….

장례식과 콘클라베는 매우 침통한 분위기에서 진행됐다. 두 달 새 교황 장례식과 선거를 연거푸 치르리라고 어느 누가 상상했겠는가.

교황 선거는 직전 선거에 비해 다소 진통을 겪었다. 추기경단은 이틀

동안 수차례에 걸친 투표 끝에 10월 16일 폴란드 출신의 카롤 보이티야 추기경(당시 58세)을 새 교황으로 선출했다. 그분이 요한 바오로 2세 성인 교황이다. 요한 바오로 2세는 455년 만에 탄생한 비非이탈리아 출신 교황인 데다 공산권에서 나온 첫 교황이기에 전 세계 언론이 주목했다.

사실 직전 선거에서도 비이탈리아 출신 교황 탄생에 대한 기대가 컸다. 제2차 바티칸 공의회 정신을 세계 교회에 심으려면 다른 나라에서 교황이 탄생해야 한다는 이유에서다. 세계 각국의 기대와 반응도 뜨거웠다. 그러나 정작 폴란드 공산 정부는 이 사실을 짧은 보도로 소개하는 정도에 그쳤다. 폴란드를 비롯해 동유럽 전체가 공산 치하에서 신음하고 있을 때였다. 새 교황님도 공산 치하에서 큰 고통을 겪으신 분이다.

새 교황님은 신앙과 정신 세계가 참으로 깊고, 두뇌가 명석한 분이다. 주교 시노드 상임 위원회에서 3년 동안 함께 일했기 때문에 그분을 잘 안다. 언젠가 상임 위원회 회의를 하면서 깜짝 놀란 적이 있다. 그분은 내 옆에 앉아 회의를 잘 이끌어 가셨다. 그런데 틈만 나면 토론 주제와 전혀 상관없는 책을 펴놓고 독서 삼매경에 빠졌다. 그러면서도 발언할 때는 빈틈없이 적절한 말씀을 하셨다. 교황 즉위 전에도 이태리어, 프랑스어, 독일어, 영어를 능숙하게 구사하셨다. 나중에는 스페인어와 포르투갈어도 배우셨다.

교황님은 "감사합니다."라든가 "찬미 예수"와 같은 우리말도 몇 마디 하실 줄 안다.

끝내 얻지 못한 눈물의 은사

    수도자 피정을 지도하기 위해 일본에서 가끔 방한하는 에반젤리스타 신부(예수회)는 1970년대 중반부터 나를 볼 때마다 한 달 피정을 권유했다. 쌓인 일을 미뤄 놓고 한 달이나 자리를 비우는 게 부담스러워 대답을 하지 못하다가 1979년 1월 큰맘 먹고 수원에 있는 말씀의 집에 들어갔다.
    나는 그때 영적 갈증을 느끼고 있었다. 사람들 앞에서는 평온한 얼굴로 영성적 이야기를 하면서도 기도에 침잠沈潛하기 힘들 정도로 영적 빈곤에 시달렸다. 목마른 사람이 샘을 파는 심정으로 피정에 들어갔다.
    피정 지도를 맡은 에반젤리스타 신부의 강론 시간을 제외하면 나머지는 모두 기도 시간으로 주어졌다. 오전, 오후 두 시간과 저녁 시간까지 하루 네댓 시간 기도하기로 마음먹고 생활했는데 어떤 날은 그나마도 채우기 힘들 정도로 하루가 후딱 지나갔다. 그날 복음과 강론을 내 것으로 소화하기 위해 성경 구절을 찾아 음미해 보고, 기도 중에 분심이 들어 밖에 나가 서성거리다 보면 기도 시간이 부족하곤 했다. 처음 며칠 간은 기도 중에 분심이 들어 몸부림치듯 괴로워했다.

"…… 여러가지 잡념 속에 기도는 여전히 답보 상태다. 어떻게 기도하면 좋을지 가르쳐 달라고 성령께 빌었다. 무릎을 꿇었다가, 앉았다가, 독백으로 예수님께 이야기했다가, 무슨 말씀이든지 마음속 깊이라도 들리게 해 달라고 기도하며 기다려 보았다가, 편한 자세로 앉아 보았다가. ……"(1월 18일 피정 일기 중에서)

주님 앞에서 여전히 자아에 집착하는 죄와 어리석음을 고백하지 않을 수 없었다.

피정 기간 내내 '예수 그리스도는 누구인가, 나는 정말 그분을 아는가?'라는 질문이 떠나지 않았다. 다른 묵상 주제를 갖고 앉아 있어도 이상하게 그 질문으로 옮겨 갔다. 예수님을 안다는 것, 그것은 내 생명과 구원이 달린 절체절명의 문제다. 먹고사는 문제나 추기경 직위 같은 건 사실 부차적이다. 그런데 그런 본질적 문제를 소홀히 하고 눈코 뜰 새 없이 바쁘게 뛰어다니기만 했다. 진정으로 예수님을 닮아 그분과 함께 살고 싶었다. 그래서 그분을 만나고 싶었다.

바오로 사도가 천주교인들을 박해하기 위해 다마스커스로 가는 길에 예수님을 만난 장면을 묵상할 때였다. 주님께서 나의 위선을 호되게 꾸짖는 것만 같았다.

"스테파노야, 스테파노야. 내 피로써 너를 씻겨 주었는데 너는 오히려 죄로 더럽혔다. 내 마음을 상하게 한 것이 사울의 박해보다 못할 줄 아느냐? 사울은 나를 모르고 박해했다. 그런데 그에게는 진실이 있었다. 너는 진실보다는 거짓과 위선이 더 많지 않느냐?"

1라운드는 완전 KO패였다. 두렵고 불안했다. 지도 신부는 "그 불안도 결국 자아를 믿고 자기 힘으로 무엇을 하려는 생각이 숨어 있기 때문에 생긴다."고 위로해 주었다.

주님의 행적과 말씀부터 제대로 알아야 한다는 생각이 들어서 그분의 삶에 대해 묵상하고 기도하는 데 전념했다. 그리스도의 십자가 죽음에 대한 지도 신부 강론 중에 미심쩍은 대목이 있어 《성서 사상 사전》에서 '하느님 사랑'을 찾아보았다. 성령만이 하느님 사랑을 깊이 깨닫게 해 준다는 대목이 눈에 띄었다. 성당에 들어가 기도했다. "성령이여, 저를 밝혀 주소서. 그리스도의 십자가 신비를 이해하고, 이를 통해 하느님 사랑을 깨닫게 해 주소서." 하며 애원했다. 시간이 얼마나 흘렀을까. 러시아 혁명 당시 20대 젊은 여성이 아이 딸린 어머니를 구하기 위해 대신 총살당했다는 이야기가 떠올랐다. 막시밀리안 콜베 신부님도 "친구들을 위하여 자기 목숨을 내놓는 것보다 더 큰 사랑은 없다."(요한 15,13)라는 복음을 실천하느라 유다인 수용소에서 죽음을 자청하지 않았는가.

피정 3주째 접어들었다. 하느님께서 내 존재의 바탕이며, 그리스도께서는 내 존재의 내적 핵核임을 깨닫기 위해 기도에 열중했다. 그런데 기도는 여전히 어려웠다.

주일 아침에 동네 이발소에 다녀왔다. 이발소 사람들은 내가 누구인지 모르는 것 같았다. 숙소에 들어서며 '아까 만난 사람들이 내가 이런 큰 방에 사는 줄 알면 놀랄 걸…….' 하는 우월감이 문득 들었다. 내 신분, 환경, 받는 대접이 무의식중에 나를 '귀하신 몸'으로 만들어 놓았다.

"나는 그리스도처럼 가난한 자 되고 싶다. 가난한 자 중에서 가난한 자, 모든 사람의 종이 될 수 있을 만큼 가난한 자"(1979년 1월 '한 달 피정 중에 쓴 일기' 중에서).

일종의 귀족 의식이 나도 모르게 몸에 뱄다. 참으로 기막히고 슬픈 일이다. 어제 저녁 기도에서 "그리스도 당신처럼 모든 사람의 종이 될 만큼 가난한 자 되고 싶습니다."라고 했는데 얼마나 큰 모순인가.

나는 가난한 집 출신이다. 여러 해 동안 남의 집 셋방에서 살았다. 그런데 신부가 되면서 가난을 점점 잊더니 주교, 대주교, 추기경이 되면서 불행하게도 귀족이 되어 버렸다. 십자가에 죽기까지 당신을 낮추신 그리스도의 위대한 사랑은 겸손이다. 그걸 먼저 깨달아야 했다.

"주여, 이것저것 생각하지 않겠습니다. 주님께 대한 저의 사랑도 재지 않겠습니다. 그저 주님만 바라보고 주님과 함께 걸어가겠습니다. 저를 받아 주소서. 모든 것이 당신 것이오니 있는 그대로 당신께 맡깁니다. ……"(2월 13일 피정 마지막 날 일기)

'성령을 통하여 하느님의 사랑이 우리 마음에 부어졌기 때문입니다.'(로마 5,5)라는 성구를 가슴에 안고 피정의 집에서 나왔다.

며칠 후 사제 수품 예정자 피정을 일주일간 지도했다. 내 강론이 뜨겁고 힘이 넘쳤던 모양이다. 피정 지도를 돕던 최창무 신부(광주대교구장 역임, 2010년 은퇴)와 이한택 신부(의정부교구장 역임, 2010년 은퇴)는 "한 달 피정에서 받아온 은혜를 여기서 다 쏟아 내는 것 같다."라는 말을 몇 번이나 했다.

사실 지도 신부의 기대만큼 깊은 영적 체험에는 이르지 못한 한 달 피정이라고 생각한다. 그 무렵 성령 세미나에 참석하게 되었는데, 성령께 눈물의 은사를 청했다. 다른 은사는 몰라도 눈물의 은사만큼은 꼭 얻어 베드로가 예수님을 부인한 잘못을 뉘우치면서 통절히 운 것처럼 울고 싶었다. 나도 주님 앞에 나가 죄를 뉘우치면서 펑펑 울고 싶었다. 성령 세미나 중에 눈물이 조금 흐르기는 했으나 베드로처럼 심연 깊은 곳에서 나오는 통한의 눈물을 쏟지는 못했다. 지도 신부들이 세미나를 마무리하면서 내게 한 말씀 해 달라고 부탁했다.

"방언의 은사를 받은 분을 옆에서 보았습니다. 그러나 저는 그토록 청한 눈물의 은사를 얻었다고 자신 있게 말할 수 없습니다. 혹시 세미나에서 은사를 얻지 못해 낙담하는 사람이 있거든 '추기경도 못 받고 돌아갔다.' 하고 위로해 주십시오."

> 유신 종말과
> 서울의 봄

　1979년 10월 19일, 바티칸 인류복음화성 회의와 추기경단 회의에 참석하기 위해 로마행 비행기에 몸을 실었다.
　비행기가 이륙하자 창문으로 밖을 내려다보았다. 가난과 혼란으로 얼룩지고, 유신 정권의 철권통치에 숨죽인 내 나라, 내 국토가 그날따라 유난히 슬퍼 보였다. 부산과 마산에서 대규모 반정부 시위(부마민주항쟁)가 일어났다는 소식을 듣고 출국하는 길이라서 더 그랬던 것 같다.
　로마 체류 중에 신현준(요아킴) 교황청 주재 한국 대사 관저에 머물렀다. 26일(현지 시각) 늦은 밤, 신 대사님이 갑자기 방문을 두드렸다.
　"긴히 드릴 말씀이 있습니다. 미국에서 사는 큰딸한테 방금 전화가 왔는데 박 대통령 각하께 유고有故 사태가 발생했답니다. 무슨 일인지는 모르겠으나 방송 뉴스에 나왔다고 합니다."
　"무슨 유고랍니까?"
　잠시 후 전화벨이 또 울렸다. 신 대사 작은딸한테서도 똑같은 전화가 걸려 왔다. 박 대통령이 김재규 중앙정보부장이 쏜 총에 맞아 숨진 구체적 상황을 파악한 것은 현지 통신사 뉴스를 통해서였다.

도무지 믿을 수가 없었다. 처음에는 오발誤發 사고라고 생각했는데 그게 아니었다. 김 부장은 지학순 주교님 구속 사건 이후 여러 번 만난 적이 있는 인물이다. 유신 정권 핵심에 있는 사람들 가운데 가장 자주 접촉한 사람이 김 부장이다. 얼마 전에도 여야가 팽팽히 대치하는 게 안타까워 박 대통령과 야당 지도자 김대중 씨 면담을 주선하기 위해 그를 피정의 집에서 조용히 만난 적이 있었다.

그는 나를 만날 때마다 자신은 박 대통령과 친형제보다 더 가까운 사이임을 되풀이해서 말했다. 그러면서도 집권자의 야욕과 군사 독재 정권의 한계에 괴로워하는 심경을 서너 번 내비쳤다. 그는 박 대통령의 고향 후배이자 육사 동기생이다. 그가 총을 쏜 이유에 대해서는 아직도 의견이 엇갈린다. 유신 종식을 위한 혁명적 거사라는 말도 있고, 박 대통령의 총애를 잃은 데 대한 우발적 행동이라는 말도 있다.

아무튼 교황님께 사정을 말씀드리고 나서 조문과 장례식 참석을 위해 급거 귀국했다. 제주도를 제외한 전국에 비상 계엄령이 선포된 가운데 국민들은 온통 슬픔에 잠겨 있었다. 주교단은 11월 2일 명동성당에서 신자 2,000여 명과 고 박정희 대통령 추도 미사를 봉헌했다. 나는 그날 강론에서 고인에 대한 애증愛憎을 이렇게 정리해서 말했다.

"고인께서 군인과 대통령으로서 보여 주신 애국심은 열정적이라고 해도 과언이 아닙니다. 고인은 국토 구석구석, 국민 생활 속속들이 관심을 가지셨습니다. 삼천리 방방곡곡 나무 한 그루, 풀 한 포기에 이르기까지 그분의 마음이 닿지 않은 곳이 없습니다. 고인은 산업화와 경제 발전에 실로 빛나는 업적을 남기셨습니다.

그러나 우리는 이 충격적 사건에서 뼈아픈 교훈을 얻어야 합니다. 아집과 탐욕, 증오와 폭력을 우리 가슴속에서 씻어 내고 용서와 화해, 사랑을 채워 넣어야 합니다. 하느님께서 원하시는 나라는 국민이 역사의 주인공이 되는 나라, 억압과 폭력의 공포가 없는 나라입니다. 이제 중요한 문제는 국상國喪을 끝낸 후에 있을 것입니다. 이 사건을 계기로 역사적 운명은 크게 발전할 수도, 침체할 수도 있습니다. 지금이 곧 갈림길이며 위기의 고비입니다."

박 대통령 장례식에 각 종교 대표들이 차례로 앞에 나가 고인을 위해 기도하는 순서가 있었다. 천주교 대표로 나간 나는 "이제 대통령이 아니라 한 인간으로서 주님 앞에 선 박정희를 불쌍히 여기소서."라고 기도했는데 참석자들이 모두 깜짝 놀라는 반응을 보였다. 한 시대를 호령한 절대 권력자를 불쌍히 여겨 달라고 빌었기 때문인 것 같았다. 무소불위의 권력을 휘두른 사람이든, 가난과 핍박에 시달리던 사람이든 인간은 죽으면 누구나 하느님 앞에 나가 심판받아야 하지 않는가. 육신은 한 줌 흙으로 돌아간다.

박 대통령을 생각할 때마다 애석哀惜의 정을 감출 수 없다. 그분이 쌓은 업적을 보건대 제3기 집권 야욕을 꺾고 정권을 이양했더라면 지금쯤 국민의 존경을 한 몸에 받는 국부國父가 되어 있지 않을까 하는 생각 때문이다.

얼마 후 김재규 씨 모친이 찾아왔는데 그분의 꼿꼿한 자세가 인상적이었다. 여든이 넘은 독실한 불교 신자인 노모는 "친형제 같은 두 사람 사이에 이런 비극이 일어난 것을 보면 전생에 원수지간이었던 모양이다."라며 아들의 운명을 받아들였다. 감당키 어려운 고통을 한 치 흐트러짐 없이 받아들이는 모습이 참으로 감명 깊었다. 김 씨 부인은 여러 번 만났는데 그분은 나중에 나한테서 세례를 받고 천주교 신자가 됐다.

김 씨 부하로서 사건에 연루된 박홍주 대령의 부인도 나를 몇 번 찾아왔다. 박 대령의 아이들은 아버지 구명을 호소하는 편지를 보내 왔지만 내가 힘이 되어 줄 사안이 아니었다. 어느 날 박 대령 부인이 새벽에 찾아와 다급하게 문을 두드렸다.

"추기경님, 어제 남편 면회를 갔는데 자기 소지품을 모두 가져가라고 해서 갖고 왔어요. 아무래도 무슨 일이 일어날 것 같습니다. 제발 남편을 살려 주십시오."

부인은 극도의 공포에 휩싸여 떨고 있었다. 안구가 돌아가는 등 부인에게 먼저 무슨 일이 일어날 것만 같았다. 부인은 물에 빠진 사람이 지푸라기라도 잡는 심정으로 그 시각에 나를 찾아온 것이다. 그러나 내가 그 상황에서 할 수 있는 일이 뭐가 있겠는가. 기도밖에 없었다. 부인이 돌아간 후 혼자 우두커니 앉아 기도로 안타까운 마음을 삭이고 있었다. 바로 그 시각에 박 대령 사형이 집행됐다.

부인과 아이들이 마음에 걸렸다. 그래서 시간이 좀 흐른 후 박 대령 집을 방문했는데 다행히 고통을 잘 이겨 내고 있어서 안심하고 돌아왔다. 김재규 씨 부인이 사건에 연루된 사람들의 가족들을 따뜻하게 보살피면서 사는 것을 보았는데 요즘은 어떻게 지내는지 궁금하다.

김수환 추기경은 중앙청 앞 광장에서 거행된 故 박정희 대통령 국장 영결식에서 천주교 대표로 종교 의식을 주례했다(1979년 11월 3일).

'서울의 봄'이 찾아왔다. 민주주의에 대한 기대감이 온 나라에 퍼졌다. 그 와중에 신군부 세력이 12·12 반란을 일으켰지만 김대중 씨, 김영삼 씨 같은 야당 지도자는 곧 대통령이 될 것처럼 행동했다. 전두환 보안사령관이 군부를 장악하고 정치권으로 세력을 확장하는 게 눈에 보였다.

1980년 정월 초하룻날, 실세로 떠오른 전두환 보안사령관이 내게 새해 인사를 왔길래 쓴소리를 했다.

"서부 활극을 보는 것 같습니다. 서부 영화를 보면 총을 먼저 빼든 사람이 이기잖아요."

그러자 그의 표정이 굳어졌다. 12·12 사태에 대한 이해를 구하려고 온 모양인데 내가 그렇게 말했으니 그럴 만도 했다.

1979년 12월 12일 밤에 발생한 12·12 사태는 전 소장을 중심으로 한 군부 내 강경 소장파가 상관(정승화 육군 참모총장)을 체포하고 군을 장악한 군사 반란이다. 전 소장은 "정 총장이 10·26 사태 관련된 혐의가 있기 때문에 연행 조사가 불가피했다."고 변명했지만 설득력이 없었다.

전 소장 측근인 모 대령이 가끔 집무실에 들렀다. 나는 그를 볼 때마다 "결국 당신들이 정권을 장악하겠다는 말 아니냐?"면서 나무랐다. 그는 매번 손사래를 치며 부인했다. 언젠가 "정권 장악 수순이다.", "절대 그렇지 않다."고 설왕설래하고 있을 때, 그가 자신의 말을 믿어 주지 않는다면서 울기까지 한 일이 있다.

유신 정권 붕괴 후 찾아온 '서울의 봄'은 혼란스러웠다. 신군부 세력은 군을 장악한 후 정계 진출의 발판을 만들어 가고 있었다. 그런데도 김대중 씨, 김영삼 씨 같은 야당 지도자들은 당장 내일 대통령이 될 사람처럼 행동하면서 다퉜다. 그때 야당 지도자들이 합심해서 민주 세력을 결집했다면 군사 독재 정권은 분명 연장되지 않았을 것이다.

그 무렵 최규하 대통령 권한대행과 식사를 한 적이 있다. 최 권한대행은 중심을 잡고 위기를 헤쳐 나가야 할 장본인이었다. 내색은 안 해도 책임감 때문에 무척 힘들 것이라고 생각했다. 그런데 그분은 "내가 이렇게 될 줄 누가 알았겠느냐."라는 식으로 이야기했다. 나는 '아! 이건(신세타령) 아닌데……'라며 고개를 저을 수밖에 없었다.

신군부는 정국 전반에 영향력을 행사하며 민주 인사들을 무차별 연행 구금하기 시작했다. 정국 주도권이 12·12 사태를 주도한 정치 장교들에게 거의 넘어갔다. 그러나 '서울의 봄'을 짓밟는 데 대한 국민 저항이 만만치 않았다. 학원가 중심으로 계엄 철폐 요구 시위가 거세게 일어났다. 5월 15일 대학생 10만 명이 서울역 광장에 모여 시위를 벌이고, 16일에는 학생 시민 3만 명이 광주 도청 앞에서 횃불 시위를 벌였다. 급기야 정부 당국은 18일 0시를 기해 비상 계엄을 전국으로 확대했다.

18일은 마침 서울에서 주교회의 상임위원회가 열리는 날이었다. 오후에 도착하신 광주대교구장 윤공희 대주교님 표정이 무척 어두웠다.

"오전에 금남로 교구청에서 내려다보니까 계엄군이 시위 학생들을 마구 짓밟더라고요. 내가 그 옆에 있었더라면 뜯어 말리기라도 했을 텐데. 무슨 큰일이 일어날 것만 같아요."

윤 대주교님은 학생들이 곤봉으로 두들겨 맞아 피를 흘리는 광경을 보고도 '사마리아인의 사랑'(루카 10,25-37 참조)을 실천하지 못한 데 대해 괴로워하고 계셨다. 그러나 TV 뉴스를 봐도 광주 이야기는 한마디도 없었다. 그날 오전에 윤 대주교님이 목격하신 광경이 6·25 이후 민족 최대 비극인 '5월 광주'의 서곡임을 누가 알았겠는가.

이튿날부터 심상찮은 이야기가 들려왔다. 군인들은 시위 학생들을 곤봉으로 내리치고 군화발로 짓이겼다. 연행자들을 마구잡이로 트럭에 실어 어디론가 데려갔다. 군인들이 대검을 휘둘러 사상자가 속출했다. 도시 전체에 긴장감이 감돌고, 시민들의 분노는 폭발 직전이었다.

언론은 입을 다물고 있었지만 광주에서 빠져나온 사람들이 상황을 알려 주었기 때문에 사태를 어느 정도 파악할 수 있었다. 가만히 앉아 있을 수 없었다. 전두환 소장에게 달려갔다. 그는 전화를 받느라 정신이 없었다. 시시각각 보고를 받고 지시를 내리는 모양이었다. 내가 이야기를 하려고 하면 전화기가 울리고, 중단됐던 이야기를 다시 꺼내려고 하면 또 전화기가 울려 대고……. 그렇게 30분쯤 흘렀을까. 전 소장은 전화를 끊더니 "미안합니다. 지금 광주에서 내란이 일어났습니다. 육군본부에 가 봐야 합니다."라며 뛰쳐나갔다.

마침내 이희성 계엄사령관은 21일 "계엄군은 자위권을 발동할 수도 있다."는 요지의 경고문을 발표했다. 무력 진압이 초읽기에 들어간 듯했다. 막아야 했다. 무장 군인과 시위대가 충돌하는 참극은 어떤 일이 있어도 막아야 했다. 머뭇거릴 이유도, 여유도 없었다.

저녁 시간, 문득 위컴 한미연합사 사령관이 떠올랐다. 신군부가 내 말에 귀를 기울일 리는 만무하고 위컴 사령관이라면 그들을 통제할 수 있을 것이라고 여겼다. 위컴 사령관에게 연락할 방법을 찾느라 미군 군종 신부에게 몇 차례 전화했으나 연결되지 않았다. 마음이 급해졌다.

마냥 전화를 기다릴 수 없었다. 주한 교황대사관으로 갔다. 교황대사 안젤로니 대주교에게 글라이스틴 주한 미 대사와 위컴 사령관을 만나게 해 달라고 부탁했다. 그런데 어찌 된 영문인지 글라이스틴 대사와도 불통이었다. 한 시간 가까이 전화기를 붙들고 있던 교황대사도 애간장이 타는지 끊었던 담배를 다시 입에 물었다.

다음 날 아침이 밝았다. 내가 직접 접촉하는 게 나을 것 같았다. 이희성 계엄사령관에게 전화를 걸어 만나고 싶다고 했더니 그는 직접 찾아오겠다고 했다. 이 계엄사령관은 온화한 인상이었다.

"무력 진압은 대규모 유혈 사태를 불러오고, 광주 시민에게 씻을 수 없는 상처를 남깁니다. 시위대와 대화를 해 보는 게 우선 아닙니까?"

"추기경님 말씀을 이해 못하는 건 아닙니다. 그러나 혼란이 광주에서 남쪽으로 번지면 문제가 없겠지만 위로 올라오면 더 심각한 사태가 발생합니다."

"사태는 신군부가 정권을 차지하려고 한 데서 빚어진 일 아닙니까?"

"제가 계엄사령관으로 있는 한 군이 정치에 개입하는 일은 절대 없을 것입니다."

"다른 장성들도 그렇게 생각하나요?"

"다른 장성이라뇨? 전두환을 두고 하시는 말씀인가요? 제가 그 사람 속을 들어가 보지 않았으니 어떻다고 말하기는 힘듭니다."

나는 특정인을 지칭하지 않는데 계엄사령관이 먼저 전 소장 이야기를 꺼냈다. 전 소장이 군부에서도 실세임을 눈치챘다. 광주 상황은 한 치 앞을 내다보기 힘들 정도로 혼미했다.

신군부 세력과 5·18 광주

광주에서 계엄군과 시위대의 충돌이 초읽기에 들어갔다. 무슨 수를 써서라도 유혈사태는 막아야 한다는 일념으로 이리저리 뛰어다녀 보았지만 소득이 없었다. 이희성 계엄사령관을 만나서도 결과는 마찬가지였다. 국민 대부분은 정부 발표와 언론 보도대로 불순 세력이 선동한 소요쯤으로 알고 있었다.

초조한 마음을 달래 가면서 광주대교구장 윤공희 대주교님께 편지를 썼다. 혹시 도움이 될지 몰라 그 안에 돈도 좀 넣었다. 광주는 이미 외부와 완전 차단된 상태였는데 이 계엄사령관의 협조를 구해 군종 신부 편으로 편지를 보낼 수 있었다. 편지에 "광주의 진실을 알려야 합니다. 따라서 진실이 필요합니다."라고 썼다.

윤 대주교님한테서 짧은 답장이 왔다.

"옳은 말씀입니다. 광주의 진실이 필요한 게 지금 '진실'입니다."

가만히 앉아 있을 수 없었다. 윤보선 전 대통령, 함석헌 옹, 재야 논객 천관우 씨 등과 함께 광주 사태의 평화적 해결을 촉구하는 시국 성명을 발표했다. 군부를 자극하면 안 된다는 의견이 우세해 광주 문제를 언급했는데 그나마도 동아일보 단신을 제외하고는 어느 신문 방송도 성명 내용을 보도하지 못했다. 계엄사령부 장교들과 중앙정보부 요원들이 신문사 편집국에 상주하며 기사를 일일이 검열하던 시절이었다.

광주 시민들의 민주화 열망은 계엄군과 공수 부대의 무력 진압에 의해 처참하게 짓밟혔다. 광주 사태는 6·25 사변 이후 최대 민족적 비극으로 막을 내렸다. 참으로 비통했다. 신군부 만행에 울분을 느꼈다.

나는 본의 아니게 1970~1980년대 민주화 운동의 한가운데 있었다. 그 20여 년 중에서 가장 괴롭고 고통스러웠던 순간을 꼽으라면 주저하지 않고 '광주의 5월'이라고 말한다. 광주에 내려가 시민들과 함께 피를 흘리며 싸웠더라면 그토록 괴롭지는 않았을 것이다.

그러나 고통으로 치자면 현장에 계셨던 윤 대주교님이 훨씬 더 컸을 것이다. 윤 대주교님처럼 불의에 대한 저항 정신이 투철하신 분이 그 고통과 울분을 삼키셨을 것을 생각하면 말이다. 자신의 양 떼가 피를 흘리며 쓰러지는 참극을 속수무책으로 보고 있어야 하는 목자의 고통을 어느 누가 헤아리겠는가.

5월 26일로 기억한다. 탱크를 앞세운 계엄군이 도청에 모여 있는 시민군을 무력 진압하고 작전을 종료하기 하루 전날이었다. 김성용 신부와 평신도 2명이 용케 광주에서 빠져나와 내게 광주 민주화운동 상황일지를 전해 주었다. 가슴을 쥐어뜯으면서 울부짖어도 시원찮을 사실이 많이 열거돼 있었다.

김 신부에게 부탁했다.

"나중에 사실 그대로 증언하십시오. 흥분하거나 과장하면 절대 안 됩니다. 이 불행한 사태를 국민에게 올바로 알리려면 진실만을 말해야 합니다."

그런 부탁을 한 이유는 내용이 상당히 부풀려진 유인물이 이미 나돌기 시작했기 때문이다. 감정에 호소하느라 사실을 과장한 내용이 훗날 거짓으로 드러나면 광주의 진실을 규명하는 데 오히려 역효과가 날 것이라고 생각했다.

국민들이 '서울의 봄'을 환호할 때 누구보다 변화의 물결을 반긴 사람이 나다. 민주화에 대한 기대도 기대려니와 이제 강론대, 시국 기도회에서 정치 이야기를 더 이상 하지 않아도 된다는 안도감 때문이었다. 그러나 '서울의 봄'은 일장춘몽에 지나지 않았다. 모든 것이 깨지고 말았다.

당시 가톨릭대학생회 등 젊은층에서는 내가 사태 전면에 나서서 강력하게 대처해 주길 촉구했다. 나도 그러고 싶었다. 아니, 광주로 내려가 몸으로라도 계엄군을 막고 싶었다. 혼자서라도 강경한 항의 성명을 내려고 쓰고 찢기를 몇 번이나 반복했다. 신문 방송에서 보도해 주지 않으면 유인물을 찍어서라도 배포하려고 했다.

그러나 진실이 가려져 유언비어가 난무하는 상황에서 내가 무슨 말을 하면 성난 젊은이들을 불행으로 내몰 가능성이 컸다. 그건 마른 풀섶에 불을 던지는 꼴이다. 만일 젊은층 요구대로 자극적 표현을 써 가면서 신군부를 연일 비판했다면 유혈 사태는 서울까지 번졌을지도 모른다.

누가 나에게 "그때 최선을 다했느냐."고 묻는다면 "그렇다."고 말할 자신이 없다. "그럼 아무것도 안 했느냐."라고 되물으면 "아니다. 나름대로 사태를 막으려고 노력했다."라고 말하고 싶다.

광주는 빠른 속도로 질서를 회복하는 것처럼 보였다. 그러나 유신 정권 시절처럼 물리적 힘으로 유지되는 질서였다. 안충석 신부, 장덕필 신부 등 신부 10여 명이 광주의 진실을 알리다 붙잡혀 들어갔다. 정부 당국은 그들을 허위 사실 유포죄로 몰아가기에 바빴다. '광주 시민의 아픔에 동참하며'라는 제목으로 발표한 시국 담화(7월 22일)에서 "우리에게 주어진 유일한 힘은 주님께 기도하는 것이며, 기도는 세상 어떤 무력보다 강하다."면서 신자들에게 기도를 당부했다.

광주 민주화운동에 적극 가담한 사형수들의 구명을 위해 전두환 대통령의 마음을 돌리는 것이 급선무였다. 김수환 추기경이 윤공희 대주교(오른쪽)와 함께 전 대통령을 만나는 장면.

어두운 터널 같은 그 순간에도 기쁜 일이 있었다. 광주 민주화운동 가담 혐의로 사형 선고를 받은 3명에 대한 구명 운동을 벌였는데 다행히 3명 모두 감형되거나 석방되었다. 사형수 부인, 구속자 부인 10여 명은 처음에 내 집무실을 무작정 점거하고 단식 농성에 들어갔다. 남편 생사를 내가 손에 쥔 것도 아닌데 부인들이 빤히 쳐다보고 있어 암담했다.

전두환 대통령의 마음을 돌려놓기 위해 여러 경로로 접촉했다. 윤 대주교님과 군종교구 정명조 신부(前 부산교구장)가 상당히 애를 많이 쓰셨다. 사흘 만에 남편의 감형과 석방 소식을 들은 부인들은 기뻐서 어쩔 줄 몰라 했다. 그 기쁜 소식이 들려온 날 저녁, 명동본당에서 마련해 준 광주행 버스에 오르던 부인들의 환한 얼굴을 잊을 수가 없다. 내가 광주에 내려가면 그때 '용감하게' 집무실로 쳐들어왔던 부인들이 가끔 찾아오곤 했다.

광주의 아픔이 잊혀지려면 적어도 1세기는 걸릴 것이라고 누군가 말했다. 광주의 5월은 우리 민족의 가슴에 너무나 깊은 상처를 남겼다. 희생자들의 민주화 공로가 뒤늦게나마 인정된 것은 다행이다.

제6장

이 땅에
평화를

내가 만난 마더 데레사

'살아 있는 성녀의 보디가드 김 추기경'

1981년 5월 3일 마더 데레사 수녀님(콜카타의 데레사 성녀)이 방한하셨다. 그날 오후 공항으로 수녀님을 마중 나갔는데 어찌나 인파가 많이 몰렸던지 '팔자에도 없는' 경호원 노릇을 해야 했다. 수녀님을 감싸 안다시피 하고 인파를 헤치면서 공항을 빠져나가는 내 모습을 보고 한 신문 기자가 '보디가드 김 추기경'이라고 썼다.

밀려드는 기자들과 환영객을 막지 않으면 70세가 넘은 150센티미터 단신 수녀님이 다치실 것 같아 보디가드로 나서지 않을 수 없었다.

마더 데레사 수녀님은 한국에 머문 3박 4일 동안 우리 가슴에 '사랑의 불'을 놓았다. 가는 곳마다 감동적 연설로 헐벗고 굶주린 이들에 대한 사랑을 역설하셨다. 1979년 노벨 평화상을 수상한 후부터 '살아 있는 성녀', '빈자貧者의 어머니'로 추앙받는 터라 신문 방송사 취재 경쟁도 대단했다. 기자들은 수녀님 말씀을 한마디도 놓치지 않고 보도하면서 전국에 사랑의 메시지를 전달했다.

다음 날 서강대 강연장으로 가는 도중 신자들이 몰려드는 바람에 수녀님이 하마터면 다칠 뻔했다. 그래서 마이크를 잡고 "오늘 우리는 데레사 수녀님의 사랑에 취한 것 같다."고 우스갯소리를 하면서 열기를 식혔다. 그때 사람들이 며칠 동안 수녀님을 모시고 다닌 나를 꽤나 부러워했을 게다. 어디를 가든 신자, 비신자 가릴 것 없이 그분 옷자락이라도 만져 보고 싶어 아우성이었으니 말이다.

데레사 수녀님은 본래 카메라 플래시를 무척 싫어하는 분이다. 그런데도 기자들이 몸을 부딪치면서 플래시 세례를 퍼부어도 인상 한번 찌푸리지 않으셨다. 언제 어디서든 주름 패인 얼굴에 미소가 가득했다. 가까이서 뵙건대 누구에게 보이려고 짓는 미소가 결코 아니었다. 들은 이야기지만 수녀님은 "카메라 플래시를 거부하지 않을 테니 그때마다 연옥 영혼을 한 명씩 구해 달라."고 하느님께 청했다고 한다. 대구 희망원에 내려가셨을 때 그 이야기가 화제에 올랐는데 수녀님이 "연옥 영혼을 위해 기도를 너무 많이 해서 연옥이 텅텅 비었을 것."이라고 농담을 던져 한참 웃었던 기억이 난다.

데레사 수녀님은 한국 첫 방문이셨다. 그러나 나는 이미 그 전에 호주 멜버른 세계성체대회에서 그분의 명성과 열정을 확인했다. 그때 야외 강연회에서 들은 생명 존중 메시지는 지금도 잊혀지지 않는다.

"하늘에는 별이 많아서 아름답습니다. 들판도 꽃이 많이 필 때 아름답습니다. 인간 세상에도 어린이가 많을 때 아름답습니다. 하늘에 별이 많다고, 들에 꽃이 많다고 불평하는 사람이 어디 있습니까? 그런데 인

한국을 처음 방문(1981년 5월 3~6일)한 마더 데레사 수녀와 함께.

간은 왜 어린 생명이 우리 삶을 더 어렵게 만든다고 불평하면서 낙태를 합니까?"

데레사 수녀님은 정말 그리스도의 사랑을 나누며 사신 분이다. 가난·불평등·전쟁 등 인간 사회가 안고 있는 온갖 문제의 궁극적 해답을 갖고 계셨다. 사람들이 수녀님을 보고 열광한 이유도 그 해답, 다시 말해 그리스도의 사랑을 갈구하고 있었기 때문이다.

수녀님은 서강대학교 강연회에서 이런 말씀을 하셨다.

"굶주림은 먹을 것에 대한 굶주림만을 뜻하는 것은 아닙니다. 헐벗음은 옷을 걸치지 못한 헐벗음만을 뜻하는 것도 아닙니다. 사랑에 대한 굶주림과 인간 존엄성이 벗겨진 상태의 헐벗음이야말로 현대를 사는 우리 모두가 걱정해야 할 중요한 과제입니다."

데레사 수녀님은 굶주리고 헐벗은 사람들 속에서 가난하게 사셨다. 가난한 이들 가운데 계신 하느님을 보았기 때문에 가능한 일이었다.

나도 독일 유학에서 돌아온 후 가난한 이들과 부대끼면서 살고 싶은 열망에 몸살을 앓았으나 하느님께서 그 길로 이끄신다는 확신을 갖지 못했다. 오랜 번민 끝에 결정을 내리려는 순간에는 내가 과연 가난한 사람들보다 더 가난하게 살면서 그들의 눈물을 닦아 줄 자신이 있는가 하는 의문이 들어 주춤했다. 그러다 주교로 임명돼 망설임은 흐지부지되어 버렸다. 주교직도 하느님의 부르심이기는 하지만…….

사람들은 데레사 수녀님이 증거한 그리스도의 사랑이 어떤 사랑인지 어렴풋이라도 알고 있다. 그분이 들었던 '사랑의 등불'이 무엇을 의미하는지도 안다. 문제는 그 사랑을 얼마나 충실하게 실천하느냐이다. 모든 사람이 데레사 수녀님처럼 사랑을 실천할 수는 없다. 그러나 사랑은 큰 사랑만 있는 게 아니다. 고통 중에 있는 이웃을 위해 기도해 주고, 옆 사람에게 따뜻한 미소 한번 지어 보이는 것도 사랑이다. 마음에서 미움을 털어 버리고 화해하는 것도 사랑이다. 그런데 작은 사랑이라도 실천하려면 기도해야 한다.

나 역시 일본에 대해 미움 정도가 아니라 적개심을 품었던 때가 있다. 외국에 그렇게 드나들면서도 일본항공JAL은 아예 쳐다보지도 않고 일제 물품은 방에 들여놓지 않을 정도였다. 그런데 언제부턴가 그리스도를 믿는 사람이 한 국가를 그토록 미워해도 되는가 하는 생각이 들어 기도하기 시작했다. 내 마음에서 미움과 증오를 씻어 달라고 말이다. 하느님께서는 그 기도를 들어주셨다.

 지금까지 살면서 사람들에게 상처 준 일도 많고, 누군가를 미워해 본 적도 있다. 인간이기에 어쩔 수 없는가 보다. 그래도 고해성사나 기도를 통해 잘못을 뉘우치면서 살아왔기에 사랑을 잃지 않고 여기까지 왔다.

 생각나는 신부님이 한 분 있다. 교회 음악가로 유명한 故이문근 신부님이다. 이 신부님이 병원에 입원하셨을 때 병문안을 간 적이 있는데 그날따라 나를 반기면서 말씀을 잘 하셨다. 한때 나를 만나기도 싫어하셨던 분이다. 이 신부님은 "이제 누구를 미워하는 마음이 사라졌다."면서 옆방에 입원 중인 양기섭 신부님을 일부러 찾아갔다고 하셨다. 아는 사람은 알겠지만 두 분은 서로 얼굴조차 마주보기 싫어하는 사이였다. 나는 이 신부님을 통해서 용서와 화해의 참모습을 보았다.

 데레사 수녀님은 "기도는 신앙을, 신앙은 사랑을, 사랑은 가난한 사람을 위한 봉사를 낳는다."고 말씀하셨다. 각자 사랑의 등불을 켜서 어두워져 가는 세상을 밝히라는 것이 그분의 메시지다. 등불 크기는 문제가 되지 않는다. 옆 사람과 화해하고 용서하는 것도 아름다운 사랑이다.

조선교구 설정 150주년 기념 신앙대회

　　조선교구 설정 150주년 기념 전국 신앙대회(1981년 10월 18일)라고만 말하면 오래 전 일이라 기억이 가물가물한 사람이 많을 것이다. 그러나 여의도 상공에 십자가가 나타나서 한동안 화제가 됐던 행사라고 하면 대부분 기억할 줄로 안다.

　　이날 신앙대회는 말 그대로 교황청이 150년 전 조선 포교지를 감목대리구(監牧代理區)로 설정한 것을 기념하고 우리 신앙 의지를 새롭게 다지는 행사였다. 조선 교회는 그 전까지만 해도 중국 북경교구에 속해 있었다. 조선교구(감목대리구) 설정은 박해로 풍비박산이 된 조선 교회를 재건하려는 교황청 의지가 작용한 것으로, 정식은 아니지만 교계 제도를 갖추고 걸음마를 시작했다는 데 의미가 있다.

　　그건 그렇고 막상 행사 준비 작업에 들어가니까 모든 게 막막했다. 교구 차원에서야 여러 번 신앙대회를 열었지만 전국 규모 행사는 처음이라서 걱정부터 앞섰다. 한국 교회는 그처럼 큰 행사를 치러 본 경험이 아예 없었다. 더구나 행사 장소가 여의도 광장이라서 외부 사람들 눈도 의식하지 않을 수 없었다.

다행히 모든 주교님들이 한마음이 되어 협력해 주셨다. 신부들과 평신도들이 밤을 새워 가면서 일한 덕분에 준비를 순조롭게 마칠 수 있었다. 30~40만 명쯤 참석할 것으로 예상했다. 그런데 하느님께서 '도와주지 않으시려는지' 전날부터 가을비가 줄기차게 쏟아졌다. 당일 새벽에 비가 그쳐 천만다행이었다.

전국 신자들이 이른 아침부터 대회장으로 집결하는 모습은 정말 장관이었다. 사방에서 모여드는 신자들 행렬이 끝이 없었다. 대회장 주변까지 인산인해人山人海였다. 그 넓은 여의도 광장이 행사 2시간 전에 꽉 차서 준비 위원회 측에서도 입을 다물지 못했다. 밤새 기차를 타고 올라온 영호남 지방 신자들은 영등포역 대합실에 쪼그려 앉아 아침 도시락을 먹고 여의도로 줄지어 걸어왔다. 준비 위원회는 참석 인원을 80만 명이라고 공식 발표했다. 새벽까지 내린 비로 인해 대회장 바닥이 축축하고 날씨마저 쌀쌀해서 신자들 고생이 무척 컸을 게다.

오전 10시 기수단과 사제단을 앞세우고 중앙 제단으로 입장할 때였다. 사제단에 이어 주교단이 단상에 오르는 순간 양옆에 있는 3,000여 명 성가대석이 갑자기 웅성웅성거렸다. 사람들이 목을 빼고 하늘을 쳐다보는 것 같았는데 별 신경을 쓰지 않았다. 제단에 오르다 말고 뒤를 돌아볼 수도 없는 노릇이고, 잠시 무슨 소동이 일어났겠거니 생각했다.

그때 구름 속에서 십자가가 나타났다는 이야기는 행사를 마치고 주교관에 돌아와서 들었다. 어느 수녀님이 흥분한 어조로 "대회장에서 구름을 뚫고 나온 십자가를 보았다."라고 말했다. 나는 "무슨 헛것을 봤길래 그러냐." 하며 대수롭지 않게 받아 넘겼다. 그날 저녁 롯데호텔에서 열린 150주년 기념 리셉션에서도 화제는 온통 십자가 이야기였다. 평소 허튼소리 안 하는 사람들까지 흥분을 가라앉히지 못하고 똑같은 이야기를 하니 믿지 않을 수도 없고…….

이야기를 종합하면 이렇다. 행사가 시작되자 신자들은 뒤로 돌아서서 사제단과 주교단을 영접하고 있었다. 중앙 제단 양옆에는 수녀들과 성가대원들이 서 있었다. 그때 주교단 뒤편 동남쪽 하늘에서 구름 사이로 십자가 형상 빛이 1분가량 나타났다가 사라졌다. 누군가가 용케 그 십자가를 찍은 사진을 나중에 보니까 빛이 자로 잰 듯 가늘고 선명했다. 누가 봐도 영락없는 십자가였다.

글쎄다. 하늘이 개는 과정에서 우연히 나타난 형상인지, 아니면 정말 하느님의 어떤 뜻이 담긴 십자가 발현인지 누가 알겠는가.

그런데 왜 하필 십자가가 그 순간에 나타나 나는 보지 못했단 말인가. 정말 십자가 발현이라면 나는 일생일대의 순간을 놓친 것이다. 사람들이 한동안 "추기경님도 그 십자가를 보았느냐."고 물었다. 그때마다 "너는 나를 보고서야 믿느냐? 보지 않고도 믿는 사람은 행복하다."(요한 20,29)는 성구를 읊으면서 아쉬운 마음을 달랬다.

나는 그 십자가를 하느님 축복이라고 믿고 싶다. 하느님께서는 조선 말엽 중국에서 들여온 신앙의 씨앗이 박해의 비바람을 이겨 내고 풍성하게 열매 맺은 것을 보시고 무척 기뻐셨을 것이다. 대견스러운 어린 아들의 머리를 쓰다듬어 주는 아버지 마음 그 자체였을 것이다. 걸음마를 떼기도 전에 불어닥친 박해의 광풍을 이겨 내고 어엿하게 성장한 한국 교회가 하느님 보시기에 얼마나 대견스러웠겠는가.

한국 교회 역사는 수난의 역사요, 순교의 역사다. 불모지에 뿌려진 신앙의 씨앗이 싹트고 꽃피는 과정에서 수많은 신앙 선조가 피를 흘렸다. 인간에게 죽음보다 더 두려

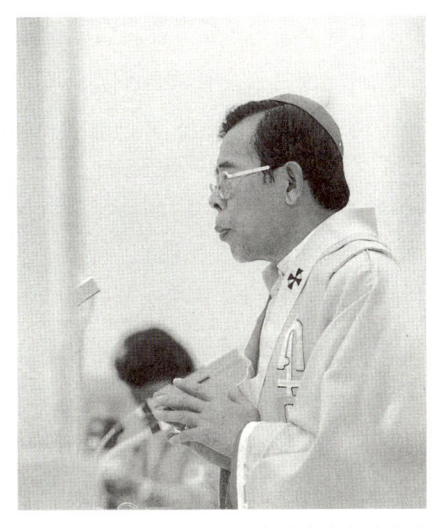

조선교구 설정 150주년 기념 신앙대회 미사 중에(1981년 10월 18일).

운 것은 없다. 그런데도 신앙 선조는 배교를 거부하고 피를 흘리면서 죽어 갔다. 하느님을 위해서 목숨까지 기꺼이 바쳤던 신앙 선조의 순교혼이 바로 한국 교회의 얼이다.

한국 교회는 일제 시대에도 여러 형태로 탄압을 받았다. 북한 교회는 해방 직후부터 말살되다시피 하는 고난의 길을 걸었다. 내 소신학교 동기생 3명도 북한 땅에서 순교했다. 한국 전쟁 후에는 가난과 싸우면서 시대 징표를 읽느라 여념이 없었다. 그리고 협박과 편견에 굴복하지 않고 이 나라 민주화 운동의 선두에 섰다.

한국 교회가 걸어온 길은 2,000년 전 예수 그리스도께서 걸으신 길과 같다는 생각이 든다. 물론 도중에 과오過誤가 없었던 것은 아니지만

자기 십자가를 지고 주님을 충실히 따랐다(마태 16,24 참조)고 생각한다.

그러나 정작 중요한 것은 현재와 미래다. 사람이든 조직이든 위험 신호는 자만심에 도취되어 있을 때 나타난다. 150주년 기념 미사 강론에서 이렇게 말했다.

"우리는 교회사를 기릴 뿐 아니라 민족의 현재를 변혁시키는 누룩이 되고, 민족의 미래를 밝히는 빛이 되고자 합니다. 그러기 위해서는 세상의 빛과 땅의 소금이 되어야 합니다."

그날 행사가 끝난 여의도 광장에는 휴지 한 조각 남아 있지 않았다. 신자들이 식전 공동 고해성사 때 받은 보속을 실천하느라 쓰레기를 모두 가져간 것이다. 이 또한 내내 화제가 되었다. "천주교는 뭐가 달라도 다르다."는 이야기가 심심찮게 들려왔다. 사람들이 천주교에 호감을 갖는 것이 눈에 보일 정도였다.

> 형님
> 김동한 신부

1983년 9월 말 세계주교대의원 회의에 참석하기 위해 로마에 도착했다. 그곳에 체류 중인 장익 신부가 공항까지 마중을 나왔길래 저녁 식사를 하러 바티칸 근처 중국집에 들어갔다.

식사를 막 마쳤을 때였다. 장 신부는 평소보다 나를 더 어려워하는 자세로 머뭇거리더니 "저…… 긴히 드릴 말씀이 있습니다."라며 말문을 무겁게 열었다.

"무슨 얘긴데?"

"말씀드리기 송구스럽습니다. 오늘 서울에서 형님 신부님이 돌아가셨다는 기별이 왔습니다."

"……."

그 말을 듣는 순간 가슴이 푹 파이는 것 같았다. 머리와 가슴이 텅 비어 아무런 대꾸도 하지 못했다. 먼 길을 왔는데 식사라도 제대로 하라고 장 신부가 배려해 준 모양이었다. 부음訃音을 공항에서 들었더라면 육신

마저 허기져 바닥에 주저앉았을 것이다.

형님 김동한(가롤로) 신부님. 이 세상에서 내 마음에 가장 큰 빈자리를 남겨 두고 가신 분이다. 나와 어머니 사이의 천륜지정天倫之情에 비할 바는 아니지만 뭐라 그럴까, 한 인간으로서 피부로 느끼는 정은 형님만 한 사람이 없었다.

형님은 정이 깊은 사람이었다. 어린 시절, 어머니가 우리를 먹여 살리느라 행상을 나가시면 나는 텅 빈 집에서 세 살 터울인 형님과 늘 함께였다. 형님이 초등학교 4학년을 마치고 먼저 소신학교에 들어갈 때까지, 우리는 단 한 번도 떨어져 본 적이 없었다. 사내아이들은 싸우면서 큰다는데 형과 싸운 기억도 없다. 열다섯 살 때까지 형에게 "야, 너" 하는 식으로 반말을 했는데도, 워낙 유순한 성격이라 그 점에 대해 아무 말도 없었다. 형님이라기보다 오히려 영혼의 단짝 동무에 가까웠다.

형이 소신학교에 가고 나서 처음으로 맞은 방학이었다. 오랜만에 집에 돌아온 형이 그렇게 반가울 수가 없었다. 나는 예전처럼 형을 그림자처럼 따라다니며 방학 내내 함께 뛰어놀았다. 그러던 어느 날, 학교에 갔다 오니 형이 아무 말 없이 홀연히 사라지고 없었다. 형은 개학에 맞춰 소신학교로 돌아간 것이었다. 온 집안에 형의 흔적만 남아 있는 듯했다. 텅 빈 집에서 느꼈던, 마음이 휑하니 뚫린 것 같은 공허함은 태어나서 처음 느껴 본 감정이었다.

그토록 의지했던 형의 부음을 들었을 때, 어린 시절 느꼈던 그 공허함이 다시 한 번 나를 덮쳐 왔다. 회의 때문에 로마에 한 달 동안 머물면서도 형 생각에 마음이 편치 않았다. 내가 할 수 있는 일이라고는 회의를 마치고 숙소로 돌아와 형과 친했던 분들에게 부음을 전할 겸 편지를 쓰는 것이 전부였다. 한 자 한 자 형에 대한 깊은 정을 글로 옮길 때마다 눈물이 하염없이 흘렀다. 그렇게라도 애달픈 마음을 달래야만 했다.

출국 전 병원에서 뵌 게 마지막이 될 줄이야……. 형님은 지병인 당

서울대교구장 착좌식을 마치고 명동성당 앞마당에서 형 김동한 신부(왼쪽)와 함께 (1968년 5월 29일).

뇨병이 악화돼 다리 절단 수술을 받아야 했다. 몸이 성치 않은데도 당신 몸은 돌볼 생각을 않고 결핵 환자들을 위해 뛰어다니시느라 병이 그 지경까지 악화된 것이다.

형님은 당뇨 합병증으로 결핵에 걸려 국립마산결핵병원에서 치료를 받는 동안 결핵 환자들의 비참한 생활을 보고 그쪽 방면으로 뛰어들었다. 천성이 어려운 상황에 처한 사람을 외면하지 못하는 성격이었다. 특히 가난하고 헐벗은 사람을 돕는 일에는 앞뒤를 가리지 않으셨다.

형님이 1976년 운영난에 허덕이는 대구결핵요양원(現 대구요양원)을 인수할 때만 해도 사회 복지 사업에 대한 교회 관심은 매우 미약했다. 그런 여건에서 빚에 쓰러져가는 시설을 맡아 운영했으니 고생이 오죽했겠는가.

언젠가 요양원에 들렀는데 형님이 요양원 확장 계획을 말씀하셨다. 내가 "건강도 안 좋은데 무모하게 일을 벌이는 것 아닙니까? 수용 환자들 숫자를 줄이세요."라고 말했다. 그랬더니 형님은 "오갈 데는 고사하고 그냥 두면 죽을 게 뻔한 중환자들이 도와 달라고 하는데 어떻게 외면하겠느냐."라며 내 조언을 일축하셨다.

형님의 약점은 바로 이 착한 마음에 있다. 남의 사정 다 들어주고, 때로는 사람을 너무 믿어서 속기도 하셨다. 이런 선한 어리석음 때문에 교회 어른들과 주변 친지한테서 진짜 어리석은 사람으로 오해를 받아 소외당하는 시련을 겪기도 하셨다. 그럴 때마다 형님은 묵주를 돌리면서 성모님께 의탁하셨다.

형님은 당뇨병을 다스리지 못해 시력이 점점 약해지고 두 다리가 마비되어 갔다. 그런 몸으로 사방팔방 후원자들을 찾아다녔으니 그 걸음이 얼마나 무겁고 고달팠을까. 그런데도 그런 심경을 한번도 내비치질 않으셨다. 지금도 그 생각을 하면 가슴이 아려 온다.

내가 주교가 된 후부터는 형님과 접촉이 뜸했다. 어떤 해에는 한두 번 스쳐 지나가는 정도였다. 주교관 출입이 행여나 동생에게 누가 될까 봐 일부러 피하신 것이다.

형님은 나와 얼굴이 무척 닮았다. 사람들이 거리에서 "아이고, 추기경님!" 하고 반갑게 인사를 하면 주위 시선이 쏠려 여러 번 당황한 적이 있다고 말씀하신 기억이 난다. 하지만 공부는 형님이 훨씬 잘했고 마음도 착했다. 형님은 학교 성적이 늘 '갑甲'이었는데 나는 '을乙'에서 맴돌았다. 어린 마음에 그런 형님이 자랑스러웠다.

내가 학도병에 끌려갈 때 형님은 손을 잡고 닭똥 같은 눈물을 뚝뚝 흘리셨다. 전쟁이 끝나 귀국선을 타고 돌아왔을 때도 그러셨다. 여러 날 굶은 채 부산항에 내려 밥 한 그릇 얻어먹을 요량으로 찾아간 범일성당에서 기적적으로 형님을 만났을 때의 감격은 지금도 잊지 못한다. 형님은 그때 범일성당 보좌 신부였다.

로마에서 돌아오자마자 형님을 모신 대구 남산동 성직자 묘역으로 내려갔다. 소박한 분묘 앞에 작은 나무 십자가가 꽂혀 있었다. 그때서야 형님의 죽음을 받아들일 수 있었다. 그리고 요양원에 들러 형님이 쓰시던 방에 가 보았다. 방은 내 마음처럼 텅 비어 있었다. 그날 밤 형님의 체취가 남아 있는 그 방에서 잠을 잤다.

참으로 고마운 것은 지금도 많은 분들, 특히 당시 형님 복지 사업을 후원해 주었던 '밀알회' 형제 자매들이 기일(9월 28일)이 돌아오면 한데 모여 형님을 추모하는 것이다. 나도 매년 기일에 내려가 미사를 함께 봉헌하는데 그토록 많은 이들이 20년을 한결같이 한 사제를 기억해 주는 게 놀랍고 고마울 따름이다.

형님은 "친구들을 위하여 목숨을 내놓는 것보다 더 큰 사랑은 없다."(요한 15,13)라는 말씀을 온전히 실천하다 가신 분이라고 믿는다.

가난한 이들과
살고 싶었는데

1981년 작고하신 기 후고 신부님(메리놀 외방 전교회) 병문안을 갔을 때 일이다. 간병하는 아주머니가 기 신부님이 평소 입으셨던 속옷 바지를 옷장에서 꺼내 보여 주었다. 구멍이 숭숭 뚫린 데다 신부님이 직접 바느질을 하셨는지 엉성하게 꿰맨 흔적이 여러 군데 있었다.

그 속옷은 내게 깊은 감명을 주었다. 복음적 청빈의 표징처럼 느껴졌기 때문이다. 그러나 한편으로는 몹시 부끄러웠다. 나는 말할 것도 없고 한국의 어느 신부가 그처럼 낡은 속옷을 입어 본 적이 있겠는가.

서울대교구장으로 있으면서 내 신앙과 생활이 과연 복음적인가 하는 질문을 스스로 던져 보곤 했다. 대답은 '아니다.'에 가까웠다. 특히 사제로서 지향해야 할 복음적 청빈 생활은 분명하게 '아니'었다. 내가 좋아하는 설교 주제 가운데 하나가 복음적 청빈인데도 말이다.

주교관 집무실에 앉아서 이런 생각도 해 보았다. '주교관을 떠나서 가난한 사람들 속에 들어가 살 수는 없을까?'

가난한 사람들과 함께 살고 싶은 열망에 몸살을 앓았던 본당 신부 시절이 그리워서 더 그랬을 게다. 높은 자리라는 게 간혹 창살 없는 감옥처럼 느껴질 때가 있다. 그럴 때마다 가난한 사람들과 웃고 울었던 본당 사목 시절을 떠올리면서 답답한 마음을 달랬다.

그러나 가난한 동네에 들어가 사는 게 생각처럼 쉬운 일은 아니다. 내가 빈민촌으로 들어가면 적어도 비서 신부와 끼니를 챙겨 줄 식복사는 따라와야 한다. 여기저기 다니려면 승용차도 필요하다. 수시로 내방하는 손님들을 맞이하려면 응접실이 넓어야 하고 주차장도 있어야 한다. 그러기 위해서는 집이 커야 한다.

결국 가난한 이들과 함께 살고 싶은 소망은 실현 불가능한 꿈에 불과했다. 생각이 거기까지 미치면 내 꿈은 물거품처럼 꺼지고 다시 추기경 일상의 자리로 돌아왔다.

빈민촌에 뛰어든 정일우(예수회) 신부님과 故 제정구 의원이 1970년대 중반쯤 양평동 철거민들을 이끌고 경기도 시흥시 신천리라는 곳에 이주했다. 철거민 집단 이주는 마치 모세가 이스라엘 백성을 데리고 가나안 땅을 찾아가는 여정같았는데 그 과정에서 내가 도움을 줬다. 정 신부님은 정착촌(복음자리)에 내 방을 마련해 주었다. 그곳에 여러 번 갔으나 자고 온 적은 한번도 없다. 공동 화장실을 사용해야 하는 등 불편한 게 한두 가지가 아니라서 자고 가라고 할 때마다 슬금슬금 꽁무니를 뺐다.

동대문 평화시장에 있는 준본당을 사목 방문차 가본 적이 있다. 그곳 신부님과 신자들이 시장 구경을 시켜준답시고 나를 반시간 남짓 끌고 다녔는데 정신이 없어서 혼났다. 비좁고 공기가 탁한 시장통에서 삶을 꾸려가는 상인들, 또 시장을 성당처럼 여기고 사목하는 신부님이 정말 대단해 보였다. 나라면 사목은커녕 한 달도 못 가서 병이 나 쓰러졌을 것이다.

그리고 보면 가난한 사람들과 살고 싶은 꿈을 실행에 옮기지 못한 이유는 추기경 직책 때문이 아니라 용기가 없어서라는 게 솔직한 고백일 것이다. 예수님처럼 자신을 낮추고 비우지 못했음을 자책하지 않을 수 없다. '사랑'이란 단어를 입에 달고 살고, 그토록 자주 사회 복지 시설을 방문했으면서도 나는 왜 스스로 몸을 굽혀 장애인들 수발 한번 들어 줘 보질 못했는가. 조금 후회스럽다. 지금은 그런 봉사를 하고 싶어도 누가 이 힘 빠진 늙은이에게 일을 맡기겠는가.

그러나 잠시라도 가난한 사람들 속에 들어가 머문 시간은 행복했다. 성탄 전야에 산동네와 소규모 사회 복지 시설 같은 곳에 기쁜 마음으로 찾아간 이유이기도 하다. 또 그들에게 보탬이 될 것 같으면 어떻게 해서든지 도와주려고 노력하면서 살았다.

정일우 신부님이 철거민들을 이주시킬 부지를 물색할 때도 내가 정부 모처에 시쳇말로 '빽'을 좀 썼다. 어느 날 정 신부님이 "대한민국이 어디 있습니까? 이 나라에 국민이란 존재가 있기나 하는 겁니까?"라며 분노했다. 자초지종을 들어 보니 정 신부님은 발품을 팔면서 땅을 물색하러 다녔지만 쓸 만한 땅은 전부 힘있는 사람들이 차지하고 팔지를 않아 애를 먹고 있었다. 그래서 정부 측에 "도시 개발에 쫓겨난 힘없는 서민들은 내팽개치고 과연 누굴 위해 일하겠다는 정부냐."고 항의했더니 금방 일이 성사됐다.

그 즈음에 예수의 작은 자매들의 우애회 수녀들이 가난한 사람들과 쓰레기를 주우면서 살아가는 난지도 쓰레기장에도 몇 번 가 본 적이 있다. 그 척박한 삶의 현장에서 살아가는 수녀들 이야기를 들으면 '나도 한번 가 봐야지.' 하는 마음이 절로 들었다. 더구나 내가 가서 가난한 사람들 손 한번이라도 잡아주면 큰 힘이 된다고 하기에 늘 기쁜 마음으로 그런 현장을 찾아다녔다.

나 역시 그들의 꺼칠한 손을 잡아줄 때는 내가 그들을 위로하는 것이 아니라 내가 위로받는다는 느낌이 들었다. 그들 삶 속에 하느님께서 머물러 계셨기 때문일 것이다.

사북 탄광 현장 체험(1985년)은 색다른 경험이었다. 아시아 사회문제 주교연수회BISA 프로그램으로 주교들이 현장 체험을 하기로 했는데 나는 '인생 막장'이라는 탄광을 선택했다. 그때만 해도 탄광 붕괴 사고가 툭하면 발생해 구조 현장에서 울부짖는 가족 모습이 뉴스에 자주 비쳤다. 또 탄광촌 부인들 사이에 춤바람이 나서 사회 문제가 될 때였다.

막상 갱까지 기어 들어가서 탄을 캐는 척해보니까 이건 보통 고역이 아니었다. 몸을 곧추세울 수도 없이 좁은 탄 구덩이에서 도시락을 까먹으며 하루 7시간, 8시간씩 일한다는 게 믿어지지 않았다. 독일 유학 시절에 한국인 노무자들과 막장에 가본 적은 있지만 한국 탄광은 작업 환경, 특히 안전 면에서 너무나 열악했다. 나 같은 사람은 한나절은 고사하고 한 시간도 못 버티고 뛰쳐나올 정도였다. 갱에서 나와 부인들을 만난 자리에서 "남편은 처자식 먹여 살리느라 저 고생인데 부인들이 춤이나 추러 다니면 되겠느냐."라며 야단(?)을 치고 돌아왔다.

현장 체험을 위해 강원도 태백 사북 탄광을 찾았다(1985년 8월).

가난하고 소외된 사람들, 슬퍼 우는 사람들을 수없이 찾아다녔지만 그들과 삶을 나누지는 못했음을 부끄러이 고백한다.

나는 인간 문제에 대한 애정과 관심이 깊었다. 하느님 모상대로 창조된 인간에 대한 사랑이다. 하지만 예수님께서는 인간을 사랑하신 나머지 당신의 몸과 피까지 내어 주셨는데 나는 그 흉내도 내 보지 못했다.

죽어서 하늘나라에 가면 하느님한테 꾸지람 들을 잘못이 그 점일 것이라고 생각한다.

교황 방한과 103위 시성식

교황님이 한국을 처음 방문하신 때는 1984년이지만 주교단은 이미 4년 전부터 바티칸에 방한을 요청해 놓고 마음속으로 준비하고 있었다. '그리스도의 대리자' 요한 바오로 2세 성인 교황께서 한국 교회 창립 200주년(1984년) 기념 행사에 참석하시고, 그 자리에서 순교 복자 103위까지 성인 반열에 올려 주신다면 200년 역사의 최대 경사요, 가슴 벅찬 감동의 순간이 될 것이라고 생각했다.

교황 방한과 시성식이 최종 결정되기까지 많은 사람들이 애썼다. 특히 장익 신부의 노고를 잊을 수 없다. 마침 로마에서 공부하고 있던 장 신부는 유창한 외국어 실력으로 내 명의의 긴급 서한과 공문을 수시로 작성해서 바티칸에 보냈다. 그때 장 신부를 하도 요긴하게 부려먹어서 "장 신부가 지금 로마에서 공부하는 건 하느님 섭리야."라고 위로한 적이 있다. 장 신부는 또 방한을 앞둔 교황님에게 한국어를 직접 가르쳐 드렸다. 그 덕분에 교황님은 한국 순례단을 만나면 우리말로 "찬미 예

요한 바오로 2세 성인 교황이 한국에 도착하자마자 절두산 순교 성지에 들러 순교자 유해를 참배하고 있다(1984년 5월 3일).

수", "감사합니다."라고 인사하신다.

    사실 교황 방한 이야기는 전임 바오로 6세 성인 교황 재임시에도 잠깐 나왔다. 필리핀 방문을 준비 중인 바오로 6세 성인 교황에게 한국에 들러주실 것을 요청했더니 교황님은 "마음은 간절하지만 남북 대치 상황에서 정치적으로 오해받을 소지가 있다."면서 아쉬워하셨다. 교황님이 어느 나라를 가시든 상징적 의미는 클 수밖에 없다. 또 사목적 방문이라고 강조해도 어떤 이들은 아전인수我田引水 식으로 정치적 해석을 하려고 한다.

    다행히 1984년 방한에 그런 문제는 걸림돌이 되지 않았다. 그러나 200주년 기념 사업으로 역점을 둔 103위 시성 추진 건은 그리 간단한 문제가 아니었다. 시성 절차 가운데 기적 심사라는 것이 있다. 시성 대상자의 기도나 행위 등으로 인해 어떤 사람의 병이 나았다든지 하는 기적이 있었음을 증명하는 것이다. 하지만 그 혼란한 박해 시대에 무슨 기록이나 증언이 남아 있어 기적을 증명할 수 있겠는가. 내가 기적 보고 관면 청원서를 교황님께 직접 올렸다.

"하나뿐인 목숨을 버리면서까지 신앙을 증거한 신앙 선조들 사이에서 왜 기적이 일어나지 않았겠습니까. 다만 구체적으로 증명하지 못할 따름입니다. 그러나 순교자들로 인한 기적은 지금도 계속 일어나고 있습니다. 100년에 걸친 박해 잿더미에서 교회가 다시 일어서고, 복음이 퍼져 나가 한 해 성인 영세자가 10만 명에 달하는 것이 기적이 아니고 무엇이겠습니까."

교황님은 그 영적 기적을 인정하시고 기적 심사를 면제해 주셨다.

5월 3일 오후 2시 11분. 교황님이 김포공항에 도착해 모습을 드러내셨다. 교황님은 비행기 트랩에서 두 팔을 활짝 벌리시고 순교의 피로 얼룩진 한국 교회, 고난한 역사의 땅 한국을 품에 안으셨다. 공항뿐만 아니라 TV로 생중계된 전국에서 "Viva Papa!(교황 만세!)" 환호가 물결쳤다.

교황님의 4박 5일 순례 여정은 서울 시내 진입 길목에 있는 절두산 순교 성지에서 시작되었다. 순례의 발걸음은 광주, 대구, 부산으로 계속 이어졌다. 교황님을 수행하는 동안 감동적인 장면을 여러 번 목격했다.

교황님은 대구로 내려가는 비행기에 올라 몇 마디 말씀을 나누시고는 곧바로 성무일도를 펴고 기도에 들어가셨다. 뒤칸에 앉은 수행원들은 뭘 하는가 돌아보았더니 마찬가지로 기도에 열중하고 있었다. 비행기가 아니라 성당 같았다. 기도하면서 순례하는 교황님 모습을 확인할 수 있었다. 전남 소록도에서도 나환우들을 껴안고 위로해 주셨다. 고통받는 이들과 함께하려는 순례였다.

교황님도 한국 방문이 무척 기쁘셨던 것 같다. 5일 저녁 늦게 숙소(주한 교황대사관)에 돌아와 식사를 하시던 교황님은 "내일은 103위 성인이 탄생하는 기쁜 날이니 행사가 끝나면 점심 때 잔치를 벌이자."면서 주한 교황대사에게 점심 식사를 특별히 잘 차려 달라고 주문하셨다.

교황 방한의 최대 하이라이트는 여의도 광장에서 거행된 200주년 기념 행사와 시성식이었다.

교황님은 6일 아침 행사장으로 가는 차 안에서 광장 인파가 눈에 들어오자 "정말 100만 명이 모였군요."라며 놀라움을 표시하셨다. 100만 명이 모였다는 아침 뉴스를 누군가 귀띔해 준 것 같았다. 그러나 우리가 사전에 수용 가능 인원을 추산했을 때는 광장에 100만 명이 들어갈 수가 없었다. 그래서 내가 "100만 명은 안 되고 80만 명쯤 될 겁니다."라고 말씀드렸다. 그랬더니 교황님은 "아닙니다. 뉴스에 나온 대로 100만 명이 됩니다."라고 하시는 게 아닌가. 그 순간 '이크! 내가 괜한 말씀을 드렸구나.'라는 생각이 들어 입을 닫았다. 교황님은 그 장면이 감격스러웠던 게다. 여의도 광장 열기는 한국 교회가 장차 '동방의 빛'이 될 것이라는 믿음을 주고도 남을 만큼 대단했다.

교황님은 시성식에서 이렇게 말씀하셨다.

"100년에 걸친 치명致命의 기반 위에서 성장하는 한국 교회에 감탄했습니다. 이는 틀림없이 순교자들의 영웅적 증거의 열매입니다……."

행사는 완벽하게 끝났다. 교황님도 "이번 행사는 행사라기보다 하나의 사도적 실천이고 증거였다."면서 행사 준비·진행 관계자들에 대한 칭찬을 아끼지 않으셨다.

나는 행사 두 달 전부터 담배를 끊었다. 만일 그러지 않았더라면 교황님을 수행하는 동안 담배를 피우고 싶어 무척 고생했을 게다. 故 김남수(前 수원교구장) 주교님은 그것도 모르시고 "담배 안 피우시는 교황님 옆에서 얼마나 고생이 많냐."면서 놀렸다. 그러나 금연 결심은 시성식 직후에 무너졌다. 그날 대사관에서 점심 식사를 하고 나오는데 시성식 전례를 맡았던 최윤환 몬시뇰이 담배를 피우면서 한 개비를 권하는 게 아닌가. 잠시 머뭇거리다가 "오늘같이 기쁜 날 안 피우면 언제 피우겠어. 한 대 줘요."라고 말하고 다시 담배를 입에 댔다.

나는 많이 피울 때는 하루에 두 갑을 피우는 골초였다. 그날 다시 입에 대기는 했지만 그해 9월에 아는 의사 선생님 말을 듣고 완전히 끊었다. 그분이 알려 준 대로 담배 끊는 방법은 간단하다. 요즘 금연 때문에 고생하는 흡연자들에게 좋은 정보가 될 것이다. 그게 뭐냐면, "끊는 것이다." 결심하고 끊으면 된다. 나처럼 책상에 담배와 라이터를 그냥 놔두고 금연에 성공한 사람도 드물 것이다.

제5공화국과 가톨릭 교회

1983년 전두환 대통령과 정확히 3시간 10분 동안 마주 앉은 적이 있다. 학생 시위를 비롯해 여러 시국 문제에 더 유연하게 대처해 주길 바라는 마음을 전달하려고 윤공희 대주교님과 청와대에 들어갔을 때다.

당시 독재 타도를 외치는 대학생 시위가 빈발했다. 시위가 있는 날이면 신촌 대학가는 돌멩이와 화염병, 최루탄이 난무하는 게 영락없는 전쟁터였다. 정부는 늘 강경 진압으로 맞섰다. 날이 갈수록 사회가 어수선하고 국론이 분열됐다.

그날 집무실에서 잠깐 인사를 나눈 뒤 식당으로 자리를 옮겨 3시간 동안 앉아 있으면서 나와 윤 대주교님은 별 이야기를 하지 못했다. 전 대통령 내외가 돌아가면서 쉬지 않고 이야기하는 바람에 듣고 있을 수밖에 없었다. 대통령 내외는 누군가에게 속사정을 털어놓고 싶었는데 마땅한 사람이 없어 꾹 참고 지내는 것 같았다.

전 대통령은 "대통령이 될 생각은 없었는데 어쩌다 이렇게 됐다."라는 말을 거듭했다. 임기 후반부에 다시 만났을 때는 이런 말도 했다.

"권력은 일단 한 번 잡으면 놓고 싶지 않은 게 인간 본성입니다. 이 자리에 있으면 절대 권력을 휘두를 수 있어요. 주위에서도 (권력을) 놓지 말라고 조언하는 사람이 많아요. 그러나 저는 내놓을 겁니다."

전 대통령은 "사마란치 IOC 위원장도 88 서울올림픽을 치르려면 더 해야 하지 않느냐면서 연임을 종용했다."라고 말하고 몇몇 인사들 이름 까지 죽 나열했다. 약속대로 물러나기는 하겠지만 미련이 없는 것은 아니라는 뜻으로 받아들였다.

권력은 참으로 묘하다. 권력을 올바로 사용하면 개인과 공동체 모두에게 도움이 되지만 그 단맛에 취해 이성적 판단이 흐려지면 불행의 나락으로 떨어진다. 권력을 남성 전유물이라고 생각하면 오산이다. "군에서 남편이 별 한 개 장성이면 부인은 별 두 개 장성."이라는 말이 있다. 우스갯소리가 아니다. 여성도 권력에 매력을 느낀다.

그러나 분명한 것은 봉사와 희생 없는 권력은 진정한 권력이 아니라는 점이다. 예수님께서도 이 점을 강조하셨다. 예수님께서는 '제자들이 누구를 제일 높게 볼 것인가.' 하는 문제를 놓고 옥신각신할 때 이렇게 말씀하셨다. 권력을 가진 사람들, 특히 정치인들에게 들려주고 싶은 복음이다.

"민족들을 지배하는 임금들은 백성 위에 군림하고, 민족들에게 권세를 부리는 자들은 자신을 은인이라고 부르게 한다. …… 너희 가운데에서 가장 높은 사람은 가장 어린 사람처럼 되어야 하고 지도자는 섬기는 사람처럼 되어야 한다. 누가 더 높으냐? 식탁에 앉은 이냐, 아니면 시중

들며 섬기는 이냐? 식탁에 앉은 이가 아니냐? 그러나 나는 섬기는 사람으로 너희 가운데에 있다."(루카 22,25-27).

좀 빗나간 이야기지만, 권력으로 치자면 나만큼 장기간 절대 권력(?)을 쥐어 본 사람도 드물 것이다. 모든 권한이 집중된 교구장직을 30년 동안 수행했으니 말이다. 교구장들 중에는 교회법에 명시된 권한이나 권력을 적절히 활용하면서 교구를 이끌어 가는 분이 있는가 하면, 권력을 쓸 줄 모르는 분이 있다. 나는 후자에 속하는 주변머리 없는 교구장이었다. 그러나 그것은 전적으로 내 생각이다. 다른 사람들 눈에는 그렇게 비쳐지지 않는 경우가 있는 모양이다.

제5공화국 말기에 이르자 민주화를 촉구하는 시민, 학생들의 함성으로 요동쳤다. 명동성당에서 '정의와 평화를 위한 미사'를 집전하는 김수환 추기경(1986년 11월 17일).

이런 일이 있었다. 서품 2년차 젊은 신부가 사제직을 떠나면서 편지를 두 번 보내 왔는데 그 편지 속의 김수환은 권력을 마구 휘두르는 독재자였다. 하도 기가 막혀서 그 신부와 만나 이야기를 해 봤다.

"나는 자네와 이렇게 대면하는 게 처음이네. 자주 만나기라도 했어야 자네 표현대로 권력을 휘두르고 억압하지 않았을 텐가. 내게 부족한 점이 있거든 솔직히 말해 주게."

"편지에 쓴 것은 체험에서 우러나온 이야기가 아니라 신학교에서 배운 내용입니다. 실제로 교구장은 모든 권력을 한손에 쥐고 교구를 통치하지 않습니까?"

나는 기가 막혀서 "허허" 하고 웃을 수밖에 없었다.

언젠가 비슷한 일이 또 있었다. 내가 서울대교구장으로 부임하기 전부터 외국에서 공부하고 있던 신부였는데 그가 사제복을 벗는 이유 중 하나가 '독재자 밑에 들어가 일하기 싫다'는 것이었다. 나는 그 신부가 어디에 간다고 하면 추천서를 써 주었을망정 인사 발령 한 번 내 본 적이 없다. 내가 무슨 일이라도 시켜 보고 독재자 소리를 들었으면 덜 억울했을 텐데…….

원래 높은 자리라는 게 밖에서 보는 것과 달리 무척 힘들고 고독하다. 오해도 자주 받는다. 말 많고 탈 많은 본당에서 장長 자리를 맡아 일해 본 사람은 쉽게 수긍할 것이다. 하물며 나는 서울대교구 책임자였으니 오죽했겠는가. 다 지났으니까 털어놓는 이야기인데, 교황님께 보낼 교구장직 사직서를 쓰다가 찢어 버린 게 몇 번인지 모른다. 심적 고통을 견디기 힘든 순간이 더러 있었다. 그럴 때마다 하느님 앞에 무릎 꿇고 기도로 버텼다. 교구장직 30년 버팀목은 다름 아닌 기도였다.

아무튼 유신 정권 때와 마찬가지로 제5공화국과 가톨릭 교회는 편한 관계가 아니었다. 1982년 3월, 세상을 발칵 뒤집어 놓은 부산 미문화원 방화 사건은 관계를 더 악화시켰다.

그 사건은 광주민주화운동을 묵인한 미국에 대한 반감이 폭발한 것인데 원주교구 최기식 신부가 사건 주범인 김현장과 문부식 씨를 보호하는 바람에 불똥이 튀어 가톨릭은 한동안 여론의 뭇매에 시달려야 했다. 피의자들의 보호 요청을 받아들이고, 그들을 설득해 자수시킨 최 신부 행동은 정당했다. 그러나 언론은 가톨릭을 용공 분자 비호 세력으로 일제히 매도하기 시작했다. 부활 성주간 내내 비난성 기사가 쏟아졌다.

나는 성주간 성유 축성 미사에서 "최 신부 행동은 사제로서 정당하고 합당한 행동"이라고 옹호하고 정부를 강한 어조로 비판했다. 언론의 '가톨릭 때리기' 이면에 숨어 있는 정부 계략을 알고 있었기 때문이다.

고조되는 반미 감정을 꺾기 위해 희생양을 찾고 있던 정부 입장에서 방화 사건은 호재였다. 더욱이 도덕적 우월성을 확보한 가톨릭 위상까지 동시에 무너뜨리는 것은 그야말로 '도랑 치고 가재 잡는' 일이었다. 당시 정부 압력을 거부할 수 있는 언론은 한 군데도 없었다.

그래도 역사의 강물은 도도히 흘렀다. 민주화 운동 분수령이 서서히 다가오고 있었다.

> *"나를 밟고*
>
> *지나가시오"*

1980년대 명동성당은 민주화 운동의 해방구였다. 그리고 각계각층의 사람들이 모여 무엇인가를 주장하고 성토하는 '아고라'agora(고대 그리스 시민 광장)였다.

1987년 1월 14일 민주화 운동의 도화선에 불을 당기는 사건이 터졌다. 서울대생 박종철 군 고문치사 사건이다. 경찰이 "심문 도중 책상을 '탁' 하고 치니까 '억' 하고 죽었다."고 날조한 사건이다. 이 사건은 고문으로라도 권력을 지탱하려는 정권의 추악한 실체를 그대로 드러냈다.

나도 시민과 학생들 못지않게 분노했다. 독재나 민주화 운동 문제 이전에 하느님 모상대로 창조된 인간의 존엄성을 송두리째 짓밟은 만행이었다. 1월 26일 봉헌된 박 군 추모 미사 강론에서 정권의 야만성을 신랄하게 비판했다.

"이 정권에 '하느님이 두렵지도 않느냐?'라고 묻고 싶습니다. 이 정권의 뿌리에 양심과 도덕이라는 게 있습니까. 총칼의 힘밖에 없는 것 같습니다. 하느님께서는 동생 아벨을 죽인 카인에게 물은 것처럼 '네 아들, 네 제자, 네 국민인 박종철 군이 어디 있느냐?'라고 묻고 계십니다."

박 군 추모 미사와 진상 규명 촉구 시위가 들불처럼 번져 나갔다. 경찰의 저지도 필사적이었다. 내가 내 집인 명동성당에 들어갈 때 경찰 검문을 받은 것도 그 무렵이다. 성당마다 박 군 추도 타종打鍾을 하자, 부산 어느 성당에서는 누군가 종의 추까지 떼는 해프닝이 일어났다.

하지만 전두환 정권은 국민의 개헌 요구를 거부하는 '4·13 호헌 조치'를 발표하고 탄압 고삐를 더 바짝 죄었다. 당시 대통령 선거 방식은 지금처럼 직선제가 아니고 간접 선거제였다. 정부는 하늘의 뜻인 민심에는 아랑곳하지 않고 '호헌護憲'으로 맞서면서 장기 집권 시나리오를 준비해 나가고 있었다.

민중의 분노는 5월 18일 故 김승훈 신부가 박 군 고문치사 사건의 전말을 폭로하면서 걷잡을 수 없이 증폭됐다. 6월 10일 전두환 대통령의 육사 동기 노태우 씨가 대통령 후보로 선출된 뒤 두 사람이 체육관에서 두 손을 높이 치켜드는 순간 마침내 그 분노가 폭발했다.

'6·10 규탄 대회'를 마친 학생과 시민 수백 명이 그날 밤 경찰에 밀려 명동성당으로 들어왔다. 그때부터 사태가 숨 가쁘게 전개됐다. 경찰은 시위대를 향해 즉각 해산을 종용했다. 성당 들머리에서 간간이 투석전이 벌어졌다. 경찰이 쏜 최루탄이 성당은 말할 것도 없고 주교관 앞마당까지 날아왔다. 그 바람에 13일 명동성당에서 일생일대의 혼인성사를 올리기로 예정된 신랑 신부 4쌍은 '눈물의 결혼식'을 올려야 했다.

팽팽한 긴장이 이틀을 넘기고 사흘을 넘겼다. 직장인들이 점심 식사를 하러 나왔다가 성당으로 피신한 시위대를 응원하기 시작했다. 6월 민주항쟁의 큰 힘이 되었던 소위 '넥타이 부대'가 그때 처음 등장했다.

시위대와 경찰이 무작정 대치할 수는 없는 노릇이었다. 사태 수습 실마리를 찾아야 했다. 나는 시위대에게 "폭력은 폭력을 낳는다."면서 각목과 화염병을 버리라고 이야기했다. 다행스럽게도 시위대가 내 말에 순순히 따라 주었다. 나와 명동성당이 어떤 희생을 치르더라도 학생들을 보호해 주어야겠다고 결심한 것은 그때이다. 경찰도 최루탄을 쏘지 말라는 요구 사항을 받아들였다.

젊은 신부들 40여 명이 나라를 위한 특별 미사를 봉헌한 뒤 성당에 남아 시한부 농성에 들어갔다. 시위 학생들의 몸부림이 이 땅의 민주화를 향한 큰 걸음이기를 염원하는 상징적 조치였다. 경찰 고위 관계자들은 사태 수습 방안을 협의하기 위해 함세웅 홍보실장 신부, 김병도 명동 본당 신부를 몇 차례 만나고 돌아갔다. 신부들은 학생들의 안전 귀가를 보장하라고 요구했으나 받아들여지지 않았다. 공안 관계자 회의에서는 강제 해산 쪽으로 의견이 모아지는 것 같았다.

밤이 되면 긴장감이 더했다. 한바탕 무슨 일이 벌어질 것만 같았다. 이름만 대면 다 아는 정부 고위 당국자가 늦은 밤에 나를 찾아왔다. 그런데 그 사람은 본론을 꺼내지 못하고 우물쭈물 망설이면서 에둘러 말했다. 눈치를 보니까 학생들을 강제 연행하기로 결정을 내린 듯했다.

"무슨 말씀인데 그렇게 망설이십니까? 오늘밤에 경찰 병력을 투입하겠다는 통보를 하러 오신 거지요?"

"……."

"제가 하는 말을 정부 당국에 전해 주십시오. 경찰이 성당에 들어오면 제일 먼저 나를 만나게 될 것입니다. 그 다음 시한부 농성 중인 신부들을 보게 될 것입니다. 또 그 신부들 뒤에는 수녀들이 있습니다. 당신들이 연행하려는 학생들은 수녀들 뒤에 있습니다. 학생들을 체포하려거든 나를 밟고, 그 다음 신부와 수녀들을 밟고 지나가십시오."

내 입장은 확고했다. 경찰 병력 투입과 학생 연행은 상징적으로 시국 방향을 바꿔 놓을 수도 있는 사안이었다. 이 나라가 민주화의 길로 나가느냐, 아니면 군사 정권이 연장되느냐의 갈림길이라고 생각했다. 머지 않아 승패가 드러날 것 같은 기氣 싸움의 마지막 승부처 같았다.

고위 인사에게 그렇게 말은 해 놓았지만 결과는 장담하지 못했다. 만일 정부가 경찰 병력을 투입하면 시쳇말로 '막 가겠다'는 뜻으로 받아들일 수밖에 없었다. 그렇게 되면 교회는 어떻게 행동해야 하는가…….

꽤 깊은 밤이었다. 잠을 이룰 수가 없었다. 숙소에서 나와 성당 구내를 둘러본 뒤 신부와 수녀들이 모여 있는 기도회장으로 들어갔다. 하느님 앞에 앉아 20분쯤 기도하고 나서 숙소로 돌아왔다.

참으로 다행이었다. 하느님께서 도와주셨다. 정부 당국은 학생들의 안전 귀가를 보장하고 14일 밤에 경찰 병력을 철수시켰다. 이튿날 학생들은 해산 여부를 놓고 투표를 벌였으나 농성을 계속해야 한다는 강경파 목소리가 만만찮은 것 같았다. 투표가 세 차례 거듭되는 중간에 들어가서 20여 분간 학생들을 설득시키고 나왔을 만큼 해산 결정에 진통이 컸다. 마침내 엿새 만에 농성이 끝났다.

학생들은 그날 오후 성당 측에서 마련해 준 버스 3대에 나눠 타고 학교로 돌아가서 해산했다. 나와 신부들, 그리고 시민들은 버스를 타고 성당 들머리를 내려오는 학생들에게 박수를 보냈다.

6월 민주항쟁의 열기는 점점 뜨거워졌다. 이미 대세大勢는 기울어졌다. 결국 노태우 씨가 직선제 개헌 요구를 수용한다는 '6·29 선언'을 발표했다. 하지만 그것이 끝이 아니었다.

"국민의 뜻에 따라 대통령 직선제 개헌을 추진하겠습니다."

1987년 6월 29일, 일본 나가사키에 내려 택시를 타고 호텔로 가는 중이었다. 한국 노태우 민정당 대표 위원이 대통령 직선제 개헌 등 '시국 수습 8개항'을 발표했다는 뉴스가 라디오에서 흘러 나왔다. 5공화국이 국민과 야당의 민주화 공세에 백기白旗를 든 '6·29 선언'이었다.

그 소식을 듣고 눈을 감았다. 명동성당에서 최루탄을 뒤집어쓰고 민주화 구호를 외친 젊은이들이 생각났다. 그리고 그들을 무사히 집에 돌려보내기 위해 정부 당국자와 협상을 벌이던 긴박한 순간이 떠올랐다.

'하느님 감사합니다. 한국에서도 민주주의의 꽃이 필 것 같습니다.'

감사 기도가 절로 나왔다. 국민에게는 민주 쟁취지만 내게는 하느님께서 개입해 이루신 역사役事였다. 봄 햇살 같은 희망이 마음을 들뜨게 했다. 6월 민주항쟁 승리는 곧 군사 정권 종식을 의미했다. 어느 누구도 그 점을 의심하지 않았다.

그러나 뜻밖의 암초가 나타났다. 그해 12월 대통령 선거를 치르기로 했는데 양 김 씨(김대중, 김영삼)가 서로 자신이 야당 단일 후보가 돼야 한다면서 고집을 부리는 것이었다. 참으로 답답했다.

내 생각은 여느 국민의 바람과 다르지 않았다. 서로 양보해서 한 사람이 먼저 대통령이 되고, 나머지 한 사람은 그 뒤를 잇길 바랐다.

나는 공개적으로 밝히지는 않았지만 김영삼 씨가 먼저 대통령이 되는 게 낫다는 입장이었다. 그 이유는 김대중 씨를 기피하는 군軍 정서를 알고 있었기 때문이다. 1980년 '서울의 봄' 때 만난 위컴 한미연합사 사령관은 "군에서 김대중 씨의 사상과 행적에 관한 비밀문서를 냈는데 그는 제거되어야 한다는 게 문서의 최종 결론."이라고 귀띔한 적이 있다. 나는 펄쩍 뛰면서 "그건 잘못된 보고서."라고 반박했다.

"그는 공산주의자가 절대 아니다. 만일 그 이유 때문에 군이 또 (쿠데타를 일으켜) 밖으로 나오면 이 나라는 더 깊은 불행의 늪으로 빠진다. 위컴 당신은 한반도 평화를 위해 지금 여기 머물고 있는 것 아니냐. 그렇다면 군 내부 동요를 막아야 한다."

그뿐만이 아니다. 야당 후보 단일화 문제로 시끄러울 때도 누군가가 "김대중 씨가 대통령이 되면 군에서 가만 있겠느냐."면서 그쪽 정서를 일러 준 사람이 있었다.

그 즈음에 일본에서 가슴 아픈 이야기를 들었다. NHK 뉴스에 "한국인은 타협할 줄 모르는 민족."이라는 멘트가 나왔다. 그 말을 한 사람이 기자인지 정치 평론가인지 모르겠으나 야당 후보 단일화 문제를 거론하면서 그런 모욕적 언사로 말을 맺었다. 남의 나라에 가서 그런 이야기를 들으니까 가슴이 아프다 못해 화가 치밀어 올랐다. 당장 방송국에 달려가 항의하고 싶었을 정도다.

그런데 분을 삭이면서 곰곰이 생각해 보니까 그 사람 말에 일리가 있었다. 군사 독재 정권에서 얼마나 많은 사람들이 '타는 목마름으로' 민주

6월 민주 항쟁 당시 경찰이 쏜 최루탄에 맞아 숨진 연세대생 이한열 군 빈소에서.

주의를 갈망했는가. 대통령 직선제는 거저 얻은 게 아니라 수많은 학생과 시민들이 피를 흘리고, 심지어 목숨까지 잃으면서 쟁취한 획득물이었다. 그 소중한 기회가 타협할 줄 모르는 두 야당 세력에 의해 물거품이 될 판이었다. 김대중 씨는 광주를 시작으로 전국을 돌면서 선거 유세하듯 군중 집회를 열고, 김영삼 씨는 부산에서부터 그 같은 행동을 취했다. 그때 큰 기대는 하지 않았지만 두 사람에게 내 의견을 충분히 전달한 것으로 알고 있다.

사실 우리 국민은 지금까지도 대화와 타협에 익숙지 않다. 노사 갈등과 빈부 격차, 여야 대립 모두 대화할 줄 모르고, 타협할 줄 몰라서 점점 악화되는 것이다. 우리 사회에 주장은 무성하지만 공감대가 형성되지 않는 이유는 그 때문이다. 어느 공동체나 갈등은 있기 마련이다. 중요한 것은 갈등을 해결하는 방법이다.

당시 양 김 씨가 타협을 통해 후보 단일화에 성공했더라면 우리나라 민주주의는 훨씬 앞당겨졌을 것이다. 그들이 끝내 타협점을 찾지 못하는 것을 보면서 '민주주의에도 시간표가 있구나.'라고 생각했다.

노태우 후보와는 그 전에 한 번 만난 적이 있다. 단 둘이서 2시간 가까이 식사하는 자리였는데 어느새 시국 토론회가 되어 버렸다.

"추기경님, 저는 좌경 학생들을 엄히 다스릴 생각입니다. 해방 후 미군정이 남한에서 공산주의를 허용한 것이 결국 한국 전쟁으로 이어진 것 아닙니까."

"강경 수단으로 해결할 수 있는 문제가 아닙니다. 서구 여러 나라가 공산주의를 인정하면서도 그것을 극복한 비결은 정치에 대한 국민 신뢰입니다. 무엇보다 인권 증진과 언론 자유 등 민주주의 원칙을 변함없이 추구해 왔기 때문입니다. 5공화국이 관공서마다 '정의 사회 구현'이라는 표어를 내걸었는데 과연 정의 사회가 구현됐습니까? 정치가들이 사리사욕을 버려야 합니다. 그리고 더디게나마 민주화로 전진하고 있다는 믿음을 심어 주어야 합니다."

6월 민주항쟁 이후 명동성당은 오랜 기간 몸살을 앓았다. 학생과 재야 단체, 각종 이익 집단의 단골 농성장이 되었다. 1990년대 중후반까지도 성당 들머리에 시위대 천막이 걷힐 날이 없었는데 초기에는 그 소란에 적응이 안 돼 무척 애를 먹었다.

초기에는 어디 가서 하소연할 곳이 없는 억울한 사람들, 생존권을 위협받는 힘없는 사람들이 주로 찾아왔다. 나나 명동성당이나 불편을 감수하고라도 그들을 배려한다는 게 기본 입장이었다. 국민들 사이에 '민주화의 성역'이라는 공감대가 차츰 형성되기 시작했다.

우리 사회에 그런 '성역' 또는 '아고라'가 있다는 건 참으로 다행이었다. 특히 벼랑 끝에 내몰린 사회적 약자들이 찾아와 가슴에 맺힌 말을 토로하고, 사회가 그들의 절규에 귀 기울여 주는 것이 좋았다. 하지만 언제부턴가 힘 있는 이익 집단들이 장기간 상주하면서 '성역'을 스스로 훼손하는 일이 종종 발생했다. 그에 대한 안타까운 심정을 다시 언급한들 무슨 소용이 있겠는가.

그리스도, 우리의 평화

1985년 말, 주교들과 함께 사도좌(교황청) 정기 방문Ad Limina차 로마에 갔을 때다. 당시 톰코 교황청 인류복음화성 장관이 난데없이 세계성체대회 이야기를 꺼냈다.

"교황청에서 1989년 세계성체대회 개최지를 논의했는데 의견이 서울로 좁혀졌습니다."

"성체대회라뇨? 작년에 200주년 신앙대회를 열었는데 또 무슨 행사를 해요?"

"아무튼 로시 추기경(세계성체대회 위원장)이 한번 만나자고 할 겁니다."

덜컥 겁부터 났다. 200주년 신앙대회를 준비하는 동안 많은 사람들이 밤낮없이 고생하는 것을 보았기 때문이다. 현지에서 주교들에게 성체대회 운을 슬쩍 띄어 보았는데 모두 "하느님 은총."이라며 기뻐했다. 그래서 "어차피 준비는 서울에서 떠맡는데……. 주교님들이 한번 해 보세요. 그게 얼마나 힘든지."라며 볼멘소리로 불평(?)을 했다.

로마에서 로시 추기경을 슬금슬금 피해 다녔는데 결국은 마주쳤다. "굳이 아시아 대륙에서 열어야 한다면 싱가포르가 어떻겠느냐?"면서 다른 나라에 짐을 떠넘기려고도 해 봤지만 소용없었다.

서울 개최지 선정 배경은 로시 추기경이 전 세계 주교회의에 보낸 공문에 잘 나와 있다.

"젊고 활기차고 선교열이 있는 한국 교회가 차기 세계성체대회 준비에 임하기로 한 것은 큰 기쁨입니다. 한국 1만 명 순교자가 피로써 증거한 그리스도 신앙을 온 세상에 보여 줄 수 있는 좋은 기회입니다. ……"

사실 '가톨릭 올림픽'이라 불리는 세계성체대회를 개최하는 것은 그 나라에 영광이자 축복이다. 특히 한국 교회 성장을 보여 줄 수 있어 위상도 한결 높아진다.

귀국해 사제와 신자들에게 미안한 마음으로 "또 한 번 희생을 치러야 할 것 같다. 하지만 하느님께서는 그 희생을 잊지 않으시고 갚아 줄 것이라 확신한다."라고 말했다. 교회 봉사라는 게 해 본 사람에게 또 돌아가고 고생하는 사람 따로, 티내는 사람 따로 있는 경우가 대부분이다.

성체대회 이야기를 듣는 순간 '어이쿠! 또 죽었구나.'라고 한숨을 쉰 사람이 여러 명 있었을 게다. 특히 무에서 유를 창조하다시피 하면서 준비한 실무 책임 신부들과 대회 준비에 거액을 희사한 독지가들의 노고를 지금도 잊지 못한다.

성체대회 주제는 '그리스도, 우리의 평화'로 정했다. 그때나 지금이나 '평화'는 남북이 갈라진 우리 민족뿐만 아니라 세계 모든 국가가 갈망하는 화두이다. 그리스도의 평화는 무엇이며, 우리는 어떻게 해야 그분이 주시는 참 평화를 얻어 온 누리에 전파할 수 있는가? 그 답을 성체의 신비 안에서 깨닫고, 깨달은 바를 실천에 옮기자는 취지로 그렇게 정했다.

10월 4일부터 닷새 동안 열린 세계성체대회는 참으로 아름다웠다. 한평생 평화를 위해 헌신한 브라질의 헬더 카마라 대주교님이 오셔서 '참 평화의 길'에 대해 감동적 강연을 해 주시고, 타 종교인들이 종교의 벽을 허물고 한마음으로 평화를 기원했다. 올림픽공원 내 여러 경기장에서 세미나, 참회 예절, 철야 기도회, 문화 공연 등이 잇따라 열렸는데 준비를 잘 한 덕에 모두 순조롭게, 그리고 열띤 분위기에서 진행됐다.

무엇보다 기뻤던 것은 교황님 방한이었다. 200주년 신앙대회(1984년)에 이어 두 번째 방한이었는데 교황님은 7일 공항에 내려 우리말로 "오랜만에 다시 만나게 되어 반갑습니다."라고 인사하셨다. 그리고 "우리 모두 힘 모아 참 평화를 이룩합시다."라는 말로 도착 성명을 마치셨다.

젊은이들은 교황님을 모시고 성찬제를 열었는데 미사 봉헌물 중에 최루탄과 화염병이 성경 위에 놓인 청동 조형물이 있었다. 갈등과 폭력의 악순환에서 벗어나 하느님을 따르겠다는 의지의 표현이었다. 교황님은 그걸 받아 드시고 "매우 훌륭한 봉헌물."이라고 극찬하셨다.

8일 여의도 광장에서 봉헌된 장엄 미사는 한 폭의 그림 같았다. 영성체 시간에는 깜짝 놀랄 만큼 아름다운 풍경이 펼쳐졌다. 한복을 차려입은 여성들이 양산을 받쳐 들고 성합을 든 신부들을 따라 신자석으로 흩어지자 제단에서는 "원더풀Wonderful" 탄성이 연이어 터져 나왔다.

성체대회 직후 로마에 갔을 때 귀에 못이 박히도록 들은 말이 "성체대회가 매우 아름다웠다."라는 칭찬이었다. 교황 해외 순방 때마다 동

"찬미 예수! 다시 만나 반갑습니다." 요한 바오로 2세 성인 교황이 여의도 광장에 마련된 장엄 미사 제단에 올라가 한국 신자들에게 인사하고 있다.

행하는 수행팀은 내게 이런 말을 했다.

"교황님을 모시고 수십 개국을 다닌 우리가 '아름다운 나라(행사) 베스트 3'를 뽑아 놓았다. 1위는 교황님께서 취임 직후 방문하신 고국 폴란드다. 2위는 1984년 한국 200주년 신앙대회, 그 다음은 1989년 서울 세계성체대회다."

그러나 정작 중요한 것은 대회 정신을 삶 속에서 실천하는 것이다.

불교에 야단법석野壇法席이라는 용어가 있다. '야외에서 열리는 설법의 자리'라는 좋은 의미이다. 성체대회도 가톨릭식 야단법석이다. 그러나 대회 정신을 실천하지 않으면 '시끌벅적한 소란'이라는 뜻의 변질된 야단법석으로 끝날 수밖에 없다.

평화는 내가 남에게 '밥'이 되어 줄 때 이뤄진다. 예수 그리스도께서는 당신의 몸과 피를 먹고 마시라고 내어 주신 것도 부족해 십자가 죽음을 자처하시면서까지 우리에게 밥이 되어 주셨다.

우리가 그분처럼 서로 밥이 되어 주는 삶, 먹는 게 아니라 먹히는 삶, 남들에게 내어 주기 위해 부서지고 쪼개지고 나눠지는 빵(성체)과 같은 삶을 살면 평화는 저절로 이뤄진다.

"빵이 하나이므로 우리는 여럿일지라도 한 몸입니다. 우리 모두 한 빵을 함께 나누기 때문입니다."(1코린 10,17)라는 말씀이 있지 않은가.

이런 세계성체대회 정신에 따라 태동한 것이 한마음한몸운동이다. 한마음한몸운동본부는 남에게 밥이 되어 주려는 사람들의 마음을 모아 지금도 가난하고 소외된 이들에게 많은 도움을 주고 있다. 국내외 원조 및 지원액이 지금까지 약 110억 원에 달한다.

나도 이에 동참하고 싶어 안구眼球 각막 기증서에 서명했다. 명동에 헌혈차가 왔길래 헌혈을 하려고 들어가니까 간호사가 "헌혈 이전에 수혈부터 해야겠다."라면서 돌려보냈다.

요즘도 거리에서 세계성체대회 마크가 붙어있는 차를 가끔 본다. 그때마다 세계성체대회의 감동이 살아난다.

가톨릭 미디어 시대를 열라

약 100년 전 비오 10세 교황은 매스 미디어 시대가 도래할 것임을 예견하고 이런 말씀을 하셨다.

"복음을 전파하는 데 홍보 수단을 적극 활용해야 합니다. 돈이 부족하다면 내 교황관冠과 목장牧杖, 십자가라도 팔아 보태겠습니다."

참으로 놀라운 식견이다. 현대 사회가 미디어 시대라는 사실은 새삼 강조할 필요가 없다. 신문·방송·인터넷 같은 미디어는 현대인의 생활은 물론 의식까지 지배할 만큼 위력이 막강하다.

그런데 마력魔力에 가까운 힘을 가진 미디어에서 하루 24시간 복음의 향기가 은은하게 퍼져 나온다면 얼마나 좋을까? 유감스럽게도 현실은 그렇지 않다. 누군가 "교회가 사람들을 기껏 복음화시켜 집에 돌려보내면 TV와 인터넷이 말짱 도로아미타불을 만들어 놓는다."는 우스갯소리를 한 적이 있다.

몇 년 전 복자품에 오른 성 바오로 수도회 창설자 알베리오네 신부님

같은 분은 "비복음적 인쇄 매체는 복음적 인쇄 매체로 대항해야 한다."면서 일전불사 의지로 사신 성직자다.

교회의 첫째 사명은 복음 전파다. 하지만 미디어를 통하지 않고는 복음 전파가 힘든 세상이 됐다. 이뿐만이 아니다. 교회는 세상과 대화하면서 사명을 수행해야 하는데 사회 교류의 지배적 수단인 미디어를 통하지 않고는 대화가 점점 힘들어지고 있다.

미디어에 대한 이야기를 늘어놓는 이유는 서울대교구가 평화신문(1988년), 평화방송 라디오(1990년), 평화방송 케이블 TV(1995년)(現 가톨릭평화방송·평화신문)를 잇달아 설립한 배경을 설명하기 위해서다.

평화신문은 갑자기 창간한 것이 아니다. 1984년 200주년 사목회의에서 교구 신부들과 결의한 사항 중 하나가 교회 신문 창간과 종합 대학 설립이었다. 라디오도 비교적 순조롭게 개국했다. 서울과 수도권 일부 지역에서만 청취할 수 있는 5킬로와트 출력 FM 방송으로 출발했지만 나름대로 성장 가능성을 확신하고 있었다. 라디오 개국 축하 리셉션에서 "지금은 평화방송이 겨자씨처럼 작은 매체지만 앞으로 평화와 안식이 깃든 하늘나라처럼 발전할 것이라 믿는다."라고 자신 있게 말했다.

그러나 케이블 TV 개국을 준비할 때는 이만저만 고민한 게 아니다. 정부가 가톨릭·개신교·불교에 채널을 한 개씩 주겠노라고 먼저 제의했지만 선뜻 받을 수가 없었다.

당시 케이블 TV는 '황금알을 낳는 거위'가 될 것이라는 장밋빛 전망 때문에 대기업들까지 채널을 차지하려고 혈안이 돼 있었다. 그리고 개신교는 운영 주체가 두 쪽으로 갈려 서로 채널을 할당받으려고 안간힘을 썼다. 그런데 나는 거꾸로 '이걸 받아야 하나, 말아야 하나.' 망설이면서 '배부른 걱정'을 하고 있었다. 돈 때문이었다.

신문이나 라디오와 달리 TV 방송국을 설립, 운영하려면 엄청난 돈이 들어간다. 방송국이 어느 정도 자리 잡기까지 얼추 200억 원이 소요될 것이라는 계산이 나와 있었다. 교구 재정 규모로는 천문학적 액수였다. 나뿐만 아니라 많은 신부들이 선뜻 의견을 밝히지 못하고 망설였다. 특히 흥미 위주의 오락물 일색인 방송 풍토에서 종교 프로그램이 얼마나 호소력이 있을까 하는 문제도 생각하지 않을 수 없었다.

어차피 교구장 용단이 필요했다. 고민 끝에 "우리도 영상 분야에 진출해서 가톨릭 종합 미디어 시대를 열자." 하고 신부들에게 호소했다.

"21세기는 영상 시대이다. 복음 선교에 매스 미디어를 활용하는 것은 우리 권리이자 의무다. 이 시대에 주어진 가장 좋은 선교 수단은 TV다. 우리가 만일 채널을 포기하면 개신교 쪽에서 채널 2개를 갖고 갈 수도 있는 상황이다. 그렇게 되면 가톨릭은 21세기 영상 선교 시대의 낙오자가 된다. 훗날 후손들은 영상 선교 발판조차 만들어 놓지 못한 우리를 어떻게 평가하겠는가."

농담조로 이런 말도 했다.

"가톨릭은 김수환이 용기가 없어 채널을 반납했다는 소문이 나면 얼마나 창피하겠는가."

사실 '울며 겨자 먹기 식' 사업 추진이었다. 그러나 이왕 할 바에는 사명감을 갖고 기쁜 마음으로 준비하자는 생각이었다. 자금 조달도 계산상으로 그리 어려운 일이 아니었다. 어린이까지 합친 서울 교구민(당시

평화방송 케이블 TV 개국식에 참석한 김수환 추기경(왼쪽에서 세 번째).

100만 명이 하루 40원씩 낸다면 1년이면 1만 2,000원, 100만 명이 모두 동참하면 120억 원이 된다. 불가능한 시나리오지만 각 본당에서 그 같은 마음으로 영상 선교 사업에 힘을 보태 주었다. 목돈을 쾌척하신 분들도 일일이 열거할 수 없을 정도로 많다. 덕분에 내 관冠과 목장을 내다 팔지 않고도 방송국을 개국할 수 있었다. 이 기회를 빌려 감사드린다.

평화방송·평화신문은 어느덧 자리를 잡고 명실상부한 가톨릭 종합 미디어 센터 역할을 하고 있다. 라디오는 현재 대구·광주·부산·대전 등지에도 지역 방송국이 설립돼 전국 네트워크를 갖췄다. 지금 이 시각에도 복음이 전파와 활자에 실려 산간벽지까지 퍼져 나가는 것을 생각하면 가슴이 뿌듯하다.

그러나 초기에 노조 사태로 인해 공권력까지 투입되는 불상사가 일어나 가슴이 아팠다. 1991년 초에 발생한 소위 '평방 사태'는 노동자 이익을 적극 옹호해 온 가톨릭이 집안 식구(평화방송 직원들)를 탄압했다는 구설수에 올라 세간의 이목을 끌었다.

지금 와서 누구의 잘잘못을 따지고 싶지는 않다. 다만 노조가 어떤 문제를 확대시켜 회사와 교회를 궁지로 몰아가려 했던 점은 유감이다. 몇 년 전 가톨릭중앙의료원 파업 때도 느낀 점이지만 노조는 '설마 교회 기관에서 우리를 어떻게 하랴.'라는 생각으로 무리한 요구를 해 오는 경우가 있다. 물론 회사나 교회가 명백하게 잘못한 점이 있으면 사과하고 노조 요구를 수용해야 마땅하다. 그러나 노조가 교회 기관이라는 특수성을 약점으로 잡고 무리하게 밀고 나오면 결코 받아들일 수 없다.

가톨릭중앙의료원 파업 때 의료 사업에 대한 회의적 목소리가 컸다. "교회가 이런 불상사까지 치르면서 의료 사업을 지속할 필요가 있느냐."라는 주장이었다. 공론화되지는 않았으나 꽤 설득력 있는 이야기가 오고 갔다. 원래 교회 의료 사업은 가난한 이들을 위한 자선 사업으로 출발했다. 그런데 시대가 바뀌고 규모가 커지다 보니 경영 논리가 도입되고, 그러다 보니 노사 갈등이 일어나게 되는 것이다.

취지가 아무리 좋다 하더라도 교회의 본질적 사명까지 훼손시켜 가면서 영위해야 될 사업이라면 한 번쯤 다시 생각해 보아야 한다.

문민 정부가 가져다 준 여유

1992년 12월 말 김영삼 대통령 당선자가 당선 인사차 찾아왔다.

"당선을 축하합니다. 좀 섭섭하게 들리겠지만 저는 다른 후보를 찍었습니다. 그러나 기쁜 마음은 다를 바 없습니다."

문민 통치 시대의 막이 오른 것이 정말 기뻤다. 선거 결과가 발표되는 순간 '아~ 이젠 목소리 높여 민주화를 촉구하지 않아도 되고, 정권과 팽팽하게 대립할 필요도 없겠구나.'라면서 안도의 한숨을 내쉬었다.

1970~1980년대에 시국 관련 발언을 자주 해서인지 어떤 사람은 내가 정치를 좋아하는 줄로 안다. 그러나 그 시기에 입버릇처럼 중얼거린 말이 "성직자가 언제까지 이런 이야기를 해야 하나."라는 것이었다.

모처럼 마음이 홀가분했다. 근심이 깊을 때는 TV도 눈에 안 들어오더니 재미있는 프로그램이 하나 둘 생기기 시작했다.

나도 스포츠 중계 방송을 좋아한다. 우리나라 축구팀 승리에 감격해 태극기를 향해 경례를 하고 애국가를 따라 부른 적이 있다.

외국에서 열린 축구 대회로 기억한다. 꽤 늦은 밤에 라디오에서 경기를 중계 방송해 주었는데 우리나라 대표팀이 막판에 극적으로 승리했다. 경기가 끝났는데도 흥분이 가라앉지 않았다. 그때 마침 방송 종료 애국가가 라디오에서 흘러나왔다. "동해물과 백두산이……." 자리에서 벌떡 일어나서 벽에 걸린 태극기를 향해 경례를 하고 애국가를 따라 불렀다. 눈물이 찔끔 나왔다. 남들 다 자는 그 깊은 밤에 혼자서 무슨 짓(?)이란 말인가. 누가 내 모습을 봤다면 실성한 줄 알고 기겁했을 게다.

그런데 내게 스포츠 경기 징크스가 있는 것 같다. 국민적 관심이 쏠린 경기라서 만사를 제쳐 두고 TV 앞에 앉아 응원하면 번번이 패한다. 그래서 꼭 이겨야 될 경기일 것 같으면 도중에 TV를 끄기도 했다. 안 보고 있으면 지다가도 이기는 경기가 여러 번 있었다. 희한한 일이다.

영화도 좋아하는 편이다. 주교가 된 뒤부터는 TV '주말의 명화'를 주로 보는 편이었지만 신부 시절에는 극장엘 자주 갔다. 나는 이상하게 슬플 때는 눈물이 안 나온다. 어머니가 돌아가셨을 때도 눈물이 나오지 않았다. 그런데 감동적인 영화를 보면 눈물이 난다. '주말의 명화'를 보면서도 몇 번 눈물을 흘린 기억이 있다.

특히 베르나데트 수비루 성녀(1844~1879년)를 다룬 영화는 참으로 감동적이었다. 프랑스 루르드 태생인 베르나데트는 성모님 발현을 9번이나 목격한 뒤 수녀가 된 분이다. 루르드 성모님이 그에게 "너는 나를 만났기 때문에 현세에서 많은 고통을 겪을 것이다. 네가 바라는 행복은 하늘에서 누릴 것이다."라는 말씀을 하신 대목에서는 나도 모르게 눈물이 주르르 흘렀다.

그때 무척 지쳐 있었던 것 같다. 주님이 주시는 은혜 때문에 현세에서 고통을 겪는다는 말씀이 무뚝뚝한 나를 울렸다.

〈쉰들러 리스트〉, 〈포레스트 검프〉, 〈아름다운 청년 전태일〉 같은 영화도 봤다. 한결같이 감명 깊은 영화였는데 운 좋게도 시사회에 초대받아 공짜로 봤다. 공짜 영화 싫어하는 사람도 있나?

사람들이 내게 취미를 물어 올 때마다 곤혹스럽다. 특별한 취미가 없다. 재주나 잡기雜技가 어지간히 없는 사람이다.

짬이 날 때마다 테니스를 하기는 했다. 조금이나마 할 줄 아는 스포츠가 테니스다. 그런데 그나마도 1987년 상계동과 양평동 철거민들이 교구청 테니스장 옆 빈터(現 교구청 별관 뒤)로 집단 이주하는 바람에 그만두었다. 삶의 터전을 잃은 철거민들은 그곳에 대형 천막을 치고 반년 가까이 생존권 투쟁을 벌였다. 테니스를 아무리 좋아하기로서니 어떻게 그들 옆에서 테니스를 즐길 수 있겠는가. 철거민들이 새 보금자리를 구해 떠났지만 운동을 다시 하려니까 힘이 들어서 단념했다.

등산에는 제법 재미를 붙였다. 지금은 관절염 때문에 힘들지만 은퇴 전까지 북한산에 자주 올라갔다. 서울 도심에 그런 아름다운 산이 있는 건 축복이다. 설악산 대청봉도 두 번 다녀왔는데 한번은 비선대까지 내려오는 데 10시간이나 걸렸다. 서울 근교 산에 다니면서 훈련을 한다고 했는데도 무척 힘들었다.

요즘 스포츠 레저에 관심을 갖는 사람이 부쩍 늘었다. 나라면 등산을 권하고 싶다. 산은 사람 마음을 정화시켜 준다. 사람人이 산山에 오르면 신선仙이 되고, 계곡谷 아래로 내려오면 속俗이 된다고 한다.

여름 휴가 때 설악산 대청봉에 오른 김수환 추기경의 모습(1993년).

산에 가면 가끔 재미난 해프닝이 벌어진다. 사람들이 등산복 차림에 모자를 눌러 쓴 나를 보고 고개를 갸우뚱하면서 지나간다. '어디서 많이 본 사람인데…….' 하는 표정이다.

어떤 사람은 "김수환 추기경을 많이 닮았네요."라며 말을 건다. 그럴 때는 장난기가 발동해서 "저도 그런 말을 자주 듣습니다." 하며 시치미를 뚝 뗀다. 대부분 알아보기는 하지만 정말 닮은 사람인 줄 알고 그냥 돌아서는 등산객도 있다.

나를 진짜 잘 알아 보는 사람은 어느 할머니였다. 그 할머니는 어디서든 내가 눈에 띄기만 하면 달려와서 껴안았다. 처음에는 무척 당황했다. 알고 보니 신부가 되지 못한 내 소신학교 친구의 모친이었다. 아들이 신부가 되지 못한 것이 한이 되었던지 신부들, 특히 나를 보면 무작정 껴안는 것이었다. 그걸 안 뒤부터 할머니가 안기면 나도 살포시 안아 주었다. 그러면 금방 물러났다.

그분과는 비교도 안 될 만큼 나를 몇 십 년 동안 따라다닌 할머니가 한 분 있었다. 흔히 말하는 '스토커'인데 교구청 신부들은 물론 주교관에 몇 번 출입해 본 사람은 다 아는 유명한 마리아 할머니다. 이 할머니는 막무가내였다. 하루 종일 교구청 1층에서 기다리고 있다가 내가 어딜 가려고 하면 같이 가겠다고 따라나서고, 어딜 갔다가 들어오면 같이 들어가겠다고 조르는 통에 어지간히 애를 먹었다.

마리아 할머니는 정신질환자였는데 겉보기에는 너무나 멀쩡했다. 할머니가 나오지 않은 날이면 주위 사람들이 "오늘은 애인이 보이지 않는다."라면서 놀려 댔을 정도다.

그런데 이 할머니는 내 전임자 윤공희 대주교님과 노기남 대주교님도 똑같이 따라다녔다. 내가 교구장직에 취임해서 눈길도 안 주니까 할머니가 "얼굴도 못생긴 게 아는 척도 안 한다."라며 불평한다고 누군가 내게 귀띔해 주었다.

'내가 못생겼다고? 옳거니, 잘 됐다.'고 속으로 쾌재를 불렀다. 그런데 자꾸 보니까 잘생겼는지 주교관에 출근하다시피 했다.

김일성 주석은 나의 '어린양'

북한 문제 때문에 나라가 시끄러울 때면 이런 농담을 하곤 했다.

"제 책임이 커요. 제가 평양교구장 서리를 겸하고 있기 때문에 평양에 사는 김일성 주석은 저의 '어린양'입니다. 목자로서 양을 제대로 돌보지 못한 탓에……."

우스갯소리지만 목자로서 북한 교회에 대한 미련을 떨쳐 본 적이 없다. 지금도 아쉬운 점은 내게 맡겨진 사목지 평양을 한 번도 가 보지 못한 것이다. 지금이라도 당장 달려가고 싶다. 어딘가에 숨어서 반세기 넘도록 신앙을 지켜 온 신자들을 찾고 싶다. 단 몇 명이라도 좋다. 그들이 나타나면 꼭 껴안고 어깨를 두드려 주리라.

번번이 무산되기는 했으나 그동안 방북 기회가 몇 차례 있었다. 첫 기회는 장익 신부가 바티칸 대표단 일원으로 평양에서 열린 비동맹 국가 각료 회의(1987년)에 다녀온 뒤에 찾아왔다. 그 회의만 해도 바티칸에서 참석 타당성에 대한 의견을 내게 물어 왔을 때 "무조건 가야 한다."

해서 참석하게 된 것이다. 그때 장 신부가 내 앞으로 보내는 북측 초청장을 갖고 돌아왔다. 정부 당국은 그 초청 건에 별다른 이의를 제기하지 않았다. 그래서 장 신부와 정의철 신부가 방문 일정을 협의하기 위해 평양에 갔는데 그쪽에서 막판에 난색을 표명하는 바람에 흐지부지됐다.

당시 장 신부는 "평양에서 신자라고 밝히는 사람들을 여러 명 만났지만 그들을 모두 신자라고 믿기에는 미심쩍은 구석이 있다. 그러나 ○○○와 ○○○는 틀림없는 신자 같다."라고 보고했다.

방북 이야기가 나오면 북한에서는 나를 여러 번 초청했다고 하는데 정식으로 초청장을 받은 건 그때가 처음이자 마지막이다. 남측 종교 문화계 인사들을 대거 초청하는 명단에 내 이름이 끼어 있었지만 사목적 의미를 부여할 수 없는 초청이었다.

아무튼 1988년에 조선천주교인협회(現 조선카톨릭교협회)가 결성되고 평양에 장충성당이 건립됐다. 해방 후 공산 정권의 탄압으로 쓰러진 뒤 '침묵의 교회'로 변한 북한 교회에 변화가 있는 것 아닌가 하는 희망을 품게 했다. 좋은 기회다 싶어 사목자들을 장충성당에 파견하려고 여러 경로를 통해 알아보았다. 로마에 있는 북한 대사에게는 "성당에 신부가 상주해야 참다운 교회라고 말할 수 있다." 하면서 신부 2명과 수녀 3명 명단까지 넘겨 주고 대답을 기다렸다. 그러나 묵묵부답이었다.

바티칸도 북한과 대화 채널을 열기 위해 부단히 노력했다. 천주교 신자라고 밝힌 사람들을 바티칸에 초청하고, 1995년 북한에 큰물 피해가 났을 때 식량 구호 기금을 들고 가서 대화를 시도했다. 1999년에는 바티칸 공식 대표단이 방북해 상당한 액수의 의약품과 식량을 전달했다.

한국 교회야말로 그동안 북한에 지극 정성을 쏟았다. 문이 꽁꽁 닫혀 있을 때도 외국 국적을 가진 교포들을 통해 북한 어딘가에 남아 있을 신앙의 불씨를 찾아보기도 하고, 1990년대 중반부터는 '퍼주기식 지원'이라는 비난을 감수하면서까지 식량 지원에 열을 올렸다. 북에 국수 공장을 세우고 배편을 통해 식량을 실어 나른 것은 인도적 차원의 순수한 사랑이었다. 이 과정에서 서울대교구 민족화해위원회가 많은 일을 했다.

나 역시 식량을 조금이라도 더 보내 주려는 마음에서 할 수 있는 일은 다했다. 언젠가 북한 식량난에 대한 국민적 관심을 불러일으키기 위해 신문과 방송사 카메라 앞에서 옥수수죽을 떠먹어 보기도 했다.

그런데 솔직히 말하면 좀 섭섭하다. 상대편이 우리 마음을 제대로 받아 주질 않는 것 같다. 인적 교류든 물적 지원이든 일회성에 그친다. 설령 다음에 만나 좀더 깊은 관계를 맺고 싶어해도 그들은 일정한 거리를 둔다. 도무지 마음을 열려고 하지 않는다. 그럴 때면 아직도 높기만 한 분단의 벽을 실감한다.

누굴 짝사랑하면 상대편이 자신의 순정을 알아주길 바라는 마음이 간절하지 않은가. 우린 통일이 되면 가난한 형제를 돕는 데 쓰려고 어려운 살림에 돈(서울대교구 통일 기금)까지 모으고 있는데…….

이제 기도를 빼면 내가 민족 화해나 통일을 위해 할 수 있는 일은 거의 없다. 그렇다고 열정이 식은 것은 아니다. 특히 교구장이면서 한 번도 찾아가 보지 못한 북녘 신자들에 대한 사랑은 지금도 변함없다.

언제일지 모르나 통일이 되면 휠체어를 타고라도 그들에게 달려갈 것이다. 목숨을 걸고 신앙을 지켜 온 양 떼가 어딘가에 분명 있을 것이

김수환 추기경은 북한 식량난에 대한 관심을 불러일으키기 위해 우리민족서로돕기 모금 만찬회에서 옥수수죽을 먹었다(1997년 4월 12일).

다. 6·25 전쟁 직전에 피랍되어 행방불명된 평양교구장 홍용호 주교님을 비롯한 여러 성직자들의 무덤에 찾아가서 꽃 한 송이라도 바치고 싶다. 평양과 덕원수도원에 남아 있던 내 소신학교 친구 3명도 분명 어딘가에서 순교했을 것이다.

젊은이들에게 통일을 원하느냐고 물어보면 한목소리로 원한다고 대답한다. 그럼 통일을 위해서 여러분이 할 수 있는 일은 무엇이냐고 물으면 꿀 먹은 벙어리가 된다. 젊은이뿐만 아니라 국민 모두 통일을 원하지만 자신의 역할은 거의 생각하지 않는 것 같다. 통일은 대통령이나 사회

지도층이 성사시키는 줄로 알고 있다.

참으로 통일을 원한다면 소극적 마음 자세부터 고쳐야 한다. 평화 통일은 우리가 남을 위하고 사랑할 때 비로소 가능하다. 그리고 마음을 열고 다른 한 쪽을 받아들이는 아량이 있어야 한다. 우리는 정말 북녘 동포를 형제로 생각하고, 가진 것을 떼어서 나눠 줄 마음이 있는가. 그들을 받아들일 마음의 문을 열어 놓고 있는가.

바오로 사도는 "사실 육으로는 내 혈족인 동포들을 위해서라면, 나 자신이 저주를 받아 그리스도에게서 떨어져 나가기라도 했으면 하는 심정입니다."(로마 9,3)라고 말씀 하셨다. 남북의 진정한 일치는 바오로 사도의 마음, 즉 신앙적 희생을 밑거름으로 한 초월적 사랑을 통해서만 가능하다.

따라서 우리도 변해야 한다. 지금 우리 사회는 빈부 갈등, 이념 갈등, 세대 갈등으로 갈라져 있다. 요즘 생계형 자살이 속출하는 이유는 우리가 나눔에 인색하기 때문이다. 사회 분열이 끊이지 않는 것도 상대편의 다른 생각을 존중하지 않아서 그렇다. 이런 상태에서 반세기 넘게 다른 이념과 체제에서 살아온 북녘 동포와 어떻게 일치할 수 있겠는가.

진정 통일을 원한다면 주위의 어려운 이웃에게 사랑의 손길을 내미는 '훈련'부터 해야 한다. 그리고 마음의 벽부터 허물어야 한다. 통일의 꿈을 현실로 만들려면 우리끼리 먼저 화해하고 일치해야 한다.

공권력에 짓밟힌 한 뼘 성역

1995년 6월 6일 현충일 아침.

교구청 신부들과 둘러앉아 식사하고 있는데 갑자기 밖에서 시끄러운 소리가 들렸다. 공휴일 아침이라서 별일이 없을 텐데 무슨 소란인가 싶었다.

"추기경님, 명동성당에 경찰 병력이 투입됐습니다. 한국통신 노조 간부들이 모두 잡혀갔습니다."

전혀 예상하지 못한 '기습'이었다. 그 보고를 듣고 입맛을 잃어 수저를 내려놓았다. 이루 표현할 수 없을 만큼 심정이 착잡했다.

'그나마 있는 한 뼘 성역聖域마저 사라졌구나. 김영삼 정부가 큰 실수를 했어. 큰 실수를······.'

한국통신 노조 간부들은 명동성당과 조계사에서 보름 넘게 농성하고 있었다. 노조 간부들은 성명을 통해 자신들의 억울함을 호소하고, 정부 측과 한국통신 사장은 단순 노사 문제가 아니라 사상이 불온한 이들의 불법 행위라며 노조 간부들을 비난했다. 명동성당 장덕필 주임 신부는 공기업 민영화를 둘러싼 양측 주장을 듣느라 중간에서 진땀을 뺐다.

글쎄다. 나와 성당 입장에서 보면 누구 말이 맞는가 하는 문제는 중요하지 않다. 그건 사법부에서 판단할 문제다. 정작 중요한 것은 억압받는 이들이 성당에 찾아와 억울함을 호소하는 이상 교회는 이들을 보호해야 할 도덕적 의무가 있다는 점이다.

장덕필 신부는 노사 양측과 정부 당국자 사이를 바쁘게 오가면서 원만한 사태 해결을 위해 무척 노력했다. 처음에는 "농성을 풀고 법적으로 떳떳하게 대응하라."고 노조를 설득하기도 했다. 경찰에서 영장 집행에 대한 협조를 수차례 요청했지만 우리는 협조할 수 없다는 입장을 분명히 밝혔다. 통신은 국가 중추신경이기 때문에 노조 농성은 국가 전복 음모로 봐야 한다는 고위 당국자 말에 동의할 수 없었다. 그리고 대화가 어느 정도 무르익어 곧 해결 실마리가 보일 것 같았다.

하지만 일부 언론이 그런 중재 노력은 쏙 빼고 교회가 불온한 범법자를 무조건 감싼다는 식으로 보도하면서 경찰 병력 투입을 부추겼다. "종교도 사회 제도의 한 부분인데 명동성당에 경찰 병력 투입을 망설이는 이유가 뭐냐?", "성직자는 세속법을 초월해 범법자를 보호할 수 없다."는 주장이 나왔다. 명동성당 성역 논쟁은 이로 인해 불거졌다.

명동성당의 성역 개념에 대한 내 입장은 분명하다.

교회는 명동성당을 치외 법권 지역이라고 주장한 적도 없고, 그렇게 생각해 본 적도 없다. 하지만 지난 세월 동안 힘없고 억압받는 사람들이 벼랑 끝에 몰려 성당을 찾아왔고, 이곳에서 자신들의 목소리를 낼 수 있었다. 1970년대와 1980년대 민주화 운동 시절에는 더욱더 그랬다. 그들이 사회나 실정법에 기댈 수 없어 명동성당에 피난처를 찾아온 이유는 무엇이었을까.

당시만 해도 명동성당에 들어온 이들은 마지막 희망마저 놓아 버린 사람들이었다. 그들은 사회의 차가운 시선과 공권력의 압박을 피해 명동성당만큼은 자신들의 안식처가 되어 주기를 간절히 바랐다. 명동성당의 성역 개념은 그러한 사회적 공감대와, 소외된 이들의 편에 서야 하는 교회 본연의 자세가 합쳐져 자연스럽게 형성된 것이다. 마치 삼한 시대에 도망자들이 피신할 수 있었던 소도蘇塗처럼, 어느 사회든 공권력과 국민 사이에 숨 쉴 수 있는 완충 지대 하나쯤은 필요한 것 아닌가.

명동성당은 때로는 온갖 불편과 비난을 감수하면서도 그 성역을 지키기 위해 최선을 다했다. 마치 고해소에서 죄를 고백하는 이들을 묵묵히 품어 주듯, 성당은 세상의 폭풍우에 상처 입은 이들의 피난처가 되어 주었다. 나 역시 하소연할 곳이 없어 찾아온 이들에게 단 한 뼘의 공간이라도 내어 주어야 한다는 신앙인의 의무감으로 살아왔다. 그것은 단순히 공간을 내어 주는 행위가 아니라 예수 그리스도께서 그러셨듯 가난하고 소외된 이들을 받아들이는 사랑의 실천이었다.

서슬 퍼렇던 역대 군사 정권조차 명동성당의 이러한 상징성을 존중해 주었다. 유신 정권과 제5공화국 정권도 명동성당에 경찰 병력을 투입하는 만행을 저지르지 않았다. 그런데 김영삼 문민 정부가 도덕성을 무시한 채 명동성당에 공권력을 투입했다는 사실에 나는 크게 실망했다. 가톨릭의 도덕적 힘을 무너뜨리려고 작정하지 않은 이상, 어떻게 그런 비이성적인 조치를 취할 수 있단 말인가. 더구나 김영삼 정부는 명동성당이 6·10 민주 항쟁의 정당성을 결집하는 데 핵심적인 역할을 했기에 탄생할 수 있었던 정부였다. 그들이 스스로의 뿌리를 부정하는 행위를 한 셈이다.

"문민 정부에서 이런 일이 일어날 줄은 몰랐습니다. 정부 실세들도 한때 여기서 최루탄에 눈물을 흘려가면서 농성을 했습니다. 명동성당 유린은 정권 탄생의 모태母胎를 짓밟은 것이나 다름없습니다. 아울러 사회적 약자의 피난처가 사라진 데 대한 슬픔을 가눌 길이 없습니다. 정부는 중재가 이뤄지고 있는 노사 문제에 힘으로 개입해 사태를 악화시켰습니다"(6월 11일 미사 강론).

정부는 국무총리가 사과 성명을 발표하는 선에서 사태를 수습하려고 했다. 그러나 사제와 신자들의 분노가 이만저만 거센 게 아니었다. 사제들이 단식 농성에 돌입하고 전국 성당에서 시국 기도회와 촛불 시위가 열리는 등 과거 민주화 운동 열기를 방불케 했다.

교구는 정부 사과를 일단 받아들이기로 했다. 사태를 더 끌어 봐야 교회와 정부 양측에 득이 될 게 없었다. 하지만 젊은 신부들은 단식 농성을 멈추지 않았다. 그래서 내가 설득하고, 때로는 야단도 쳐 가면서 농성을 멈추게 했다.

나는 예나 지금이나 아무리 명분이 좋다고 하더라도 사목자가 사목 현장을 오랫동안 비우고 무슨 일에 몰두하는 것을 찬성하지 않는다. 사목자의 본분은 자신에게 맡겨진 양 떼를 돌보는 것이다. 그 본분에 소홀하면서까지 정신을 빼앗길 만한 일은 사목자에게 없다. 과거 전주교구 신부들이 유신 정권에 대한 항의 표시로 무기한 단식 농성에 돌입했을 때도 이 같은 논리로 농성을 중단시켰다.

사태는 그렇게 일단락됐지만 성전을 침탈당한 데 대한 마음의 상처까지 없어진 것은 아니다. 6·6 명동성당 경찰 병력 투입은 김영삼 정부의 큰 실책이라고 생각한다.

노조 이야기가 나온 김에 덧붙이자면, 나는 요즘 매우 걱정스런 마음으로 노조 파업을 지켜보고 있다. 고임금을 받는 큰 사업장 노동자들이 주도하는 최근 파업 행렬은 과거 생존권을 요구하던 파업과는 근본적으로 다르다.

국제 정세와 경제 현실을 보건대 지금은 노사가 한마음이 되어 열심

명동성당 들머리에서 김영삼 정부의 경찰 병력 투입에 항의하는 사제단. 타 종교 성직자들도 가세하여 침묵시위를 벌이고 있다.

히 일해도 힘들 때다. 이건 한국인 특유의 '너 죽고 나 죽자'는 그릇된 자세다. 중국인은 '너 살고 나 살자.' 일본인은 '너 죽고 나 살자.'라고 한다는데 왜 우리는 어리석게 다 함께 죽는 길을 걷고 있는지 답답하다. 우리나라가 국민 소득 1만 불 정체에서 벗어나지 못하는 이유가 무엇인지 생각해 보아야 한다.

최근 일본에 거주하는 교민에게서 받은 편지를 잠깐 소개한다.

"일본에서 오랫동안 살았지만 일본인 회사 취직은 처음입니다. 이곳에서 일본 젊은이들이 1층에서 5층까지 뛰어다니며 부지런히 일하는 모습을 보고 감동받았습니다. 국민 소득이 우리나라의 3배가 넘는데도 일본인들은 이토록 열심히 일합니다."

30년 무거운 짐을 내려놓다

"공경하올 교황님, 곧 21세기가 시작됩니다. '새 술을 새 부대에' 담으려면 서울대교구에 새로운 지도자가 필요합니다. 개인적으로도 나이 탓인지 요즘 자주 피로를 느낍니다."

교황님께 제출한 교구장직 사임 신청서의 일부다. 서울대교구가 발전하려면 새로운 리더십을 가진 지도자가 나와야 한다고 강조하면서 사임 수락을 간청했다.

나는 1998년 76세 나이로 교구장직에서 물러났다. 그런데 이 편지는 만 70세가 되던 해인 1992년에 써서 교황님께 보낸 것이다. 교구장 정년은 교회법상 만 75세지만 이미 5년 전에 사임 의사를 표명했다.

당시 교황님이 내 사임 신청을 수락하리라고는 기대하지 않았다. 그러나 다음에 또 사임서를 내면 그때는 들어주실 수밖에 없도록 미리 손을 써 놓는 차원(?)에서 제출한 것이다. 얼마 후 교황님께서 장문의 친서를 보내 주셨다.

"무슨 뜻인지 알겠으나 교구를 위해 좀더 봉사해 주십시오. 정 힘들면 3개월이든, 6개월이든 장기 휴가를 다녀오십시오. 휴식은 꼭 필요합니다. 나를 보십시오. 김 추기경보다 두 살이 많은 나도 이렇게 일하고 있지 않습니까. ……"

교황님이 '나이'를 따지면서 권고하시는데 무슨 군말을 덧붙이겠는가. 한동안 쥐 죽은 듯 조용히 지내다 75세가 된 1997년에 다시 사임서를 냈다. 그런데 연말은 고사하고 해가 바뀌어도 감감무소식이었다.

드디어 이듬해 3월 말쯤 교황청에서 편지가 도착했다. 그런데 사임 수락 소식이 아니라 4월 중순부터 로마에서 열리는 아시아 주교 특별 시노드에 참석하라는 통보였다.

시노드 사무국에 속달 편지를 띄워 "내일 모레면 은퇴할 텐데 몇 년씩 걸리는 시노드에 어떻게 참석하느냐."라는 의사를 전달했다. 일주일쯤 뒤에 시노드 사무국 추기경한테서 답신이 왔다.

"인류복음화성 장관 톰코 추기경님과 상의했는데 그래도 괜찮으니 참석하라고 하십니다. 시노드 의장인 교황님을 보필하는 공동 의장 대리직을 맡아야 한다고 합니다."

별수 없이 로마에 가서 한 달 내내 주교 시노드를 진행했다. 그곳에서 기회 있을 때마다 톰코 추기경에게 "이번에 사임 수락이 떨어지도록 힘을 써 줘야 한다."고 인사 청탁(?)을 했다.

그런데 나중에 공문을 보니 이미 사임 수락이 내려진 상태였다. 군대에서도 말년 병장은 열외시켜 준다는데 바티칸은 마지막 순간까지 나를 부려먹은 셈이다. 그것도 모른 채 아쉬운 소리를 하고 다녔으니…….

1998년 5월 29일 명동성당 축성 100주년 경축 미사가 명동성당에서 봉헌됐다. 마침 5월 29일은 내가 30년 전 서울대교구장에 착좌한 날이다. 내 사임 소식은 이튿날 오전 공식 발표되었기에 미사 참례자 대부분이 몰랐을 것이다. 내 딴에는 은퇴 미사란 생각으로 미사를 집전했다.

"명동성당은 우리 겨레와 기쁨과 고난을 함께했습니다. 지금까지 우리 사회를 밝히는 빛과 등대로 존재해 왔고, 앞으로도 그렇게 서 있어야 합니다. 명동성당이 그리스도의 빛을 더 환하게 밝히려면 우리가 더욱 더 열심히 그리스도를 믿고 따라야 한다는 것을 잊지 마십시오."(경축 미사 강론)

한 달쯤 뒤에 서울대교구 평협이 감사 미사를 봉헌하는 자리를 마련해 주었다. 정말 그날 미사에서는 '감사'라는 말외에 달리 할 말이 없었다. 부족한 사람을 불러 써 주신 하느님께 감사했고, 순간순간 도움과 위로의 손길을 내밀어 주신 성모님께 감사했고, 기도와 봉사를 아끼지 않은 교구민에게 감사했다.

특히 사제들에게 "이 어리석은 사람이 혹시 마음의 상처를 준 일이 있거든 너그럽게 용서해 달라."고 청했다. 만약에 한 국가의 대통령이 30년 동안 장기 집권을 했다면 쫓겨나도 네댓 번은 쫓겨났을 것이다. 자타가 인정하듯 부족한 점이 많았고, 나 때문에 상처를 입은 사람도 없지 않을 것이다.

그날 신자들에게 영적 예물도 많이 받았다. 과분한 선물이었다.

"고맙습니다. 내가 하늘나라에 갔을 때 베드로 사도가 나를 연옥으로 보내려고 하면 이 영적 예물을 보여 주겠습니다. 신자들이 나를 위해 이

김수환 추기경이 서울대교구장 이임 감사 미사를 마치고 명동성당을 나오자 성당 마당을 가득 메운 신자들이 감사와 사랑의 마음을 전했다.

토록 기도를 많이 해 줬는데 천당에 보내 주면 안 되겠냐고 떼를 써 보겠습니다. 이제 새로 오신 정진석 교구장님과 일치해서 더 복음적 교회를 만들어 나가십시오."

신자들은 30년 동안 참으로 분에 넘치도록 나를 사랑해 주었다. 감사 미사를 마치고 나오니까 성당 마당에 신자들이 가득했다. "추기경님, 사랑해요.", "영원한 젊은 오빠, 사랑해요." 등의 글귀를 적은 손 팻말을 들고 환송해 주는 신자들을 보는 순간 가슴이 울컥했다.

스스로 교구장직 30년을 점수로 매긴다면 얼마나 줄 수 있을까? 글쎄다. 이것저것 따져 평균을 내면 60점 정도(?) 더 이상 후하게 매길 자신이 없다.

사람들은 오래 머문 자리에서 떠날 때 "시원섭섭하다."라고 소감을 대신한다. 나는 솔직히 시원하기는 한데 섭섭한 감정은 없다. 30년 동안 짊어지고 온 무거운 짐을 내려놓았다는 홀가분한 기분 때문인 것 같다. 그때 내 기분을 굳이 한마디 말로 표현하면 "브라보 만세!"다.

아쉬운 점은 있다. 하느님께 모든 것을 맡길 만큼 믿음이 굳건하지 않았고, 하느님께서 나에게 맡겨 준 양 떼를 죽도록 사랑하지 못했다. 하느님께 은총을 구하는 기도도 부족했다. 그러나 시곗바늘을 거꾸로 돌려 30년 전으로 돌아간다고 해도 더 잘할 자신은 없다.

아쉬운 게 한 가지 더 있다면 명동성당 종탑 십자가에 달이 걸려 있는 야경을 못 보는 것이다. 십자가에 달이 걸려 있는 야경은 정말 일품이다. 나는 그 야경을 무척 좋아한다. 달 밝은 밤에 외출했다 돌아올 때면 그 달빛 야경을 더 감상하기 위해 언덕을 오르락내리락하곤 했다.

명동성당에 대한 30년 정情이 금방 잊히겠는가. 요즘도 어디를 다녀오다 을지로 롯데백화점 근처를 지나갈 때면 고개를 빼고 명동 입구 쪽을 쳐다본다. 그곳에서 명동성당은 보이지 않지만 고개가 돌아간다.

아무튼 홀가분한 기분이 나를 들뜨게 했다. 자유를 만끽하고 싶어 몇 가지 계획도 세워 보았다.

'운전 면허증을 따서 삼천리 방방곡곡을 자유롭게 돌아다니리라. 이젠 김 추기경이 아니라 김삿갓이 되는 거다. 외국에도 나가리라. 사목 방문이나 회의 참석 때문이 아니라 여행을 위해서······.'

혜화동 할아버지

한평생 어떤 그리움을 가슴에 담아 두고 살았다.

방랑시인 김삿갓처럼 바람 따라 구름 따라 정처 없이 떠돌아다니고 싶은 욕망이다. 바람 같은 자유를 그리워하는 마음이 한시도 떠나지 않은 것을 보면 내게 '방랑끼'가 있는 것 같다.

내가 어디를 가게 되면 운전기사와 비서 신부가 항상 제 시각에 데려다 준다. 혼자 비행기를 타더라도 도착지 공항에 어김없이 마중객이 나와 있다. 사람들 시선과 관심이 때론 불편할 때가 있다.

교구장 재직 시절에는 해방감을 맛보기 위해 가끔 혼자 외출을 하곤 했다. 남방 차림으로 전철을 타고 수원에 있는 피정의 집에 가 보고, 전철과 버스를 갈아타고 경기도 일산에 있는 수녀원에도 가 봤다. 부천 근처에 있는 성 바오로 피정의 집에 가려면 역곡역에서 내려 마을버스를 갈아타야 하는데 한두 번 해 보니 제법 색다른 재미를 느낄 수 있었다.

전철에서 사람들이 인사하면 나도 인사하고, 자꾸 쳐다보면 고개를 돌리고, "혹시 추기경님 아니세요?"라고 반색하는 사람이 있으면 "그런 말을 자주 듣습니다."라며 시치미 떼고……

교구장직에서 물러난 뒤 가장 먼저 한 일은 해외여행이다. 3개월 동안 마음 편히 미국과 캐나다를 쏘다녔는데 로키산맥 근처와 밴쿠버에 가 본 게 참 좋았다. 내가 서울에 있으면 새 교구장님께 행여나 불편을 끼칠까 봐 겸사겸사 떠난 장기 여행이었다.

지금도 여행을 떠나고 싶은 마음은 굴뚝같다. 그러나 중이염 치료로 일주일에 한두 번 이비인후과에 가야 하고 무릎 관절도 시원찮아 멀리 나갈 수도 없다. 재미를 붙였던 북한산 등반도 중단한 지가 꽤 된다.

요즘 특별히 아픈 곳은 없지만 병원에 가면 '퇴행성退行性'이라는 진단을 주로 받는다. 나이 들어 신체 기능이 떨어지는 것을 어찌 막을 수 있겠는가.

운전 면허증을 취득하겠다는 계획은 퇴임 전부터 공약公約처럼 이야기하고 다녔다. 가고 싶은 곳이 있으면 언제든지 차를 몰고 떠날 수 있다는 건 상상만 해도 신나는 일이다. 때마침 미국에서 75세 노인이 운전 면허증을 땄다는 소식이 내게 용기를 주었다.

실제로 기사한테 '출발', '정지' 요령을 배운 뒤 주교관 숙소 앞에서 신학교 마당까지 차를 몇 번 몰아 보았다. 기사가 "운전에 소질이 있다."면서 점수도 후하게 줬다. 운전 학원에 등록해 정식으로 배울까 생각하던 차에 비서 신부가 운전면허 시험 문제집을 갖고 오더니 풀어 보라고 했다. 결과는 낙제 점수였다. 공부를 안 하고 시험을 봤으니 오죽했겠는가. 솔직히 이 나이에 운전 학원에 나가 필기 시험과 실기 시험을 준비

서울 혜화동 집무실을 찾아온 제주교구 한림본당 복사단 어린이들과 뜰을 거닐면서 (2002년 11월 16일).

한다는 게 쉬운 일이겠는가. 사법 고시에 붙은 사람도 몇 번씩 떨어지는 어려운(?) 시험이라고 하던데.

면허증을 취득한다고 해도 운전을 하기에는 너무 늦은 나이다. 나는 현기증을 자주 느끼는 편이다. 운전 중 현기증이 나서 사고를 내면 누굴 다치게 할 수도 있다. "면허증을 꼭 따라."는 격려성 전자 우편을 많이 받는데 여러 이유로 면허증 취득 약속은 공약空約이 되어 버렸다.

사실 은퇴 직후에는 바쁘기도 바빴다. 교구장직에서 물러나면 시간이 꽤 많을 줄 알았는데 그렇지가 않았다.

현직에서 물러났으니 이제 가진 것이라곤 시간밖에 없다고 생각했는지 사람들이 여기저기서 주례와 강연을 요청해 왔다. 대부분 거절하기도 힘든 부탁이었다. 특히 예나 지금이나 젊은이들이 부르는 곳은 다른 요청에 우선해 가려고 노력한다. 이 늙은이가 미래 사회의 주역들에게 참삶의 의미를 조금이라도 전해 줄 수 있다면 그보다 더 보람된 봉사가 어디 있겠는가.

아직까지 청중 앞에서 내 생각을 피력할 수 있는 기력과 정신력이 남아 있는 것은 하느님께 참으로 감사해야 할 일이다. 일전에도 저녁에 강연 일정이 잡혀 있는데 전날 밤에 잠을 한숨도 못 잤다. 고질병 같은 불면증 때문에 뜬눈으로 밤을 새는 경우가 더러 있다.

그래서 "이제 와서 강연을 취소할 수 없으니 도와 달라."고 하느님께 기도했다. 당일 낮에 잠깐 눈을 붙인 뒤 저녁에 가서 강연을 했는데 청중 반응이 참 좋았다. 강연 내용이 감동적이었다는 칭찬을 받고 맛있는 식사까지 얻어먹고 돌아왔다.

나의 하느님은 이처럼 사소한 것까지 보살펴 주신다. 그런데도 드러내고 자랑할 만한 하느님 체험이 없다고 생각하니 나는 아무래도 하느님 은혜를 제대로 못 느끼는 사람인 것 같다.

교구 내 본당이나 수녀원 같은 곳에서 미사 주례 요청이 오면 머뭇거리게 된다. 은퇴한 이상 가급적 교회 안팎의 공개 석상에 모습을 드러내지 않는 것이 교구와 교구장님을 돕는 길이다. 그런데 그것도 쉬운 일이 아니다. 몸을 낮추려고 해도 사람들이 자꾸 불러 낸다. 은퇴 후 언론 접촉을 피했는데 언론사에서 보낸 인터뷰 요청서가 쌓이고 쌓여 마지못해 합동 인터뷰를 하기도 했다. 얼마 전에도 어느 수녀회에서 전 총원장 수녀 장례 미사 주례를 부탁하길래 "교구와 먼저 의논했느냐."고 물어보았다.

모름지기 공동체에 지도자가 바뀌면 새 지도자를 중심으로 일치해야 한다. 과거에 연연하면 발전할 수 없다. 교구장직 이임 감사 미사에서 세례자 요한의 말을 빗대어 "그분(새 교구장)은 더욱 커지셔야 하고 나는 작아져야 한다."라고 말한 이유도 이 때문이다.

은퇴 직후에 비하면 좀 뜸한 편이지만 요즘도 심심찮게 손님들이 찾아온다. 일전에 충북 제천 배론 성지에서 우연히 한 중년 부인을 만났는데 그는 "추기경님을 뵈려고 혜화동 주교관까지 찾아갔는데 못 만나고 그냥 돌아왔다."라며 반가워서 어쩔 줄을 몰라 했다. 그 부인은 내게 선물하려고 한복을 손수 지어 갖고 왔는데 수위실에서 약속 없이 찾아온 방문객이라 제지한 것 같다. 그런 아름답고 고마운 마음을 제대로 못 받아 주는 것이 미안할 따름이다.

내가 혜화동으로 이사 오니까 수위실 아저씨들과 신부들이 문단속에 신경을 많이 쓴다. 생면부지의 사람이 예고 없이 밤늦게 내 방 앞까지 들어와 놀란 일이 몇 번 있다. 한 사람은 전과자인데 도움을 청하러 서너 번 찾아온 모양이다.

그 이후로 내가 무슨 변을 당할까 봐 출입을 더 엄격히 통제하고 있는데 꼭 그럴 필요가 있을까 하는 생각이 든다. 낯선 방문객에게 시달려도 좋으니 사람들이 자유롭게 들락거릴 수 있도록 하자고 해도 내 말을 듣지 않는다.

제7장

'혜화동 할아버지'
김수환

황혼 들녘에 서서

언젠가 비서 수녀님이 "어떤 사람이 추기경님께 기도와 미사를 요청했다."라며 이름과 세례명을 적은 쪽지를 건네줬다.

임신 중인 유치원 교사인데 갑자기 뇌출혈로 쓰러져 최악의 경우 뱃속 아기와 임신부 생명 중 택일을 해야 할지도 모른다고 했다. 아는 수녀님을 통해 기도 부탁이 들어왔다고 하는데 얼마나 다급했으면 내게 그런 기도를 요청했을까 싶었다.

미사를 봉헌하면서 두 생명을 모두 구해 달라고 한참 기도했다. 그리고 기도 말미에 "하느님, 사실 그 자매님과 일면식도 없는 사이지만 제 체면을 봐서라도 꼭 들어주십시오. 사람들은 추기경이 기도해 주면 뭔가 다를 거라고 믿습니다." 하며 떼를 썼다.

내 나이가 어느새 80 중반을 넘었다. 기력이 쇠하고 여기저기 아프다 보니 할 수 있는 일이라곤 기도밖에 없는 것 같다. 아니, 기도라도 할 수 있어 다행이다.

예전 같지는 않지만 요즘도 본당이나 단체에서 행사에 참석해 달라는 요청이 간간이 들어온다. 나를 잊지 않고 찾아 주는 것은 참으로 고마운 일이다. 하지만 행사 당일의 몸 컨디션을 장담할 수가 없어서 참석 약속을 선뜻하지 못한다.

아침에 일어나기가 날이 갈수록 힘들다. 잠이 안 와 뒤척이다 새벽녘에 잠깐 깊은 잠에 빠지곤 하는데 미사 시각에 맞춰 놓은 자명종 소리에 몸을 일으키면 손발이 아프고, 정신이 몽롱하다. 류머티즘 관절염 탓에 손발 통증이 심하다. 정신이 들면 가장 먼저 "오늘 하루를 허락해 주셔서 감사합니다."라는 기도부터 바치게 된다. ('이 통증만 덜어 주시면 더 감사하겠는데······.'라고 하느님께 꾀를 부려보기도 하지만) 밤새 잠을 설치면 목소리마저 시원치 않아 공식 석상에 나가는 것을 머뭇거리게 된다.

지난해 연말에도 몇 군데 본당에서 견진성사와 설립 30주년 기념미사 등의 주례를 부탁해 왔다. 그때마다 "그날 아침에 일어나봐야 참석 여부를 이야기할 수 있을 것 같으니 추기경이 온다고 소문내지 말고 행사를 준비하라."고 말했다. 미사가 오전 11시에 시작되는데, 두 시간 전인 9시나 돼서 "갈 수 있을 것 같다."고 전화하고 찾아가는 형편이다.

어느 성당인가 초대를 받아 갔는데 마당에 나와 박수를 치며 환영하던 교우들이 깜짝 놀라면서 박수를 멈추는 것을 본 적이 있다. 그 이유를 얼추 짐작한다. 사람들 뇌리 속에 있는 내 모습과 옷이 헐렁해 보일 정도로 야윈 지금의 모습에 많은 차이가 나기 때문일 것이다. 한 자매에게 "왜 박수를 치다 마세요?" 하고 넌지시 물었더니 "너무 마르셔서 딴 사람인 줄 알았어요."라며 야윈 노구老軀의 내 모습을 안타까워했다.

세월의 흐름은 막을 수 없다. 인간은 누구나 늙고 병들어 죽는다. 선후배 사제나 아는 분들 병문안을 가면 "하느님은 사랑 그 자체입니다. 그분께 맡기세요."라고 위로한다. 나 역시 하느님께 모든 것을 맡기고 산다. 시간이 흐를수록 '나'와 '내 것'이 적어지고, 그분께 모든 것을 맡기려는 마음이 강해진다. 내 기도는 하느님 안에서 남은 시간을 잘 살다가 하느님 품에서 잠들게 해 달라는 것이다. 시간이 그다지 많이 남지는 않았을 게다.

1998년 5월, 서울대교구장직에서 물러나니까 사람들이 "섭섭하지 않냐?"고 많이 물었다. 그런 질문을 받을 때면 "시원섭섭하다."라는 말 외에 달리 할 말이 없는데, 문제는 홀가분해서 덩실덩실 춤을 출 만큼 시원한 것도 아니고 눈물이 날 만큼 섭섭하지도 않다는 것이다.

아무리 무뚝뚝한 남자도 오랫동안 몸담았던 직장을 떠날 때는 눈물을 찔끔 흘리건만 나는 30년 동안 살았던 명동에서 혜화동으로 거처를 옮기는 날에도 그냥 무덤덤하기만 했다.

나처럼 감정이 둔한 사람이 세상천지에 또 있을까 싶다. 가슴 벅차게 기쁜 일이 생겨도, 억장이 무너지는 것처럼 슬픈 일이 닥쳐도 도통 눈물이 나질 않는다. 오죽했으면 성령기도회에 참석해 작심하고 눈물의 은사를 청했겠는가.

나는 오래 전부터 베드로 사도처럼 통한의 눈물을 쏟고 싶다는 원의願意를 갖고 있었는데 여태껏 그 뜻을 이루지 못했다.

베드로는 예수님께서 체포되던 날, 두려움에 떨며 그분을 세 번이나 부인했다. 세 번째 부인할 때는 거짓이면 천벌을 받겠다면서 "나는 당

서울 혜화동 주교관 성당에서.
"주님, 저는 베드로보다 더 뜨거운 통한의 눈물을 흘려야 할 사람입니다."

신들이 말하는 그 사람을 알지 못하오."(마르 14,71)라고 말했다. 곧이어 닭이 두 번째 울자 "닭이 두 번 울기 전에 너는 세 번이나 나를 모른다고 할 것이다."(마르 14,72) 하신 예수님 말씀이 떠올라 울기 시작했다.

전승에 따르면 베드로는 눈자위가 짓무를 정도로 평생 자신의 잘못을 뉘우치며 울었다. 또 체포됐을 때는 자신 같은 배신자가 어떻게 예수님처럼 십자가에 똑바로 박힐 수 있겠느냐며 십자가에 거꾸로 매달려 죽길 원했다고 한다.

나 역시 베드로와 다를 것이 없다. 인간적 의심과 두려움에 사로잡혀 주님께 전적으로 의탁하지 못한 적이 있다. 그로 인해 그분 뜻이 아니라 내 뜻을 앞세우는 잘못을 저지르기도 했다. 내 얄팍한 생각을 하느님의 뜻인 양 떠벌린 적은 왜 없었겠는가.

그동안 주님 마음을 아프게 해 드린 것을 생각하면, 그럼에도 주님께서 내게 넘치는 사랑을 베풀어 주신 것을 헤아리면 베드로보다 더 통한의 눈물을 쏟아야 마땅하다. 그런데 눈물이 나질 않는다. 통회의 눈물로 죄를 씻고 새로운 모습으로 주님 앞에 서고 싶은 마음이 간절한데 뜻대로 되질 않는다.

어떨 때는 내 마음이 사막같다는 생각이 든다. 은수자들이 절대 고독과 침묵 속에서 하느님을 만나는 은혜로운 사막이 아니라 그저 모래바람만 불어대는 황량한 사막 같기만 하다.

내 뉘우침과 성찰이 부족함을 탓할 수밖에 없다.

용기가 없어 가난한 이들과 함께 못해

서울대교구장직에서 물러나고 두어 달 지났을 때다. 전남 순천 성가롤로병원에서 특강을 요청해 내려갔다가 짬을 내서 소록도에 찾아갔다. 소록도에 살고 있는 나환우 200여명과 미사를 봉헌한 뒤 그들의 뭉그러진 손을 잡아 주었다.

내 어찌 그들 가슴에 맺힌 한과 설움을 위로할 수 있겠는가. 하느님 말씀으로 그들의 아픔을 위로했다.

"그렇지만 그는 우리의 병고를 메고 갔으며 우리의 고통을 짊어졌다. 그런데 우리는 그를 벌받은 자, 하느님께 매 맞은 자, 천대받은 자로 여겼다. 그러나 그가 찔린 것은 우리의 악행 때문이고 그가 으스러진 것은 우리의 죄악 때문이다. 우리의 평화를 위하여 그가 징벌을 받았고 그의 상처로 우리는 나았다. 우리는 모두 양 떼처럼 길을 잃고 저마다 제 길을 따라갔지만 주님께서는 우리 모두의 죄악이 그에게 떨어지게 하셨다. 학대받고 천대받았지만 그는 자기 입을 열지 않았다. 도살장에 끌려가는 어린양처럼 털 깎는 사람 앞에 잠자코 서 있는 어미 양처럼 그는 자기 입을 열지 않았다."(이사 53, 4-7)

　복음 말씀대로 그들이 우리의 고통까지 대신 짊어졌기에 지금 우리가 행복을 누리고 있는 것이다. 그런 의미에서 우리는 천형天刑이라 불리는 한센병에 신음하는 그들에게 빚을 지고 있다.

　나는 특히 가난하고 소외된 이들에게 빚진 게 많다. 남들보다 소외된 이들에 대한 사랑을 더 많이 이야기했음에도 불구하고 실상 그들을 더 많이 사랑하고, 더 자주 안아주지 못했다. 이승의 삶을 마감하고 하느님 앞에 서게 될 때 가장 호되게 꾸지람을 들을 죄가 그게 아닐까 싶다.

　그동안 그들에게 보여 준 내 사랑은 43년 동안 소록도 나환우들을 보살피다 2005년 늦가을 홀연히 떠난 마리안느Marianne Stoeger 수녀와 마가렛Margreth Pissarek 수녀의 그것에 비하면 부끄럽기 짝이 없다.

　오스트리아 출신의 두 수녀는 28살 젊은 나이에 소록도에 들어가 한평생 그들의 상처를 씻어 주고 약을 발라 주었다. 예수 그리스도가 그러하셨듯이 환영받는 자리를 피하고 병들어 신음하는 이들을 찾아다니며 사랑을 실천했다. 그것도 모자라 나환우들에게 이별의 아픔을 안겨 주기 싫어서 이른 아침에 도망치듯 섬에서 빠져나와 고향으로 돌아가는 비행기에 몸을 실었다. 참사랑은 입으로 떠드는 것이 아닌 두 수녀처럼 자신의 모든 것을 버리고 그들 속으로 들어가 묵묵히 실천하는 것이다.

　그날 미사가 끝난 뒤 나환우를 대표한 전종선(베네딕토) 사목회장은 "멀고 험한 이곳을 4번이나 찾아와 줘서 고맙다."고 인사했다. 그 인사를 받기가 창피해서 고개를 숙이고 마음으로 손사래를 쳤다.

'고맙다니요. 4번이 아니라 40번을 찾아와도 부족했을 겁니다. 죄송하고 부끄럽습니다.'

내가 장례 미사를 주례한 빈민운동가 제정구 의원(1944~1999년)도 같은 맥락에서 이야기할 수 있다. 그는 1970년대 초반부터 예수회 정일우 신부님과 함께 서울 양평동 둑방동네 판자촌에 들어가 살았는데 그 삶이 너무 아름다워서 나 같은 사람은 감히 흉내조차 낼 수 없었다.

서울대 제적생이었던 그는 철거민들을 '위해for' 산 것이 아니라 그들과 '함께with' 살았다. 그와 정 신부님은 작은 옷장 하나 들여 놓을 공간도 없는 게딱지같은 방에서 지내고, 한겨울이면 얼어붙은 배설물이 엉덩이를 찌른다는 공중변소를 이용하면서 그들과 동고동락했다. 내가 머물던 명동 주교관과는 하늘과 땅 차이였다.

나는 두 사람이 청계천 판자촌에서 살 때부터 인연을 맺고 심심찮게 만났다. 내가 하지 못하는 것을 해 주는 데 대해 감사하는 마음으로 그들에게 미력하나마 힘이 돼 주려고 했다.

어느 날인가 두 사람이 "빨갱이로 몰려 공안기관에 잡혀가면 발표해 달라."며 양심 선언문을 써왔다. 사연인 즉, 담당 형사가 빈민운동에 투신한 두 사람을 빨갱이라고 소문을 내고 있다는 것이다. 국가 전복을 목적으로 침투해 철거민들을 포섭하고 있다나 어쩐다나.

배꼽을 잡고 웃을 일이지만 미국인인 징 신부님(본명 존 빈센트 데일리)은 미국 중앙정보국CIA 요원, 어떨 때는 소련 스파이라는 소문도 돌았다. 하기야 데모 잘 하는 젊은이와 미국에서 온 신부가 철거민촌에 들어가 주민들과 숙덕숙덕하고 있으니 공안 기관원들이 눈에 쌍심지를 켜

제정구 의원, 최창무 대주교 등과 '청빈선언 대행진'을 하는 김수환 추기경.

고 예의주시하는 것은 당연했는지 모른다.

1976년, 성탄절을 보낸 뒤 모처럼 철거민촌에 들렀다. 두 사람은 "기한까지 못 박은 철거 계고장이 날아왔다."라며 한숨을 쉬고 있었다. 도울 만한 일이 없냐고 묻자 대뜸 "돈 좀 빌려 달라."고 했다. 땅을 사서 집단이주를 하겠다는 것이었다. 아무리 추기경이라고 해도 170여 가구가 이주할 부지 구입비를 어디서 끌어다 준단 말인가? 궁리 끝에 독일 원조단체 앞으로 지원 추천서를 써 줬더니 정 신부님이 그걸 갖고 가서 용케 돈을 얻어 오셨다.

하지만 쓸 만한 땅은 전부 힘 있는 사람들이 차지하고 내놓지를 않아

무척 애를 먹었다. 그래서 내가 힘깨나 쓴다는 중앙정보부 아무개 씨에게 시쳇말로 '빽'을 썼더니 며칠 만에 문제가 해결됐다. 아무개 씨가 그 뒤에도 성의껏 행정적 편의를 봐 준 게 고마워 철거민들이 복음자리마을(경기도 시흥시 신천동)에 입주하는 날 내 이름으로 그에게 표창장을 줬다. 그동안 내 명의로 수많은 곳에 표창장을 전달했지만 정보기관 쪽에 그런 걸 건넨 것은 처음이다. 나를 감시하고 견제하는 기관에 소속된 인사에게 상을 주는 모양새가 어색해 도장없이 이름만 넣었지만 말이다.

두 사람은 복음자리마을에 내 방을 하나 마련해 줬다. 그곳에 여러 번 갔지만 자고 온 적은 한 번도 없다. 공동화장실 이용부터 시작해 불편한 게 한두 가지가 아니라서 자고 가라고 손을 잡아끌 때마다 "바쁜 일이 있어서."라며 꽁무니를 뺐다. 예수님처럼 자신을 낮추고 비우면 얼마든지 가능한 일이었는데…….

나는 대구에서 신부 생활을 할 때 희망원이란 복지시설을 들락거리면서 행려자와 장애인들 속으로 투신하는 문제를 심각하게 고민한 적이 있다. 그러나 머뭇거리기만 하다 주교로 임명됐다.

가난한 이들과 살고 싶었음에도 그렇게 살지 못한 것은 주교나 추기경이란 직책 때문이 아니라 나 스스로 용기가 없어서였음을 고백한다.

목자 잃은 북녘 양 떼에게
달려가고팠지만

　내 삶을 돌아볼 때마다 가장 후회스러운 것은 더 가난하게 살지 못하고, 고통받는 사람들에게 더 가까이 다가가지 못한 부분이다.

　내 전부인 예수 그리스도께서는 가난한 모습으로 오셔서 가난한 이들, 소외된 이들, 고통받는 이들에게 하느님 사랑을 보여 주시다 십자가에서 피를 흘리셨다. 그분은 갈대가 부러졌다 하여 꺾지 않으시고, 심지의 불이 하늘거린다 하여 끄지 않으셨다.

　심지어 "너희가 내 형제들인 이 가장 작은 이들 가운데 한 사람에게 해준 것이 바로 나에게 해 준 것이다."(마태 25,40)라며 굶주리고 헐벗은 이들과 자신을 동일시하셨다. 예수님께서 이 시대에 다시 태어나신다면 달동네건 피폐한 농가건 '낮은 자리'의 '작은 이들' 가운데서 태어나시지 않을까 싶다.

　그렇다고 아무것도 하지 않은 것은 아니다. 서울대교구장으로 재직할 때 해마다 성탄 전야에는 '낮은 자리'에 찾아가 '작은 이들'과 미사를

통일전망대에 올라 망원경으로 눈 덮인 북녘을 바라보는 김수환 추기경. 그는 마음만은 북녘 형제자매들에게 달려가 얼싸안고 춤을 추고 싶어 했다(1986년).

봉헌했다. 가난한 사람들의 목소리에 더 바싹 귀를 기울이려고 나름대로 노력했고, 기회가 있을 때마다 그들에 대한 사랑을 호소했다. 그러나 전체적으로 보면 의무감에서 나온 '땜질식 사랑'에서 크게 벗어나지는 못했다.

우리는 예수님의 삶에 감탄하는데, 분명한 건 그 삶은 우리에게 감탄하라고 보여 주신 게 아닌 그대로 따르라고 제시해 준 것이라는 점이다.

시몬 베유(1909~1943년)는 십자가에 못 박힌 예수에게 질투를 느꼈다고 한다. '예수는 우리 인간을 위해 몸과 마음을 다 바치고, 마지막 피한 방울까지 흘렸는데 나는 왜 그렇지 못한가' 하는 자책이었다.

프랑스 파리의 부유한 유다인 가정에서 태어난 그는 함께 사는 세상, 모두가 인간답게 사는 세상을 꿈꿨다. 그는 노동자들의 고통을 나눠지기 위해 장밋빛 미래를 포기하고 여공으로 취직해 노동운동가로 살았다. 런던에 머물 때, 의사가 폐결핵에 걸린 그에게 충분한 영양 섭취를 권유했지만 받아들이지 않았다. 나치 치하의 프랑스 동포들에게 배급되는 식량 이상으로 먹는 것은 진실에 대한 거짓말이라며 음식물을 제대로 삼키지 않았다.

결국 그는 영양실조까지 겹쳐 34살 나이에 숨을 거뒀다. 폐결핵으로 죽었다기보다 굶어 죽었다고 보는 게 맞을 것이다. 나는 세상의 고통과 비극을 온몸으로 껴안고 불꽃처럼 산 시몬 베유에게 질투를 느낀다.

우리민족서로돕기운동본부가 주최한 '굶주리는 북녘 동포를 생각하는 옥수수죽 만찬(1999년 6월 29일)'에 참석해 옥수수죽을 떠먹은 뒤 북녘 동포에 대한 인도적 지원을 호소한 적이 있다. 그때도 동포의 굶주림에 진정으로 동참하지 못한 채 신문과 방송사 카메라 앞에서 '시늉'을 할 수밖에 없는 상황에 한계를 느꼈다.

예나 지금이나 조건 없이 북녘 동포를 도와야 한다는 게 내 지론이다. 이념의 장벽이 가로막고 있다 하더라도 자동차로 한 두 시간이면 닿는 지척에서 한 핏줄이 굶주림과 질병에 쓰러져가는 상황을 방치하는 것은 크게 잘못된 일이다. 식량 지원 문제는 정치, 군사적 문제와 분리해서 생각해야 한다.

북한에 쌀을 보내 주는 것을 '퍼 주기'라고 비난해서도 안 된다. 우리가 그들의 굶주림을 외면해 대량 아사餓死 사태가 또 발생하고, 그로 인해 지금의 불안한 평화마저 깨진다면 후손들은 우리에게도 책임을 물을 것이다. 평화平和라는 글자는 벼[禾], 즉 밥이 모든 입[口]에 골고루[平] 들어간다는 뜻을 담고 있지 않은가.

북녘 형제들에게 보내는 쌀을 아까워하면서 한 해 8조 원에 달하는 음식물 낭비로 인한 손실액과 그에 따른 처리비용을 아까워하지 않는 것은 모순이다. 아울러 이웃 형제를 위해 자신을 내어놓는 사랑은 물질만능주의와 이기주의에 병들어 가는 우리를 치유하는 약이 된다.

요즘도 북녘 동포를 생각하면 마음 한구석이 아프다. 애틋한 그리움과 슬픔이 뒤섞인 감정이다. 그토록 오랫동안 평양교구장 서리(1975~1998년)로 있으면서도 양 떼를 찾아가보지 못했기 때문이다.

물론 방북 기회는 있었다. 1987년에 북측과 사전 대화가 원활하게 잘 이뤄져 장익 신부와 정의철 신부(당시 가톨릭대 신학대학장, 2023년 은퇴)가 구체적 일정을 협의하러 북한에 간 적이 있다. 두 신부의 보고에 의하면, 장 신부와 정 신부가 평양에 도착하자 조국평화통일위원회는 "생각해 볼 일이 있으니 잠시 여유를 달라."고 했다.

그런데 며칠이 지나도록 아무런 이야기가 없더니 마지막 날 비행기 출발 시간이 임박해서 "존경하는 추기경님이 판문점에 버티고 있는 미군들에게 고개를 숙이고 오시는 것을 볼 수 없다."라며 초청보류를 통보했다. 판문점을 통한 방북은 우리 측 희망 사항일 뿐이었는데 다른 본질적 이유는 감추고 그걸 트집 잡아 유야무야 덮어 버렸다.

언젠가 김일성 주석을 만난 뒤 한국을 방문한 미국 빌 그레이엄 목사를 수행한 사람이 "김일성 주석이 '그동안 김 추기경을 일곱 번이나 초청했는데 한 번도 응하지 않았다'며 섭섭해 하더라."고 귀띔해 줬다.

1970, 80년대에 북에서 큰 행사가 열릴 때면 보내 오는 남측 초청인사 명단에 내 이름이 들어가 있던 그 초청을 말하는 것 같았다. 횟수는 정확히 모르겠으나 정보기관 담당자가 그 초청장을 들고 몇 번 찾아온 적은 있다. 그러나 그것은 대외 선전용이지 진심으로 초청 의사가 있었던 게 아니라서 정부 차원에서도 응하지 않았다.

사목적 의미를 부여할 수 있는 초대였다면 조건을 달지 않고 지구를 한 바퀴 돌아서라도 북한에 갔을 것이다. 목자 잃은 신자를 단 몇 명이라도 만나고, 폐허가 된 성당 터를 잠깐이라도 둘러볼 수 있는 기회였다면 머뭇거리지 않았을 것이다.

이런 저간의 사정 때문에 내가 할 수 있는 일은 기도밖에 없었다. 주교는 미사 마침예식에서 오른손으로 세 번 십자표시를 하면서 신자들에게 강복한다. 그동안 마지막 세 번째 십자표시는 마음에 품고 있는 북녘 형제들을 생각하면서 그었다. 내 마음속 기도는 눈을 감는 그날까지 멈추지 않을 것이다.

한국 교회, 특히 젊은 사제들에게 북방선교에 깊은 관심을 가져 줄 것을 호소한다. 한국 교회 앞날에 막중한 선교 과제가 놓여 있다. 북녘 형제간 친교를 통한 화해와 일치, 나아가 아시아 대륙 복음화가 그대들 어깨에 걸려 있음을 잊지 말아 달라.

나는 2002년 북방선교 시대를 개척할 사제양성을 목적으로 옹기甕器 장학회가 출범할 때 발기인으로 참여해 사재私財를 출연했다. 북방선교의 꿈을 키워가는 젊은이들에게 미력하나마 힘이 돼 주고 싶다.

옹기는 외부에 공개하지 않은 채 홀로 마음에 간직하고 있던 나의 호(號)다. 나는 옹기 특유의 소박한 아름다움을 좋아한다. 부모님에 대한 애틋한 그리움을 되살려 줘서 좋아하기도 한다.

나의 조부 김요안 공이 무진박해(1868년) 때 순교하면서 집안이 풍비박산나자 아버지(김영석 요셉)는 옹기장수로 전전하셔야만 했다. 아버지가 일찍 돌아가신 뒤 집안 생계를 떠안은 어머니는 평생토록 옹기와 포목을 머리에 이고 행상을 다니며 5남 3녀 자식들을 키우셨다.

개인적 의미를 떠나 옹기는 신앙적으로도 여러 가지 의미가 있다. 옹기는 박해를 피해 깊은 산골짜기로 숨어든 신자들의 생계수단이었다. 우리 신앙 선조들은 산속에서 구운 옹기를 지게에 한가득 짊어지고 팔러 다니며 생계를 잇고 복음을 전했다. 또한 옹기는 하느님의 영광과 신앙의 보물을 간직하고 있는 귀한 그릇이기도 하다. 바오로 사도는 "우리는 이 보물을 질그릇 속에 지니고 있습니다."(2코린 4,7)라고 말했다.

그래서 장학회 설립 이야기가 나왔을 때 '옹기는 신앙 선조들의 복음 전파 수단이자 좋은 것과 나쁜 것, 심지어 오물까지 담을 수 있는 그릇'이기에 그 이름을 제안했다.

부디 신학생들이 민족 분단의 아픔과 질곡을 수용할 수 있는 큰 그릇으로 성장하길 바란다. 그리하여 북녘땅과 중국 대륙으로 달려가 바오로처럼 열렬하게 복음을 전하는 '북방의 사도'가 되었으면 하는 게 이 늙은 주님 종의 바람이다.

인생의 스승들

누군가 내게 한평생 살면서 가장 잘한 일을 묻는다면 '신부가 된 것'을 꼽겠다.

소신학교 은사 공베르Gombert, Antoine(1875~1950년) 신부님 말씀마따나 신부는 되고 싶다고 되고, 되기 싫다고 안 되는 게 아니지만 여러모로 부족한 내가 사제품을 받은 것은 일생일대의 축복임에 틀림없다. 공자는 '세 사람이 길을 가면 반드시 내 스승이 있다三人行必有我師'고 했다. 나도 인생 여정에서 많은 스승을 만났다. 특히 어머니에게 등 떠밀려 신학교에 들어간 나를 거둬 신부로 길러 준 스승들에 대한 고마움은 영원히 잊을 수 없다.

파리 외방 전교회 선교사였던 공베르 신부님은 내 흔들리는 성소聖召를 지켜주신 분이다. 나는 대구 성 유스티노 신학교를 마치고 서울 동성상업학교(소신학교)에 진학했을 때만 해도 사제직에 열망을 갖고 있지 못했다. 그렇다고 보따리 싸서 고향으로 갈 용기가 있는 것도 아니었다.

언젠가 공베르 신부님을 찾아가 "저 같은 사람은 신부될 자격이 없습니다. 신학교에서 나가겠습니다."라고 말씀드리자 "신부는 되고 싶다고 되고, 되기 싫다고 안 되는 게 아니다." 하고 일러 주셨다.

내 스스로 부족함을 인정하기에 신부가 될 용기도 없었고, 설사 신부가 된다 하더라도 당시 내 눈에 비친 신부님들처럼 성덕聖德을 두루 갖추고 살 자신도 없었다. 공베르 신부님 말씀을 듣고 나니 하느님께서 내 부족한 구석을 메워 주실 것이라는 믿음이 생겨 마음이 한결 가벼워졌다. 하느님 도움은 생각하지도 못한 채, 나 혼자 태산 같은 단점들을 극복해야 한다는 부담감 때문에 마음의 갈피를 잡지 못했던 것 같다.

공 신부님은 얘깃거리가 많은 선교사다. 신부님은 경기도 안성을 '포도의 고장'으로 만든 일등 공신이다. 한국에 도착(1900년 10월 9일)하자마자 안성본당 초대주임으로 부임했다. 가난에 허덕이는 주민들을 보고 프랑스에서 포도 묘목 20여 종을 들여와 성당 앞뜰과 근처에 심었는데 그게 안성 포도의 원조다. 안성시는 2000년 '안성포도 100년 페스티벌'을 열어 주민들의 가난 타개에 기여한 그분의 공적을 기렸다.

3·1 만세운동 때는 일본 경찰에 쫓기는 사람들을 성당 안으로 들여보내고, 성당에 프랑스 국기를 게양한 뒤 치외법권 지역임을 주장하며 경찰의 성당 진입을 막았다. 또 안법학교(現 안법고등학교)를 세워 주민들을 계몽했다. 안법학교의 안安은 안성安城, 법法은 프랑스의 한자표기 법국法國에서 따온 것이다.

신부님은 6·25 전쟁 때 피란을 가지 않으시고 인천 샬트르 성 바오

어머니의 권유로 신학교에 입학한 김수환 추기경을 사제로 이끈 스승들. 왼쪽부터 공베르 신부, 게페르트 신부, 장면 박사이다.

로 수녀원을 지키시다 공산군에게 납북되셨다.[5] 그 악명 높은 '죽음의 행진'에 끌려가 11월 옥사하셨는데, 75살 연로하신 몸으로 밧줄에 묶여 끌려가다 감옥에서 눈을 감으셨을 것을 생각하면 가슴이 미어진다.

　신부님은 내게 "미소 지을 줄 알아야 한다."는 말씀을 자주 하셨다. 그때는 내가 잘 웃지 않아서 그런 말씀을 하시는 줄로 알았다. 그러나 지금 와서 그 당부를 곱씹어 보니 영적으로 성숙하려면 마음의 긴장을 풀고 모든 것에 대해 너그러워야 한다는 가르침을 주시려고 그러셨던 것 같다. 신부님은 지금도 하늘나라에서 넉넉한 웃음이 부족한 내게 "수환, 미소 좀 짓고 살라니까!" 하고 채근하시지 않을까 싶다.

　또 한 명의 스승은 일본 상지대학 시절에 만난 게페르트 신부님이다.

5　최근 '하느님의 종'에 대한 자료 수집 과정 중 확인된 바에 따르면, 1950년 6월 24일 공베르 형제는 금경축을 맞이했다. 형인 앙투안 공베르 신부는 혜화동으로 동생 쥘리앵 공베르를 초대해 축하 모임을 가졌다. 그러나 곧 한국 전쟁이 발발하면서, 북한군에 의해 피랍되어 이른바 '죽음의 행진'에 끌려가다 병사하신 것으로 보고 있다.

독일 출신의 예수회 회원인 신부님은 표정은 무뚝뚝한 아버지형인 데 반해 마음은 사랑이 깊은 어머니 같은 분이다.

학도병에 징집돼 전쟁터로 떠나는 날, 머리에 손을 얹어 축복해 주실 때 느꼈던 신부님의 손 떨림은 지금도 잊지 못하고 있다. 신부수업을 받다 말고 남의 나라 전쟁터로 향해야 하는 애제자의 서글픈 운명 때문에 흐느껴 우시는 신부님에게서 순수한 인간애를 느꼈다. 사제의 길을 걷겠다고 결심에 어머니 못지 않게 영향을 준 분이 게페르트 신부님이다.

동성상업학교 갑조(갑조는 상업학교, 을조는 신학교) 교장이셨던 장면(요한, 1899~1966년) 박사님도 큰 스승이다. 내가 수신修身 과목 시험시간에 일제 황국 식민화 정책에 반기를 드는 답안지를 내자 장 박사님은 나를 불러 야단을 치시다 뺨을 때리셨다. 학교를 폐교 위기로까지 몰아갈 위험천만한 행동을 꾸짖는 자리에서 말대꾸를 했으니 맞을 만도 했다. 장 박사님은 성품이 유순하고 학생들을 늘 사랑으로 대하셨던 분이다. 그분이 교직에 계시는 동안 유일하게 손찌검을 한 학생이 나 아닐까 싶다.

세인들은 제2공화국 총리를 지내다 5·16 군사 쿠데타 세력에 의해 물러난 장 박사님을 무능한 정치인으로 알고 있다. 그러나 그런 평가는 쿠데타 주모자들이 자신들의 거사를 합리화하기 위해 당시 혼란한 정치 풍토를 부각시킨 데서 비롯된 것이라고 생각한다.

내가 아는 장 박사님은 무능하고 실패한 정치인이 아니다. 그분은 독실한 신앙을 바탕으로 평생 거짓을 모르고 사셨을 뿐만 아니라 공직을 십자가로 여기셨다. 하느님 정의를 통치이념으로 삼아 민주주의 역사가 일천한 이 땅에 그 뿌리를 활착活着시키느라 애면글면하셨다. 현석

호, 박순천, 조재천, 정헌주, 김대중 등 쟁쟁한 주변 정치인들이 그분 인품과 신앙심에 감동해 천주교에 입교한 것만 봐도 알 수 있다.

공용公用과 사용私用 전차표를 엄격히 구분해 사용하고, 자신에게 테러를 가한 사형수들을 무기형으로 감형시켜 놓고 형무소까지 찾아가 위로한 일화 등이 제대로 알려진다면 그를 '사도 정치인'이라고 부르는 데 이의를 제기할 사람은 없을 것이다.

특히 국제무대에서 펼친 외교적 성과를 과소평가해서는 안 된다. 장 박사님은 1948년 한국 수석대표로 참석해 유엔총회에서 남한 정부가 한반도의 유일한 합법정부라는 승인을 받아 내셨다. 당시 프랑스 주재 교황대사관에 달려가 한국의 처지를 호소하고, 성지에 찾아가 성모님께 기도하면서 그 엄청난 일을 해 내셨다.

6·25 전쟁 때 유엔 안보리의 한국전 참전 결정을 신속하게 이끌어낸 주역도 장 박사님이다. 그분이 없었다면 이 나라는 분명 공산화됐을 것이다.

나는 1999년 장 박사님 탄신 100돌 기념미사에서 고인의 시복시성 추진에 대한 바람을 피력하기도 했다. 능력이 있다면 나라도 나서서 정치인과 신앙인으로 거룩하게 살다 가신 고인의 시복시성 작업을 추진하고 싶다.

종교간 대화,

젊은이들에게

2000년 5월 23일, 유학자이자 독립운동가인 심산心山 김창숙金昌淑 선생 묘소에 참배했는데 이튿날 신문에 '가톨릭과 유교, 아름다운 만남' 이라는 제목이 달린 내 기사가 대문짝만하게 실렸다.

조상 제사 문제를 둘러싸고 유교 질서와 충돌해 피의 박해까지 겪은 천주교 측 인사가 유교계 거목의 묘소에 찾아가 유교 예법으로 참배한 게 신선했던 모양이다. 김창숙 선생을 기리는 심산상을 수상한 데 대한 답례로 그날 묘소에 술을 붓고 예를 올린 것인데, 한 신문은 "가톨릭과 유교가 해묵은 역사의 질곡을 벗어 버리고 화해했다."라고 표현했다.

그런 긍정적 평가가 과분하기는 하지만 아무튼 가톨릭과 유교, 두 종교가 마음의 벽을 허물고 화합하는 모습으로 비쳤다니 다행이다.

김창숙(1879~1962년) 선생이 어떤 분인가. 일제 강점기 강직한 성품으로 유림을 단합해 항일운동을 이끌고, 이승만 대통령의 장기집권에 대쪽같은 일침을 가한 마지막 선비다. 격동의 근현대사에서 시류에 휩쓸

김수환 추기경이 심산상을 수상한 뒤 유학자이자 독립운동가인 심산 김창숙 선생 묘소를 참배했다(2000년).

리지 않고 꼿꼿한 선비로 살다 눈을 감으셨다.

그처럼 훌륭하게 살다 가신 분에게 존경의 예를 표하는 것은 당연하다. 그분의 종교가 유교든 불교든, 참배를 유교식으로 하든 불교식으로 하든 그런 것들은 중요한 문제가 아니다.

종교인들은 우리 사회에 사랑과 화합의 모범이 돼야 한다. 지금 우리나라는 남북 분단도 서러운데 국민들까지 지역·계층·세대로 갈려 갈등의 골이 깊어지는 상황이라 그런 책무가 더 요구된다.

이를 위해서는 종교인들이 서로 만나 대화해야 하는데, 문제는 너무 사소한 것들에 얽매여 대화나 일치에 큰 걸음을 내딛지 못하고 있는 점이다. 때론 너무 옹졸한 처사가 아닌가 하는 생각이 드는 경우도 있다. 대화는 고사하고 타 종교를 비방하고, 심지어 특정 교단 내부에서 심각한 다툼이 벌어져 거꾸로 사회에서 종교를 염려하는 일까지 벌어지고 있으니…….

단군상이나 성모상 훼손 사건만 해도 그렇다. 자기 것이 소중하면 남의 것도 소중한 법이다. 우상숭배 운운하며 특정 성화나 조형물을 훼손해 종교간 화합에 찬물을 끼얹는 사람들에게 이 말은 꼭 하고 싶다. 성화나 조형물은 숭배 대상이 아니라 매개체라는 점이다.

상징물을 대상과 동일시하는 것은 숭배지만, 상징물을 통해 그 대상을 기억하고 표양을 본받기 위해 소중히 여기는 것은 예다. 종교 상징물은 눈에 보이지 않는, 인간의 표현수단으로는 형언할 길이 없는 초월적 존재에 대한 근원적 갈망의 발로라는 점을 알아줬으면 좋겠다.

예를 들어보자. 남의 종교 상징물을 훼손하는 사람의 얼굴 사진을 발로 밟으면 그 사람은 어떤 반응을 보일까. 자신을 모욕했다면서 노발대발하겠지만 "인화지를 밟은 것이지 당신을 밟은 게 아니지 않느냐?"라고 반문하면 대답이 궁색할 것이다.

대화하고 화합하려면 자기 것을 조금씩 양보해야 한다. 조금의 불편과 희생도 감수할 마음이 없기에 화합하지 못하는 것이다. 예수 그리스도의 영광은 십자가 수난의 결과이고, 십자가 수난은 희생이 수반된 것인데 그리스도인들이 희생제물이 되는 것에 주저해서야 되겠는가.

종교인들이 우리 사회의 인간화와 도덕성 회복, 사랑나눔을 위해 힘을 모으길 바란다.

서강대에 들러 젊은이들에게 인기있는 프로게이머 '쌈장' 이기석 씨와 인터넷 화상통화를 한 적이 있다. 편지와 유선전화 세대다 보니 컴퓨터 화면에 뜨는 얼굴을 보며 말을 주고 받는 게 여간 신기하지 않았다.

나는 젊은이들의 인터넷 문화를 잘 모른다. 은퇴하고 한동안 '혜화동 할아버지'란 이름으로 전자우편을 조금 이용해 봤지만 그마저도 의사가 손목 관절염에 좋지 않다면서 금했다. 지금의 건강 상태와 집중력으로는 더 하고 싶어도 할 수가 없다.

요즘 젊은이들이 휴대전화로 문자를 주고 받던데, 손가락이 보이지 않을 정도로 빠르게 글자를 입력하는 것을 보면 신기神技에 가깝다.(그들을 엄지족이라고 하던가?)

컴퓨터와 인터넷이 편리한 도구임에는 틀림없다. 하지만 댓글이나 패러디 동영상으로 특정인의 인격을 모독하고, 그것이 자살로까지 이어지는 사건을 접할 때마다 안타깝다. 인터넷의 익명성에 기대어 인간의 인격을 짓밟는 행위는 진지하게 생각해 봐야 할 문제다.

'정보의 바다' 인터넷에 온갖 욕설이 난무하고 음란물이 떠다니는데도 우리나라가 IT 강국이라고 자랑하는 게 마냥 옳은 일인지 모르겠다. 음란물에 병들어 가는 청소년 실태에 관한 신문 보도는 충격적이다. 인터넷이라는 도구가 청소년들을 병들게 한다면 그것은 문명의 이기가 아니라 독이다. '쌈장'과 화상통화를 한 뒤에 "컴퓨터가 저주가 아니라 축복이 돼야 한다."고 말한 것도 이 때문이다.

인터넷 윤리 또는 정보 윤리 없는 IT 강국은 허상이다. 사이버 공간에서도 예의와 윤리는 지켜져야 한다. 그렇지 않으면 무질서의 바다, 범

죄의 바다가 될 수밖에 없다.

    가정과 학교에서 청소년들에게 디지털 시대의 윤리를 가르쳐야 한다. 어른들이 혀만 끌끌 차고 있어서는 안 되고 앞에 나서서 가르쳐야 한다. 그런 노력을 기울이지 않는 것은 청소년들에게 최고 성능 자동차를 사 준 뒤 운전기술만 가르쳐 거리로 내보내는 것과 같다. 운전을 할 때 교통법규를 숙지하고 있어야 인명사고가 발생하지 않는다.

    우리나라는 많은 부문에서 세계 1위를 자랑한다. IT 강국으로 부상한 것이 한 예다. 조선·반도체·철강·자동차 등 산업 여러 부문에서도 우위를 보이고 있다. 스포츠 무대에서도 신체적 약점을 극복하고 '작은 고추'의 매운맛을 통쾌하게 보여 준다. 지리적으로 아시아 변방의 작은 나라에 살지만 강인하고 뛰어난 민족이다. 하느님께서는 이 민족에게 척박한 땅을 주신 대신 뛰어난 머리를 허락하셨다.

    그러나 참으로 뛰어난 민족이 되려면 도덕 및 윤리지수가 1위라야 한다. 세계인들 앞에서 고개를 들기 힘든 부끄러운 짓은 하지 말아야 한다.

    '한국 사람은 믿을 수 있다, 거짓말을 안 한다, 법을 잘 지킨다, 외국인 근로자를 차별하지 않는다, 생명을 소중히 여긴다, 어려운 사람을 도우면서 산다'와 같은 인정을 받아야 진정한 1등 국가다.

추기경의 눈물

나는 눈물이 마른 남자라고 생각해 왔는데 그렇지가 않았다.

2005년 12월 중순이었다. 성탄절을 앞두고 평화신문과 대담을 하는 자리에서 황우석 교수의 배아줄기세포 진위 논란에 관한 질문에 대답하다 그만 왈칵 눈물을 쏟고 말았다. 고개를 푹 숙이고 눈물을 훔치는 사진이 일간지에도 실려 좀 당황스러웠다.

당시 세상을 떠들썩하게 만든 배아줄기세포 연구 논문의 조작 증거가 하나씩 하나씩 드러나자 황우석 신드롬에 사로잡힌 국민들은 정신적 공황 상태가 됐다. 나는 배아줄기세포 연구에 반대하면서도 황 교수의 연구 성과에 의혹이 제기될 때마다 '사실이 아니기를……' 하고 바라는 마음이 없지 않았다.

나 역시 참담한 심정이었다. 한 생명공학자의 연구 성과가 전 세계를 흥분케 하고, 그로 인해 그 과학자는 국민영웅이 됐는데 모든 게 거짓이라니. 세계인들 앞에서 고개를 들 수 없을 만큼 부끄러운 일이었다. 그

때 흘린 눈물은 자괴自愧의 눈물이었다.

내가 진정으로 가슴 아파한 것은 우리 사회의 진실성 결여다. 그 사건은 한 과학자의 윤리문제로 국한해서는 안 되고 총체적 사회구조의 문제로 봐야 한다. 우리 사회는 지난 수십 년간 수단 방법을 가리지 않고 목표를 향해 매진하는 동안 '정직'이라는 소중한 가치를 잃어버렸다.

무엇이든 빨리빨리 결과만 내놓으면 탈법과 눈가림은 오히려 무용담이 되는 게 사회 풍조다. 그래서 성수대교와 삼풍백화점이 무너져 수많은 사람이 목숨을 잃었다. 이익을 위해서라면 어떠한 거짓말도 서슴지 않고 심지어 고귀한 생명까지 짓밟는다. 어쩌다 위법 사실이 들통나면 잘못을 반성하기는커녕 말을 바꾸고 책임을 떠넘기기 일쑤다.

우리나라가 수단 방법 가리지 않고 빨리 성과를 내는 덕분에 경제적으로 풍요로워진 것은 사실이다. 하지만 정직이 사라진 사회, 인간 생명을 지키지 못하는 사회에서 경제성장이 무슨 의미가 있는지 모르겠다.

예수 그리스도께서는 "사람이 온 세상을 얻고도 제 목숨을 잃으면 무슨 소용이 있겠느냐? 사람이 제 목숨을 무엇과 바꿀 수 있겠느냐?"(마태 16,26)고 물으셨다.

하느님께서는 우리에게 천연자원이 풍부한 땅 대신 좋은 머리를 주셨다. 미국 한인사회를 방문하면 "올해 이쪽 고등학교 최우수 성적 졸업생이 한국인이다."라는 이야기를 심심찮게 듣는다. 일본 유학시절에도 한국인 학생들이 대부분 반에서 상위권을 차지했다.

문제는 좋은 머리를 좋게 쓰지 않는다는 데 있다. 요즘 신문방송을 보면 일반 사람들은 상상도 못할 신종 사기수법으로 물의를 일으키는

평화신문과 대담 중인 김수환 추기경. 그는 황우석 박사의 배아줄기세포 연구 진위논란에 대한 대목에서 침통한 표정으로 말을 잇지 못했다(2005년 12월).

사람들 이야기가 수없이 나온다. 우리 사회의 부끄러운 자화상이다.

지금 우리 사회에 필요한 것은 신뢰와 정직이다. 우리나라 제품 품질이 많이 좋아졌다고 하지만 얼마 전까지만 해도 사람들은 일제日製라면 신뢰하고, 국산國産이라면 믿지를 못했다. 일제 품질은 기술력 이전에 그 나라 국민들의 우직하고 정직한 심성에서 비롯된 것이다. 자고로 우직한 사람은 빠르지는 못해도 정직하다.

나는 일본과 독일에서 공부한 덕분에 그 나라 국민성을 어느 정도 알고 있다. 독일인들은 질서의식이 투철하고 매사 철두철미하다. 하다못해 한밤 중에도 교통신호를 철저하게 지킨다.

독일에서 한국인 신부가 운전하는 승용차 뒷좌석에 타고 어딜 간 적이 있다. 그 신부가 한밤 중 텅빈 사거리에서 정지신호를 무시하고 건넜다. 아니나 다를까. 다음 신호등 앞에 서자 뒤따라오던 차량 운전자가 우리 앞으로 오더니 "당신들은 왜 빨간 신호등을 무시하느냐?"라고 따끔하게 지적했다. 어느 나라 사람이냐고 물어보지 않은 게 천만다행이다. 세계 시장에서 일본과 독일 제품이 인정받고, 두 나라가 전후 잿더미 속에서 경제대국으로 성장한 비결은 다른 데에 있지 않다.

우리에게 진정 필요한 것은 정직한 자세다. 인간 관계든 국가 관계든 신뢰를 잃으면 모든 것을 잃는다. 머리 좋은 우리 국민들이 좀 더 정직하면 우리나라가 선진국이 되는 건 시간문제일 것이다.

에피소드

인생을 돌이켜보면 사람들 앞에 내세울 만한 게 별로 없다. 그런데도 《추기경 김수환》을 통해 많은 것을 털어놓았다. 행여나 내 자랑이나 늘어놓은 것은 아닌지 조심스럽다. 내 구술을 받아 정리하는 김원철(바오로) 기자가 "오늘은 아주 쉬운 질문만 할테니 지체 없이 즉답을 해 달라."며 질문을 쏟아 내기 시작했다. 하지만 나의 어떤 면을 알려고 하는 건지 질문 내용이 하나 같이 쉬운 듯 하면서도 까다롭다.

늙으면 섭섭한 일이 많다고 하는데?

"노인네가 노여움 탄다는 말이 있다. 자식들 뜻은 그런 게 아닌데 그들 언행에 섭섭함을 느끼는 일종의 소외감이다. 나는 청력이 떨어져 보청기를 껴도 말이 잘 안 들릴 때가 있다. 이를테면 나를 찾아온 손님들이 자기들끼리 뭔가 이야기를 주고받으면서 웃는데 나는 영문을 몰라 소외감(?)을 느끼곤 한다. 그러나 어쩔 수 없는 노릇이다."

연세 많은 분들이 '내가 어서 죽어야지'라는 말을 자주 하는데 그게 거짓말이라고 한다. 그런 거짓말한 적 있나?

"매일 한다.(웃음) 나이가 85살이다. 내일 죽는다고 해서 빨리 죽었다고 안타까워 할 사람은 없을 것이다. 요즘은 사람들이 '건강하게'라는 말은 빼고 '오래 사십시오.'라고 인사하는데, 장수長壽가 육체적으로 얼마나 고달픈지 모르고 하는 인사 같다. 요즘은 대학입시를 앞둔 수험생 심정이다."

살면서 가장 잘했다고 생각하는 일은?

"신부가 된 것. 어머니에게 등 떠밀려 신학교에 들어가기는 했지만."

신부 외에 꼭 해 보고 싶었던 것은?

"결혼해서 처자식과 오순도순 살면 얼마나 좋을까 하는 생각도 해 봤다. 굴뚝에서 저녁밥 짓는 연기가 모락모락 피어오르는 시골 오두막집, 얼마나 정겨운 풍경인가."

사제직 외에 동경한 것은?

"코흘리개 시절 꿈은 읍내에 점포를 차려 돈을 버는 것이었다. 그런데 장사를 하지 않길 잘했다. 나 같은 사람은 허구한 날 사기를 당해 알거지 되기 십상이다. 오케스트라 지휘자도 동경했다. 유학 시절, 오스트리아 빈에서 잠시 서정길 대주교님 병 수발을 들 때 값싼 입석표를 끊어 음악회에 자주 갔다. 열정적으로 지휘봉을 휘두르는 지휘자의 손끝

혜화동 주교관 가족들. 김형태 운전기사(왼쪽에서 세 번째)는 약 30년간 김수환 추기경의 운전기사로 봉직했다.

에서 선율이 흘러나오는 것 같아 넋을 잃고 쳐다보았다. 많은 어휘를 함축해 아름답게 표현하는 시인도 부럽다."

좋아하는 시는?

"윤동주의 '별 헤는 밤', 특히 '별 하나에 추억과 별 하나에 사랑과 별 하나에 쓸쓸함과……' 이 구절을 좋아한다. '죽는 날까지 하늘을 우러러 한 점 부끄럼이 없기를'로 시작하는 '서시'도 매우 좋아하지만 감히 읊어 볼 생각을 못했다. 하늘을 우러러 부끄러운 게 많아서 그런 것 같다."

애송시 한 편 읊어 달라.

"가을엔 편지를 하겠어요/ 누구라도 그대가 되어 받아 주세요/ 낙엽이 쌓이는 날/ 외로운 여자가 아름다워요. ……"(고은, '가을편지' 중에서)

애창곡은?

"온 국민의 애창곡 '사랑해 당신을'. 예전엔 '저 별은 나의 별'을 자주 불렀는데 앙코르 요청을 받으면 '등대지기'를 이어 부르곤 했다."

별과 등대, 어둠 속 길잡이라는 공통점이 있는 것 같다. 잡기雜技는?

"신학생 시절에 장기를 제법 잘 뒀다. 신부님들이 차포車包 떼 주면 이길 때가 많았다. 덕분에 오징어를 자주 얻어먹었다. 화투는 고스톱보다 6백(600점 먼저 나는 사람이 이기는 게임)을 좀 쳤다. 저녁식사 후 명동성당 구내를 산책하다 가톨릭회관에 붙어 있던 성모병원 간호 수녀님들 방에 들러 가끔 쳤다. 할머니 수녀님 한 분이 그걸 꽤 좋아하셨다."

십자가와 성경을 제외한 애장품은?

"성 김대건 신부님 성해 일부분, 성모상, 칫솔, 면도기, 그리고 20년 넘게 차고 있는 손목시계."

운전을 잘 한다면 지금 차를 몰고 가 보고 싶은 곳은?

"특별히 가 보고 싶은 곳은 없다. 젊었을 때 그런 질문을 받았으면 대답할 게 많았을 텐데……."

장거리 비행이 가능하다면 어느 나라를?

"뉴질랜드. 공기가 맑고 경치가 좋다. 언젠가 한 번 갔을 때 다음에 또 오겠다고 했는데 여태 그 약속을 지키지 못하고 있다. 최근에도 한번 다녀가라는 재촉을 받았다."

하느님께서 단 하루만 허락하신다면?

"'하루는 너무 짧습니다.'라고 하소연을 해야 하나? 아니다. '하느님 제가 당신을 배반하지 않게 해 주십시오. 당신 사랑을 믿으며 당신 품에 들게 해 주십시오.'라고 기도하겠다."

새내기 직장인이라면 연봉을 얼마나 기대하겠나?

"1000만 원 정도."

그 돈으로 어떻게 가족 부양하고 집 장만할 건가?

"한 달에 80만 원 정도면 밥 먹고 전철 타고, 물도 사 마시고……. 그래도 20만 원 정도 남을 것 같은데."

3만 원으로 여자 친구와 하루 데이트를 한다면?

"점심 먹고 영화 보고 분위기 좋은 데 가서 저녁식사를 하겠다."

요즘 영화를 보려고 해도 만오천 원은 가져야 하는데?

"영화표값이 언제 그렇게 올랐냐? 밥값보다 더 들겠네. 그럼 빵이나

햄버거 사서 북한산에 올라가면 어떨까?"

하늘나라에서 어머니를 만나면 가장 먼저 하고 싶은 말은?

"고맙습니다. 어머니가 사제의 길로 인도해 주셔서 잘 살다가 왔습니다. 속상하고 힘들었던 일도 털어놓고 싶은 게 좀 있지만."

가장 가깝게 지내는 사람은?

"30년 가까이 발이 돼 준 운전기사 김형태(요한) 형제. 성실하고 운전 잘 하고 마음씨가 곱다."

추기경 김수환은 □□다.

"추기경 김수환은 바보다. 하느님께서는 위대하시고 사랑과 진실 그 자체인 것을 알면서도 마음 깊이 깨닫지 못하고 사니까."

하늘나라에 갔을 때 하느님께서 잘못을 지적하며 꾸짖으신다면?

"'그래도 좀 억울합니다' 하고 항변을 해야 하나? 하느님께서는 인자하신 분이니까 모든 허물을 덮어 주실 것이라 믿는다."

미래 22세기 사람들이 김수환을 어떻게 기억해 주길 바라나?

"글쎄……. 참 못난 사람이라고 기억하지 않을까? 훌륭하지는 않아도 조금 괜찮은 구석이 있는 성직자로 기억해 주길 바라는 마음이 있기는 한데."

묘비에 남기고 싶은 말은?

"주님은 나의 목자, 나는 아쉬울 것 없어라."(시편 23,1)

인생을 돌아보며

내 나이 85살.

여생이 얼마 남지 않았다. 자연히 과거를 되돌아보게 된다.

1941년 일본 상지대학에 갔을 때 학생 기숙사 사감이셨던 피스터 신부님은 나를 보고 기린아麒麟兒라고 하셨다. 행운아라는 말씀이었다.

처음에는 그 뜻을 알아듣지 못했다. 하지만 돌아보면 그 말씀 그대로 나는 정말 많은 시련과 우여곡절에도 불구하고 다른 이들에 비해 여러 가지 의미로 행복한 인생을 살았다.

예수님께서는 당신을 따르기 위해 부모와 집 모든 것을 떠난 사람은 현세에서 박해도 받겠지만 백 배의 축복을 받고 내세에서는 영원한 생명을 얻는다고 하셨다(마르 10,28-30 참조).

이 말씀 그대로, 본래는 다른 길을 가려다가 주님께서 어머니를 비롯해 이런저런 분들을 통해 일러 주신 사제의 길을 살아온 나는 현세적으로도 백 배 아니 그 이상의 상을 받았다.

그리고 이제 미구(未久)에 맞이할 죽음을 거치면, 부족하고 자격도 없지만 모든 것을 용서하시는 자비 지극하신 하느님께서는 당신의 그 영원한 생명으로 나를 받아 주실 것이다. 하느님 안에서 하느님께서 누리시는 생명, "죽음이 없고 다시는 슬픔도 울부짖음도 괴로움도 없는"(묵시

21,4) 그 생명으로 인도해 주실 것이다.

아, 이 얼마나 큰 은총인가?

까를로 까레또 수사는 하느님께서는 당신을 믿는 사람은 짓이겨서라도 기어이 당신 것으로 만드신다고 했다. 내 경우도 어느 정도 그러했다. 신부 되는 것, 스스로 원한 것은 아니었지만 될 수밖에 없도록 인도하셨고 주교와 추기경의 삶은 명령으로 떨어졌고, 여기에 따르는 긴 세월의 삶은 단순하지 않았다. 몇 번이고 도망치고 싶을 때가 있었다. 십자가를 벗어 던지고 싶었다. 그러나 결단의 용기를 내지 못하였다. 결국 '당신 뜻대로 하소서.' 하고 받아들일 수밖에 없었다.

생각해 보면 나는 죄인이다. 허물이 많은 사람이다. 하느님 앞에서는 고개도 들 수 없는 대죄인이라 해도 과언이 아니다.

그럼에도 불구하고 하느님께서는 오히려 이런 죄와 허물을 통해서, 바오로 사도가 죄 많은 곳에 은총도 충만히 내렸다(로마 5,20 참조)고 하신 대로 당신의 사랑, 당신의 자비, 당신의 그 풍성한 용서의 은총을 깨닫게 하여 주셨다.

달리 말하면 나는 죄로 말미암아 자비 지극하신 하느님 사랑을 더 깊이 깨닫고 믿게 되었다. 아니, 하느님께서는 죄까지도 당신 은총의 기회로 삼으셨다. 나의 하느님은 참으로 돌아온 탕자를 껴안아 주시는 어진 아버지이시다.

오, 펠릭스 꿀빠!(Oh, Felix Culpa! 오, 복된 탓이어라!)

이제 나는 나를 이렇게까지 큰 은총으로 축복하여 주시는 하느님께 감사 또 감사를 드리고 또 드려야 할 것이다.

그리고 여생이 얼마일지 알 수 없으나 이제는 진실로 하느님 영광을 위해 모든 것을 바치는 삶을 살아야 할 것이다. 나의 사목 표어 '너희와 모든 이를 위하여'처럼 성체성사의 주님처럼 생명의 빵이 되는 삶, 모든 이의 '밥'이 되는 삶을 살아야 한다. 하느님께서 뜻하시는 대로, 살아계신 그리스도의 이콘ICON이 돼야 할 것이다.

하느님 아버지, 진심으로 감사드립니다. 온 마음을 다해, 정성을 다하고 힘을 다해, 나의 모든 걸 바쳐서 주님께 감사와 찬미를 드립니다.

주님께 영광 있으소서. 아멘.

감수자의 글

김수환 추기경을 기억하며

2004년에 평화방송·평화신문(現 재단법인 가톨릭평화방송)에서 펴낸 《추기경 김수환 이야기》가 20여 년이 지나 개정판으로 나왔다. 지금 서울대교구 시복시성위원회에서는 두 가지 시복 건을 진행하고 있다. 초대 교구장인 '브뤼기에르 소蘇 주교 시복 건'과 제 10대 서울대교구장으로서 한국인 최초의 추기경이 되었던 '김수환 추기경 시복 건'이다. 브뤼기에르 주교 시복 건은 이미 교구재판이 완료되어 문건을 정리하고 번역하여 시성부에 제출할 준비를 하고 있다. 김수환 추기경 시복 건은 시복재판이 한참 진행 중이며, 증거자로서 '최근의 시복 건'은 우리나라에서 거의 처음 있는 일일 것이다.

이미 잘 알려져 있듯이 시복과 시성이 진행될 경우, 그 사례는 크게 두 가지로 나누어진다. 최근에 진행 중인 목격증인이 있는 '최근의 시복 건'과 목격증인이 없는 '옛 시복 건'이다. 최양업 신부 시복 건이나 브뤼기에르 주교 시복 건은 오늘날 목격증인이 없는 옛 시복 건으로 진행되고 있고, 그럴 경우 옛 문헌자료로만 그들의 성덕과 모범적 사례를 증명해야 한다. 반면 김수환 추기경 시복 건의 경우는 아직도 직접 목격했고 함께 일했던 이들의 증언을 얼마든지 청취할 수 있는 '최근의 시복 건'에 해당한다.

    필자는 새 신부 시절 3년 6개월이나 '혜화동 주교관'에서 김 추기경님과 함께 지낸 경험이 있다. 현재는 서울대교구 시복시성위원회에서 '역사와 고문서 전문가 위원회'의 책임을 맡고 있다. 따라서 브뤼기에르 주교 시복 건과 김수환 추기경 시복 건에 대한 역사적 고증에 대한 최종 감수자의 역할을 하고 있다. 만일 두 안건 중에 무엇이 더 힘드냐고 묻는다면, 둘 다 어렵지만 오히려 최근의 안건이 더 힘들다고 답하고 싶다. 옛 안건의 경우, 현재까지 남아 있고 수집한 역사자료만을 가지고 판단을 내릴 수 있으나, 최근 안건의 경우 현재까지 이어지는 증언 자료가 매우 많고 다양하기에 균형있게 정리하기가 쉽지 않기 때문이다.

    그럼에도 불구하고 김수환 추기경에 대한 자료는 비교적 명확한 부분이 있다. 30년이 넘는 긴 시간동안 서울교구장이라는 큰 직책과 명성에 비하면, 그의 삶이 매우 단출해 보이기 때문이다. 그의 구술사인 회고록 《추기경 김수환》을 읽어 보면, 누구라도 느낄 것이다. 순교자의 후손으로 일제시기의 어려운 환경에서 태어나서 신학교에 들어가고, 2차 세계대전에 학도병으로 끌려가 해방과 함께 미군 포로로 지내면서 군복무를 마치고 한국전쟁 중에 사제서품을 받았다. 짧지만 행복했던 본당 신부 생활을 뒤로하고 독일로 건너가 '그리스도교 사회학'을 공부했다. 그의 사목은 이후 '사람'에 초점을 맞추어, 어떻게 하면 인간이 사는 사회 속에 그리스도교의 복음이 들어갈 것인지에 맞춰졌다. 1968년부터 30년 동안 서울대교구장으로 있으면서 혼란한 한국사회의 한복판에서 균형을 이루고자 했던 종교 지도자였으며, 우리 사회의 큰 어른으로서의 역할을 해내셨다. 1969년부터 선종하기까지 40여 년 동안 한국인 최초의 추기경으로 교회와 사회에서 그 책임을 다 하셨다.

필자는 시복시성위원회에서 김수환 추기경 회고록을 홍보와 현양 차원에서 다시 재판하자는 이야기를 들었고, 가톨릭출판사의 의뢰를 받고 간단한 교정을 보았다. 교회의 큰 어른으로서 하신 말씀들을 내가 감히 수정하거나 토를 달지는 못한다. 그러나 사람의 기억이라는 것은 한계가 있으므로 초판에서 쓰였던 몇 가지 용어와 역사적 사실에 대한 오류 몇 가지만을 수정했다. 함께 지냈던 시간이 제법 있었기에 추기경님을 떠올리며 짧은 시간동안 개정판을 검토했는데, 초판이 나왔을 때 추기경님께서 나에게도 그 책을 선물해 주셨음을 알게 되었다. "조한건 신부에게 기쁜 성탄과 복된 새해를 빌며 2004 김수환"이라는 친필 사인과 더불어 책을 주셨던 것이다. 당시에는 서강대학교 사학과를 다니며 학업에 쫓아가기 힘들어서 그 책을 잘 읽지 못했다. 내가 공부하던 조선시대와 박해시기가 아니라 현대사 이야기였기 때문이다. 이번에 다시 읽어 보면서 새삼 김수환 추기경님께서는 현직에 계실 때 매우 담대하고 항상 사회의 균형을 유지하기 위해 많이 노력했음을 배우게 되었다.

이 이야기만큼은 꼭 전해야겠다. 2002년부터 2006년, 3년 6개월을 함께하는 동안 김 추기경님께서는 성탄과 부활을 맞이하여 한 번도 거르지 않고 카드를 써 주시면서, 빳빳한 만원권 지폐 10장을 함께 선물로 주셨다. 당시 비서 신부님 말씀으로는 은퇴하신 후 특강에서 번 돈으로 그나마 현직 때보다 돈을 더 쓰실 수 있었다고 들었다. 늘 미소를 지으시며 젊은 신부들에게 격려의 말씀을 해 주신 기억이 난다. 그러면서도 정치적인 문제가 생겨날 때, 해방 후 한국인들이 두 부류로 분리되어 분열을 일으켰던 상황에 비유하면서 "잘못하면 우리나라가 그 누구도 구원할 수 없을지 모르겠다."라고 하시며 걱정하신 모습이 떠오른다. 그렇게 김수환 추기경님께서는 후배 사제들에게 격려를 해 주시고 우리 사회를 늘 걱정해 주셨던 분이시다.

나는 감수자로서 자격이 충분치 않지만 이 책을 통해서 다시 한번 김 추기경님을 돌아보게 되었고, 그분이 증거자로서의 시복을 추진하기에 충분할 정도로 우리의 삶과 신앙에 모범이 되셨음을 알게 되었다. 아직 일독하지 않았다면 김 추기경님을 회고하며 《추기경 김수환》을 읽어 보기 바란다. 아주 쉽고 재미있게 읽힐 것이라 확신한다.

2025년 10월
한국교회사연구소 소장·시복시성위원회 위원 조한건 신부

김수환金壽煥 스테파노 추기경 연보

1922년 음력 윤5월 8일(양력 7월 2일)
대구에서 김영석金永錫 요셉과 서중하徐仲夏 마르티나의 5남 3녀 중 막내로 출생

1922년 7월 25일
대구 주교좌계산대성당에서 베르모렐 신부에게 세례 받음

1922년 9월 8일
9월 8일 드망즈 주교님에게 견진성사 받음

1929년 4월
군위보통학교 입학. 부친 요셉 선종

1934년 4월
대구 성 유스티노 신학교 예비과 5학년으로 편입

1936년 4월
서울 동성상업학교 을조乙組(소신학교) 입학

1941년 4월
도쿄 조치대학上智大學 예과 입학

1944년 1월
학도병 징집

1947년 1월
귀국

1947년 9월
서울 성신대학(대신학교)으로 편입

1950년~1951년 6월
한국전쟁. 부산 영도의 임시 신학교에서 수학

1951년 9월 15일
사제 서품. 대구대목구장 최덕홍 요한 주교 주례

1951년 9월
안동본당(現 안동 목성동주교좌성당) 주임

1953년 4월
대구대목구장 비서 및 대목구 재경부장

1955년 3월
모친 마르티나 선종

1955년 6월
김천본당 주임 및 성의중·상업고등학교 교장

1956년 10월~1963년 11월
독일 뮌스터Münster대학 그리스도교 사회학 전공

1964년 5월
귀국

1964년 6월 5일
가톨릭시보사(現 가톨릭신문사) 사장

1966년 2월 15일
마산교구장 임명

1966년 5월 31일
주교 서품 및 초대 마산교구장 착좌

1968년 4월 9일
서울대교구장 임명. 대주교 승품

1968년 5월 29일
제11대 서울대교구장 착좌

1969년 4월 28일
추기경 서임

1970년 10월~1975년 2월
한국 천주교 주교회의 의장(1차)

1970년~1973년
아시아 주교회의 연합회FABC 구성 준비 위원장

1975년 6월 10일
평양교구장 서리 임명

1981년 5월~1987년 11월
한국 천주교 주교회의 의장(2차)

1998년 4월 3일
서울대교구장 및 평양교구장 서리 퇴임

1998년 4월 19일~5월 14일
바티칸에서 열린 아시아 특별 주교 시노드 의장 대리로 참석

1998년 5월 29일
서울대교구장 착좌 30주년 및 명동성당 봉헌 100주년 기념 미사

1998년 6월 22일
서울대교구장 퇴임 송별 미사

2009년 2월 16일
선종(향년 87세)

2009년 2월 20일
서울대교구 용인공원묘원 안장

• 상훈

1970년 8월 국민훈장 무궁화장
2000년 5월 제13회 심산상(성균관대학교)
2000년 11월 제2회 인제 인성대상(인제대학교)
2001년 1월 대십자 공로 훈장(독일)
2002년 11월 베르나르도 오히긴스 대십자 훈장(칠레)

• 명예 박사 학위

1974년 2월 서강대학교 명예 문학박사
1977년 5월 노틀담대학교 명예 법학박사(미국)
1988년 11월 조치上智대학교 명예 신학박사(일본)
1990년 5월 고려대학교 명예 철학박사
1990년 10월 시튼홀대학교 명예 법학박사(미국)
1994년 5월 연세대학교 명예 신학박사
1995년 6월 푸런輔仁 가톨릭대학교 명예 철학박사(타이완)
1997년 7월 아테네오대학교 명예 인문학박사(필리핀)
1999년 10월 서울대학교 명예 철학박사

맺음말

고맙습니다

서로 사랑하세요

　《추기경 김수환》은 저의 일생을 있는 그대로 기록한 자서전은 아닙니다. 소년기, 소신학교(동성상업학교 을조) 시절, 일본 유학시절과 학도병 시절, 대신학교 생활, 6·25 사변과 사제수품 등 옛날이야기가 나오지만 아무래도 서울대교구장 재임 30년(1968~1998년)간 겪은 여러 시국사건을 비롯해 1984년 한국 천주교회 200주년, 1989년 서울 세계 성체대회 같은 굵직한 행사 등에 대한 회고담으로 흐를 수밖에 없을 것 같습니다.

　이 책은 평화신문 지면에 '추기경 김수환 이야기'란 제목으로 2003년에 연재된 것에 2007년 연재분을 더해 묶은 것입니다. 평화신문 김원철 바오로 기자가 저의 이야기를 옆에서 꼼꼼히 받아 적고, 그것을 기초로 옛 신문과 자료들을 찾아 보충하며 연재하느라 수고가 많았습니다. 당시 평화방송 TV를 통해서도 제 이야기가 방영되었는데 프로그램 제작에 힘쓴 담당 PD에게도 이 기회를 빌어 감사드립니다.

　독자들은 이 책을 통해서도 제가 어떤 삶을 살아왔는지 어느 정도 짐작하실 수 있을 것입니다. 하지만 저의 삶은 어느 날 이승의 생을 마감하고 하느님 앞에 섰을 때 온전히 드러날 것입니다. 하느님께서는 나보다 나를 잘 아는 분이시기 때문입니다. 시편 139편을 묵상합니다.

"주님, 당신께서는 저를 살펴보시어 아십니다. 제가 앉거나 서거나 당신께서는 아시고 제 생각을 멀리서도 알아채십니다. 제가 길을 가도 누워 있어도 당신께서는 헤아리시고 당신께는 저의 모든 길이 익숙합니다……."

한없이 두렵고 떨립니다. 그러나 심판정에 서 있는 나를 예수님께서 변호해 주실 것입니다. 나를 위해 지신 십자가의 상처를 아버지 하느님께 보이시면서…….

인간은 어느 누구도 심판을 피할 수 없지만 사랑 자체이신 하느님은 우리를 사랑하신 나머지 속죄 제물로 삼으신 성자 그리스도를 보시고 우리의 모든 죄를 용서해 주실 것입니다. 따라서 이 엄정한 심판이 두려움의 시간만은 아닙니다. 그것은 하느님 자비와 용서와 사랑의 시간이요, 하느님과 함께 영원히 사는 완전한 행복의 시간일 것입니다. 이것이 하느님을 믿고 따르는 우리 모두의 믿음입니다.

책 출간에 힘써 주신 모든 분께 다시 한번 감사드립니다.

추기경 김수환

김수환

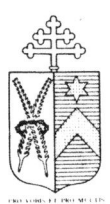

이제 저의 "이야기"의 끝맺음에 왔습니다.
여러분, 오랜시간 읽으시느라 수고하셨습니다.
저의 이야기를 글로 옮겨쓴 김원철 기자님의
수고에 진심으로 감사합니다. 남길만한
가치가 있는것은 아닙니다 마는 그런데도
하느님의 섭리와 사랑의 숨길을 느끼실수있었기를
빕니다. 아울러 이 하느님 아버지는 여러분
한분한분도 같은 사랑으로 축복하고 계심을 굳게
믿으시고 그분안에 행복하시기를 빕니다.

김수환 드림